LES MOUVEMENTS DE MODE

EXPLIQUÉS AUX PARENTS

Autre publication d'Hector Obalk

Douceur de l'avant-garde (à l'occasion de l'exposition organisée par Jean de Loisy), Coll. des Arts Plastiques, 9 rue des Trentes, 35100 Rennes.

Hector Obalk

Alain Soral

Alexandre Pasche

LES MOUVEMENTS DE MODE

EXPLIQUÉS AUX PARENTS

Conception graphique :
Emeric Dubois

robert laffont

ISBN 2-221-00878-2

Je
dédie
ce livre
à mon père,
à ma mère,
à ma sœur Isabelle.
Oui.

H.O.

A
celle que
j'aime.
A.S.

A
ma famille
de France
et de Grèce.
A.P.

Remerciements

Nos remerciements vont tout d'abord à Caroline Arène, Patrick R. Bassagaïts, Agnès Bertola, André Bercoff, Claude Challe, Maurice Chorenslup, Florence Chouraqui, Christine Colin, Béatrice Domange, Ahn Duong, les frères Dulac, Garance Dupuis, Catherine Féroldi, Jean-Paul Fernandez, Pierre Fournier, Isabelle Hart, Marc Higonnet, Philippe Jaffry, Catherine Lesourne, Benoît Lureau, Pedro Lopes, Patrick Perez, Hugues Pissarro, Stéphane Portias, François Trassard et en particulier à Nathalie Anglès, Anne Tolstoï et Sylvia Tostain pour leur gentillesse et l'efficacité de leur collaboration.

Il sera également rendu hommage à la qualité exceptionnelle des enseignements prodigués par Messieurs Kabla (en mathématique), Mosconi (en logique) et Poly (en informatique) même si leur rôle dans l'élaboration du livre reste encore à déterminer.

Nos remerciements vont bien entendu à Laurent Laffont pour l'enthousiasme, la confiance et le soutien moral qu'il nous a témoignés tout au long des étapes de la construction de ce livre.

Nous voudrions également exprimer notre reconnaissance et notre vive admiration à Emeric Dubois qui, se dépensant sans compter, s'est chargé de la conception graphique de l'ouvrage. En proposant une maquette à la fois neutre, efficace, élégante et gaie (sans laquelle cette forme très novatrice d' « essai visuel » n'aurait sans doute jamais vu le jour) il a réussi à adapter l'unité d'un livre sans modèle à la diversité extrême de ses chapitres.

Notre profonde et chaleureuse gratitude va enfin à nos bienfaiteurs, juges dévoués et collaborateurs de tous les instants pendant plus de trois ans, Monsieur et Madame Walter.

DÉBUT[1]

Les « modes de jeunes » sont-elles uniquement vestimentaires ?

Non. A la différence des magazines, pour lesquels « la mode » se limite aux seules variations vestimentaires, nous avons préféré traiter l'ensemble des idées, des œuvres, des comportements et des objets ayant subi l'influence, éphémère et spectaculaire, d'une même mode à une même époque.

Prétendant influencer l'art, la politique, le design, le cinéma, les mœurs, la musique, l'idéologie et bien sûr l'habillement, toutes les « modes de jeunes » décrites dans ce livre ne sont pas, contrairement au *rock-and-roll* ou au *new-look*[2], des mouvements dont l'innovation est seulement musicale ou vestimentaire.

1. Les deux chapitres intitulés DÉBUT et FIN ont été entièrement conçus et rédigés par Hector Obalk (en décembre 1983).

2. Collection créée par Christian Dior dans les années 50.

Modes historiques

Quelle est votre classification des modes ?

Nous avons distingué les modes « historiques » des modes dites « synchroniques ».

De loin les plus spectaculaires, les modes « historiques » se succèdent les unes aux autres de telle sorte que le destin de chacune d'entre elles est d'être systématiquement démodée par celle qui la suit.

C'est ainsi que l'on pourra suivre d'un chapitre à l'autre de ce livre l'itinéraire de ceux qui sont devenus Hippies, puis Babas, puis Punks, puis New-Waves hards, puis New-Waves cools, puis Funs, etc.

Il y a quinze ou vingt ans, un jeune devenait Hippie par réaction contre ses parents tandis que, depuis la fin des années 70, l'accélération des mouvements de mode devient telle que les générations de jeunes ne durent plus qu'une ou deux années, de telle sorte que la traditionnelle réaction contre les parents tend à disparaître devant le besoin imminent de se démarquer de ses aînés, aussi jeunes soient-ils.

Un jeune devient, par exemple, Punk pour se démarquer de son grand frère ou des aînés de son lycée qui sont restés Babas. Il arrive aussi qu'un Punk soit tout simplement un ancien Baba converti à la « punkitude » pour ne pas être pris de court par la nouvelle génération, de deux ans plus jeune que lui.

En d'autres termes, la mode est le moyen par lequel les adolescents voudraient montrer à leurs parents ou à leurs grands frères qu'ils sont plus « malins » qu'eux.

Modes synchroniques

Considérez-vous alors comme irrémédiablement « out » tous ceux qu'aucune de ces modes n'a jamais concernés ?

Non, car il existe d'autre part, dans le monde citadin, deux modes extrêmement répandues qui continuent à vivre en « synchronie » et dont le succès s'est maintenu, auprès des jeunes et des moins jeunes, depuis plus de vingt ans.

La première consiste, par un goût prononcé pour le classicisme et la discrétion, à résister à toutes les modes mais sans jamais prôner la marginalité. C'est la mode B.C.B.G. (bon-chic-bon-genre).

La seconde consiste, par un goût prononcé pour la nouveauté et le confort, à s'adapter à toutes les modes pour en tirer le meilleur profit, mais sans jamais adhérer à aucune. C'est la mode MINET.

Les jeunes

Avez-vous voulu classifier les jeunes ?

Non, nous n'avons fait que classifier les modes.

Pour nous, toutes ces modes ne sont que les principales tendances de la sensibilité des jeunes d'aujourd'hui. Pour chaque mode, nous avons jugé plus opportun de définir par exemple « ce qui est punk » plutôt que « qui sont les Punks » — l'ensemble des jeunes touchés par une même mode ne constituant ni une classe sociale, ni une famille, ni une tribu.

C'est un panorama des différentes tendances de la culture des jeunes que nous présentons — étant bien entendu que chaque jeune est plus ou moins fortement influencé par la mode, suivant sa personnalité.

De plus, il arrive aussi qu'un jeune choisisse instinctivement, dans l'ensemble des modes « à sa disposition », les seuls éléments qui le séduisent, et ce d'une manière tout à fait personnelle.

Tel jeune pourra être *baba* dans sa tête mais *minet* dans ses goûts tandis que tel autre sera *new-wave* dans certains aspects de son comportement et *B.C.B.G.* par son origine sociale...

Les vieux

La mode est-elle réservée aux jeunes ?

Non, mais ce sont les goûts et les activités des jeunes qui, depuis la deuxième moitié du siècle, sont le plus souvent à l'origine de la mode.

Dans les années 40, l'idole des jeunes et des moins jeunes était Humphrey Bogart, *qui avait alors quarante-cinq ans.*

Dans les années 50, l'idole des jeunes était James Dean, *qui n'avait que vingt-cinq ans.*

C'était le début d'un changement du statut des jeunes.

Pourquoi ce changement ?

En raison du « baby boom » de l'après-guerre, de la libération des mœurs familiales, de la naissance d'un puissant milieu étudiant, de la diffusion populaire des postes de radio, etc., l'adolescent des années 60 a progressivement joué, sur le plan économique, le rôle d'un individu à part entière dont la consommation se distingue nettement de celle du monde adulte. Le statut social de l'adolescent n'est alors plus considéré comme celui d'un apprenti-adulte. D'une manière plus générale, les moins de vingt-cinq ans ont alors constitué une toute nouvelle clientèle sur le marché du disque, de la presse, du cinéma, du vêtement et même de l'alimentation.

C'est ainsi que sont nées les modes de jeunes.

Notre méthode

Quel type d'enquête avez-vous dû entreprendre ?

Nous n'avons mené aucune enquête à proprement parler.

Nous ne sommes pas de la génération des « sociologues » ; nous sommes de la génération de toux ceux qui ont vécu, qui ont « marché » à presque toutes ces modes pour les rejeter les unes après les autres, au fur et à mesure « des coups de tête » de notre jeunesse — entre 13 et 23 ans.

S'il est sûr que certaines considérations socio-économiques expliquent, de manière tout à fait satisfaisante, l'*existence* et l'*importance* des modes de jeunes, elles n'expliqueront jamais la *forme* de chacune de ces modes ni le *sens* stratégique que les jeunes leur prêtent — c'est-à-dire qu'elles n'expliqueront jamais la différence, par exemple, entre « punk » et « fun ».

Nous n'avons donc fait appel, pour traiter de toutes ces modes, qu'à notre sensibilité, au souvenir de nos enthousiasmes et de nos appréhensions au moment de l'apparition de chacune d'elles, pour mieux les décrire « de l'intérieur » — toute autre description risquant fort, à notre avis, de se trouver hors sujet.

La chronologie des chapitres du livre suit-elle la chronologie des modes ?

Pour la plupart, oui. (...)

Le livre commence par décrire la mode POP, née vers 1966 avec les premiers rassemblements hippies. Ajoutée au mouvement BABA, elle constitue ce que nous appellerons la « Préhistoire ». La chronologie des mouvements de mode est ensuite interrompue par deux chapitres traitant des modes « synchroniques » et intitulés LES B.C.B.G. et LES MINETS. Puis un chapitre entier est consacré à la mode PUNK, apparue vers 1976-1977 de façon brève et spectaculaire. Le Punk marque la fin de la Préhistoire et annonce toute la succession des modes NEW-WAVES jusqu'à la mode FUN — par laquelle s'achève la chronologie de notre récit.

Enfin, un LEXIQUE du parler quotidien mais aussi des notions essentielles du monde des jeunes, clôt le livre.

LE

Sommaire

POP

Minette-pop

Hippie

Qu'est-ce que le Pop ?

Le Pop définit la tendance à l'anticonformisme généralisé pratiqué durant les années 70. Nous appelons « années 70 » la période allant de 1965 à 1975 environ.

Cet anticonformisme connaît deux variantes opposées :

1. L'anticonformisme minet-pop. Principalement réformiste, il conçoit le changement comme un assouplissement des structures ; pour le Minet-pop, être pop, c'est être constamment « à la pointe » de la société, *mais sans effort.*

2. L'anticonformisme hippie. Principalement révolutionnaire, il conçoit le changement comme une révolution des mentalités ; pour le Hippie, être pop, c'est être constamment « en marge » de la société, *mais sans violence.*

Qu'est-ce que le conformisme?

Les « années 50-60 » (époque allant de 1945 à 1965, en fait) caractérisent parfaitement ce que l'idéologie pop appelle *le conformisme ;* c'est, par exemple, la France à la fois « profonde » et « moderniste » du début de la Ve République.

Enracinée dans la société d'avant-guerre, elle s'achemine vers la société de consommation en assimilant le progrès à l'américaine.

Ce que la mode pop appelle conformisme est finalement l'addition de deux composantes assez contradictoires :

1. La France profonde d'avant-guerre, à laquelle l'idéologie pop reproche le côté figé, réactionnaire et vieillot (« travail, famille, patrie »). C'est le conformisme que rejettent particulièrement les Minets-pops.

2. La France moderniste de l'après-guerre qui est en train d'éclore en imitant le modèle américain. L'idéologie pop lui reproche son aspect artificiel et inhumain (automation, technocratie). C'est le conformisme que rejettent plus particulièrement les Hippies.

Ainsi, par un même anticonformisme, la mode pop prônera simultanément l'union libre contre le couple traditionnel et le retour à la nature contre la déshumanisation des villes — mots d'ordre dont résultent aussi bien la « communauté rurale » des Hippies que le « club Méditerranée » des Minets.

Ce qui est très « minet-pop »[1]

Le club Méditerranée

Les images à la Vasarely

Avoir des cheveux dans le cou

Un pouf en mousse

Le coton bleu ciel

Les drugstores

Être « sympa »

Le week-end à la campagne

Jacques Dutronc

Un « water-bed »

Se rouler dans la peinture bleue, « totalement » (Yves Klein)

L'éducation sexuelle

Une robe faite de carrés de métal reliés par des anneaux (Paco Rabanne)

O' Calcutta

Les saunas

Un « gadget » en acier satiné et totalement inutile (en guise de bibelot)

Se vautrer à la terrasse des cafés

Pas de meubles ; ou alors encastrés, escamotables, avec des commandes à boutons

Les Bee Gees

Maîtriser tous les nouveaux produits de la « société de consommation »

« La politique, connais pas »

Un corps poupin

Les Champs-Élysées

1. *Chacun des articles (disposés en face à face) de cette double liste sont à lire en parallèle.*

Ce qui est très « hippie »[1]

Les communautés

Les images « psychédéliques »

Porter les cheveux longs jusqu'aux épaules

Un hamac exotique

Le velours frappé rose

Les restaurants végétariens

Être « cool »

Le retour à la terre

Léo Ferré, à partir de 1970 environ

Un matelas posé à même le sol

Se rouler dans la nourriture, « totalement » (le film Sweet movie)

La psychothérapie de groupe

Une robe faite de carrés de laine et de satin (patchwork)

Hair

Les plages de nudistes

Un moulin à café 1940 qui ne sert plus (en guise de bibelot)

Se vautrer sur la pelouse des jardins municipaux

Pas de meubles ; ou alors exotiques, artisanaux ou campagnards

Jimmy Hendrix

Ne pas être les esclaves de la « société de consommation »

« Sortons du politique »

Un corps dégingandé

Les Indes

Minets-pops et Hippies sont donc les canons opposés et complémentaires de « l'anticonformisme 70 ». Les Minets-pops voudraient être les « maîtres » de la société de consommation en plein développement (maîtrise des gadgets) ; les Hippies ne veulent pas en être les esclaves (évasion vers d'autres mondes). Quoi qu'il en soit, leur histoire respective soumise à des échanges fréquents, leur influence sur le reste de la société, leurs déviations et leurs récupérations constituent ce que nous appelons le Pop.

Nous résumerons cette introduction par l'adage : « Minets-pops et Hippies sont les deux mamelles du Pop. »

« Ma mère m'a dit : Antoine,
« Va t'faire couper les ch'veux
« Je lui ai répondu
« Dans vingt ans si tu veux.

Du rock-and-roll à la pop-music

De 1960 à 1963 un changement progressif s'opère dans les goûts musicaux de la jeunesse anglo-américaine qui guide alors, en matière de mode, le reste de la jeunesse occidentale.

Dès 1964, la « pop-music » supplante de manière apparemment définitive le rock-and-roll. Le « folk rock » aux États-Unis avec Bob Dylan et le « pop rock » en Angleterre avec les Beatles prennent ainsi la place du rock américain d'Elvis Presley et du rock anglais de Vince Taylor.

Marqué par l'hégémonie progressive du « groupe » sur le « chanteur », accompagné de musiciens anonymes, le passage du rock à la Pop n'est pas seulement musical : il annonce un changement radical dans la mode et la mentalité des jeunes.

Les Pink Floyd, groupe pop

La Pop, musique totale

Le rock-and-roll était une musique récréative faite pour le juke-box et les soirées dansantes des adolescents américains. Avides de profiter des bienfaits matériels de la nouvelle et riche société américaine, ils transforment « temps libre » et « pouvoir d'achat » en goût du flirt et des grosses voitures. La révolte de ces jeunes gens contre les mœurs vieillottes et parfois puritaines de leurs parents ne différait finalement en rien du traditionnel conflit des générations.

La Pop se conçoit en revanche comme une musique « totale » ; moyen d'éveil spirituel et souvent philosophique d'une jeunesse en révolte non seulement contre les parents, mais contre la société tout entière.

Plus avide de révélation mystique que de bienfait terrestre, l'amateur de pop-music sacrifie volontiers la voiture américaine de son grand frère pour un voyage initiatique et le plaisir léger du flirt pour une communion dans l'amour universel. La diffusion de la pop-music est entourée de religiosité, de prétentions messianiques et politiques.

Plus de juke-box, plus de surprises-parties dans les appartements bourgeois, mais des concerts de plusieurs heures, des festivals en plein air agrémentés de light-shows initiatiques où la drogue tient souvent le rôle de révélateur.

Finis les 45 tours enregistrés à la va-vite pour le pick-up monophonique : les albums 33 tours sont peaufinés des mois durant dans des studios d'enregistrement hyper-sophistiqués et sont conçus pour restituer, grâce à la stéréophonie, l'espace et la dimension « totale » de cette musique « totale ». Plus de chansonnettes éparses mises bout à bout sur le vinyle, mais une succession non hasardeuse de « morceaux » formant sur le modèle du livre autant de chapitres d'une histoire possédant son titre et son message.

Hair, *spectacle « total »*

Version visuelle et métaphorique de ce message, la pochette, conçue comme une œuvre d'art, est partie intégrante de l'*album pop,* œuvre « totale ».

Le rock-and-roll usait de figures esthétiques limitées à l'Amérique et sa musique puisait dans le seul répertoire américain : musique *country* des Blancs et musique *blues* des Noirs. La musique pop s'inspire en revanche de traditions très éclectiques : musiques indiennes, africaines et d'Amérique du Sud, mais aussi jazz, musiques classique, folklorique, contemporaine, électronique et expérimentale.

Le Pop, mode totale

De plus, le rock-and-roll restait un courant isolé des autres créations de son époque : littérature, peinture, mouvements intellectuels, etc. Aspirant à un style et à une audience universelle, le mouvement pop s'attire la participation et parfois l'adhésion de nombreux créateurs, étrangers au monde de la musique comme à celui de la jeunesse : peintres, écrivains, cinéastes, poètes mais aussi philosophes, psychologues et même théologiens qui tous voient dans le Pop une aventure profonde, respectable, mondiale et sans précédent : Andy Warhol, Ken Russell, Allan Watts, Léo Ferré, Aldous Huxley, Walter Pahnke, etc.

Prétendant influer sur l'art, la politique, le design, la religion, le mode de vie, l'idéologie et bien sûr la musique, le mouvement pop n'est pas, contrairement au rock-and-roll, un mouvement dont l'innovation est seulement musicale. Premier mouvement de mode au sens « total » où nous l'entendons, le Pop est la première des modes dont ce livre voudrait décrire les évolutions.

Pour cette raison, nous n'avons pas consacré de chapitre à l'époque du rock-and-roll.

Ce qui est très « pop » [1]

Les posters
Le blue-jean en toute occasion
Les grosses montres, les gros ceinturons et les grosses lunettes de soleil
Les pièces sans meubles avec des estrades recouvertes de moquette et de coussins
Être « cool » et « sympa »
Colorer en jaune, orange, rouge ou rose ce qu'on avait l'habitude de voir en noir ; le costume, la voiture, l'encre des stylos...
La « coccinelle » de chez Volkswagen
Les pantalons à « pattes d'éléphant »
La frange sur les yeux et les coiffures couvrant le visage
Dire : « Il faut être jeune »
Les activités de groupe : classes de neige, happenings culturels, club Méditerranée, communautés hippies, séances de brain storming...
Les créations « totales »
Le psychédélisme
Le « mini »
Le « maxi »

1. *Le terme* pop *caractérise ici aussi bien le monde des Hippies que celui des Minets-pops.*

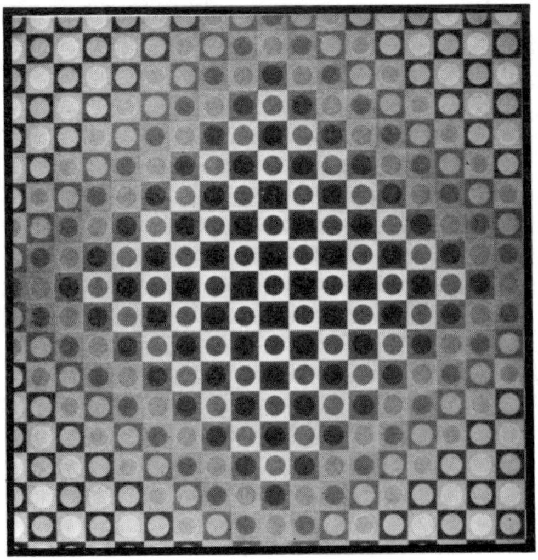

Tableau de Vasarely

LA SAGA POP

S'il est vrai que la plupart des idées pops ont été fournies par les mouvements hippies et contestataires commencés dans les années 60, ces derniers restaient néanmoins des mouvements d'élite. A eux seuls ils n'auraient jamais pu donner naissance à cette vague d'anticonformisme généralisé que constitue le Pop sans le très puissant désir de modernité de la nouvelle bourgeoisie. Issue de l'après-guerre, avide d'idées nouvelles, cette famille un peu « nouveaux riches » a favorisé de façon déterminante la diffusion du Pop et son accession au rang de mode au sens où nous l'entendons : un mouvement de masse résonnant dans tous les secteurs de la production, production d'idées et de comportements, mais aussi d'objets de consommation.

Nous avons défini le mouvement pop en disant qu'il participait autant des valeurs du Hippie que de celles du Minet-pop. Or comme le Hippie refuse la société de consommation qu'il perçoit comme aliénante, toutes les créations pops de cette société ne peuvent donc concerner que l'univers des Minets :

Couple minet-pop

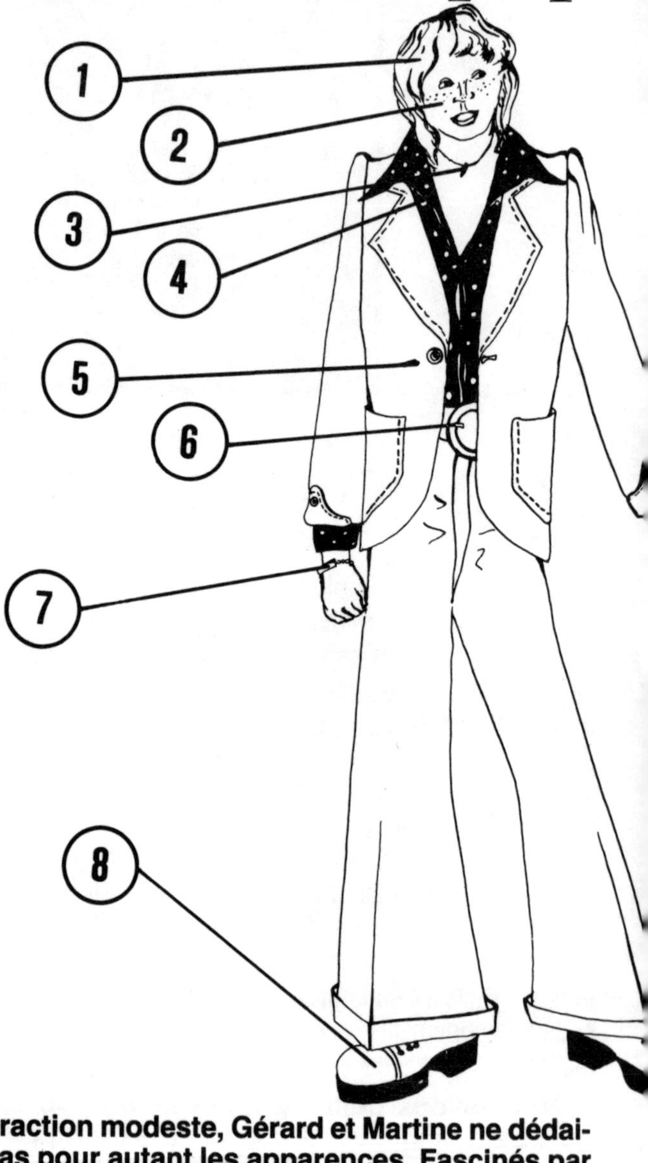

D'extraction modeste, Gérard et Martine ne dédaignent pas pour autant les apparences. Fascinés par les nouvelles modes anglaises, ils sont en 1970 tout à fait « dans le coup ».

anglophile

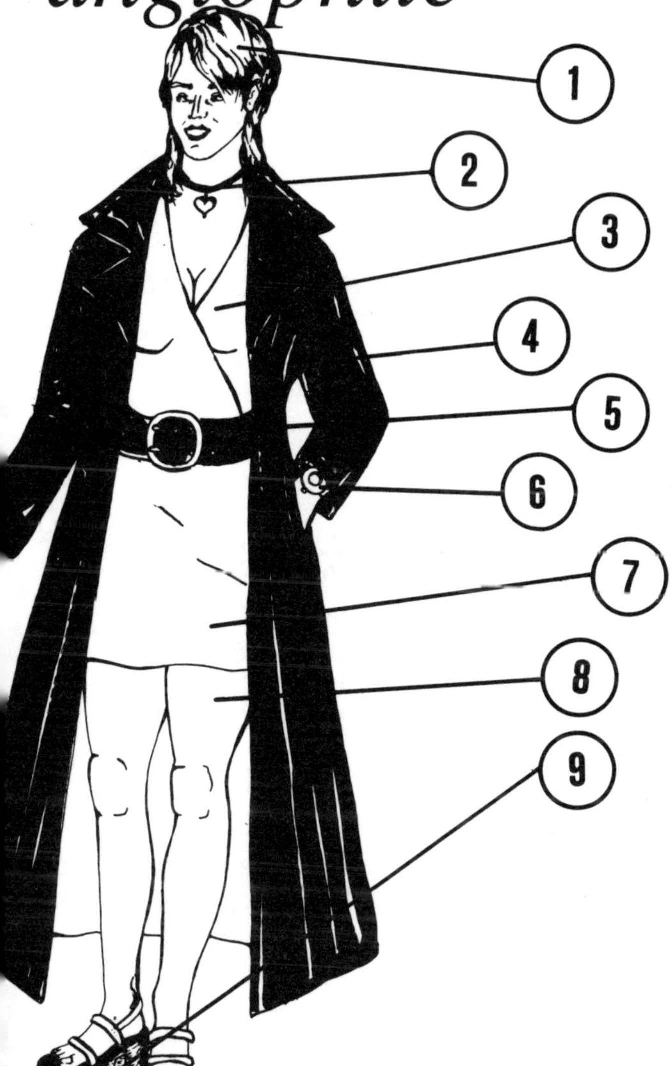

Grâce à leur conception commune de l'élégance, ils se sont tout de suite remarqués. C'est là, dans la « surboum » d'une ville nouvelle, qu'ils sont sortis ensemble pour la première fois.

→

Couple minet-pop

Elle :

1. Coupe « Joëlle » (chanteuse du groupe « Il était une fois »), mèche dans l'œil à la Sylvie Vartan, cheveux décolorés blond platine ou noir, longs et effilés dans le cou.
2. Ruban de velours noir avec un petit cœur en plastique rose translucide.
3. « Cache-cœur » (croisé et noué dans le dos) à mailles synthétiques, rose ou pêche.
4. « Maxi-imper » en ciré noir.
   Remarque : le maxi-imper doit être le plus long possible ; plus c'est long, plus c'est pop.
5. Ceinturon extra-large à grosse boucle ronde et deux rangées de trous en skaï verni ou, plus rarement, en cuir.
   Remarque : le ceinturon doit être le plus large possible ; plus c'est large, plus c'est pop.
6. Grosse montre en plastique de couleur, bracelet en skaï assorti.
7. Minijupe en daim.
   Remarque : la minijupe fonctionne en harmonie avec le maxi-imper, plus celui-ci est long, plus celle-ci doit être courte.
8. Cuisses sexy et fortes.
9. Sandales à talons compensés à semelles en liège naturel et sangles en skaï verni de couleur vive. Variante *nec plus ultra* : le talon « aquarium » ; un poisson rouge vivant évolue dans une semelle compensée en plastique transparent, évidée et remplie d'eau.
   Remarque : la semelle doit être la plus compensée possible, plus c'est compensé, plus c'est pop.

anglophile

Lui :

1. Coupe « Cloclo » (Claude François) avec quelques mèches dans le cou qui battent sur le col de la chemise.
2. Visage à la C. Jérôme, rond et mignon.
3. Dent de loup sur lanière de cuir.
4. Chemise hypercintrée noire à pois blancs. Col « pelle à tarte » ou à « spatule », porté ouvert par-dessus le col de la veste.
   Remarque : la chemise doit être le plus cintrée possible et le col, le plus large possible. Plus la chemise est cintrée et plus le col est large, plus c'est pop.
5. Costume deux pièces « prêt-à-porter » en tergal bleu pâle ou bleu roi surpiqué de noir. Veste hypercintrée à revers extra-larges. Pantalon à pattes d'éléphant moulant les fesses (après 1973 : pantalon « tube »).
6. Voir « Elle » nº 5.
7. Gourmette en argent sur laquelle on peut lire en relief : Gérard.
8. Chaussures en skaï bicolores à bouts ronds ; gros lacets bicolores, semelles compensées en élastomère, motif bois.
   Remarque : pour la chaussure comme pour le reste : plus c'est rond, plus c'est coloré et plus c'est compensé... plus c'est pop.

prêt-à-porter, design, émissions de télévision, boîtes de nuit, organisation du travail.

Pour cette raison, le mot pop qualifie en général davantage l'univers des Minets-pops que celui des Hippies.

Le corps pop

Il est évident que l'homme n'a pas toujours le corps qu'il désire. Il peut en revanche en modifier l'allure par les vêtements qu'il porte : le transformer en un corps « idéal » — corps qui a le look de son époque.

La façon de mettre en valeur son corps dépend donc totalement de la silhouette qu'on juge être, suivant l'époque, la plus belle.

Corps « 50 », corps « 70 »

Le corps « 50 » est musclé, large d'épaules et de torse. Il est fuselé comme les objets voués à la vitesse. L'inutile est réduit au minimum car rien ne doit gêner son aérodynamisme : la cravate est fine ; les revers et col. étroits ; les cheveux courts et plaqués. Le corps des années 50 est conditionné par la réalisation d'un objectif : la reconstruction nationale d'une société de progrès à l'américaine.

En revanche, le corps pop, dit aussi « 70 », est le corps de la période ultérieure, l'objectif des années 50 ayant été, en principe, atteint. Avec le développement de l'automatisation, la force n'est plus dans le corps (larges épaules) mais dans la maîtrise des techniques de pointe. Par ces techniques, le travail devient indifféremment masculin ou féminin. Ainsi la tenue se féminise pour les hommes : épaules étroites, taille marquée, cheveux flous, torse cintré — et le superflu est recherché : foulards, chaînettes, talons compensés, cravate et col larges, etc. Quant à la femme, son allure devient un peu plus masculine : corps adolescent sans seins ni fesses, tee-shirts, pantalons souples, etc.

Ainsi, au cow-boy américain des années 50 succède l'unisexe anglais des années 70.

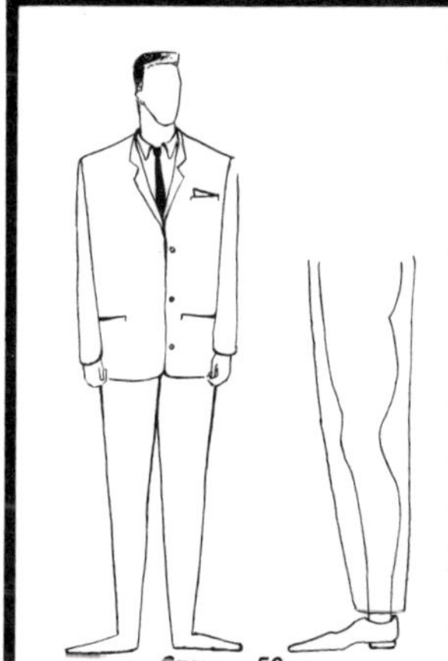
Corps « 50 »

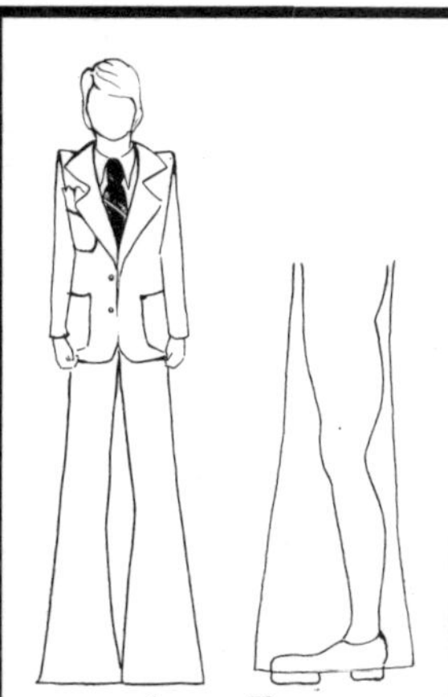
Corps « 70 »

Le patte d'eph.

Mais il reste une partie du corps naturellement 50 : les jambes. En effet, le pantalon qui enveloppe la jambe en partant de la taille à la cheville dessine un fuseau naturel, aérodynamique et typiquement « 50 », qui contrarie l'esthétique pop.

Comment faire de cette jambe naturellement « 50 » une jambe pop qui puisse marcher avec les années 70 ? Voilà le problème, voilà la géniale solution du patte d'eph., le pantalon à pattes d'éléphant.

Le patte d'eph. ne prend plus la cheville comme point terminal du pantalon mais le pied tout entier. Ainsi le fuseau s'inverse en une courbe évasive et molle, une courbe qui ne suit plus la jambe mais la résume. Le pied disparaît sous cette stylisation courbe comme disparaissent parallèlement les marchepieds et les ailes des voitures ou encore le pied des chaises « design ».

Le design pop

Le style « 70 » consiste à supprimer les structures, c'est-à-dire les articulations voyantes : supprimer la limite entre le pied et la jambe grâce au pantalon à pattes d'éléphant ; supprimer la différence entre l'homme et la femme grâce à la mode unisexe ; supprimer l'indépendance des meubles par rapport aux murs grâce à l'encastrement du mobilier moderne, supprimer la fixité des horaires grâce à l'organisation des « horaires à la carte », etc.

Ainsi le Pop habille avec un même esprit corps, objets et idées : il entoure tout de sa courbe molle.

Chaise pop avec patte d'éléphant

L'objet domestique

Dans les années 50, le moindre moulin à café est un petit spoutnik qui semble « exalté » de participer à l'aventure moderniste de son époque. Outrancièrement « technologique » et futuriste, il est néanmoins considéré comme un gentil robot — un robot sauveur venu d'Amérique.

Dans les années 70, la tendance est inverse. Le moindre moulin à café est considéré comme une aliénation de l'homme par la machine. C'est l'époque du mauvais robot : machiste, impérialiste et manipulateur. Pour être intégré en douceur, l'objet technologique devra se faire naturel et végétal. Même un panier à salade devra ressembler à une grosse tomate, une corbeille à papier à une grenouille, etc.

Le gadget

Typique des années 50, l'objet fonctionnel possède une technologie avancée mise au service de l'usage domestique. Il atteint son paroxysme dans l'objet sophistiqué fait pour ne servir à rien : c'est le gadget. Voici son histoire :

1. L'objet utile : il tend à minimiser l'effort humain et s'inscrit dans la logique du bonheur par le progrès. Exemple : une salière à trous, ça sert beaucoup.

2. L'objet sophistiqué : il est utilitaire mais embarrassant. Il y a ainsi de plus en plus d'objets pour des fonctions de plus en plus réduites. La logique du bonheur par le progrès tend alors à un seuil limite et l'on observe un parasitage de la fonction par la sophistication. Exemple : une salière à trous ne laissant passer que le sel gemme dont les grains sont d'une finesse inférieure à 10 microns, ça ne sert presque à rien.

3. L'objet inutile : la sophistication croissante de l'objet affine et restreint proportionnellement sa fonction, qui tend dès lors vers une fonction nulle — summum de la sophistication. Il acquiert alors un sens social nouveau dans ce « luxe de l'utilitaire ». Posséder des gadgets, c'est la preuve qu'on a déjà tout ce qu'il faut ; en offrir, c'est le dire. A l'époque de l'après-guerre, offrir une belle salière est un bon cadeau ; on n'en a pas forcément et ça peut servir. Dans les années 70, offrir une salière à trous est presque une insulte. Le bon cadeau, c'est la salière sans trous ; ça ne sert vraiment à rien, c'est un gadget.

Le sexe pop

La pilule

La « libération sexuelle » de la bourgeoisie pop et le *Make love, not war* des Hippies sont des mots d'ordre qu'il n'est plus risqué de suivre depuis l'avènement de la pilule. Ainsi, après l'unisexe économique rendu possible grâce au progrès des techniques, voilà l'unisexe physiologique autorisé par la pilule. L'homme et la femme égaux devant la capacité de production sont désormais égaux face au plaisir : la dissymétrie des sexes, due au risque d'enfantement, est désormais abolie.

La pilule est le petit grain de sable qui, seul, a permis la libération effective des mœurs, survenue dans les années 70. Bouleversement sans précédent ; la vague excentrique du rock-and-roll n'est en comparaison qu'un préliminaire pudibond. La vulgaire et fameuse expression : « On n'apprend pas à sa mère à faire des gosses », qui passe depuis la nuit des temps comme frappée au coin du bon sens, est désormais parfaitement discutable : une fille qui a vingt ans aujourd'hui a connu dans sa vie considérablement plus d'expériences sexuelles que sa mère. Ce renversement de l'évidence constitue sans doute le plus important bouleversement pop.

Freud, à la mode pop

La transparence

Ainsi le sexe fait irruption dans la société et notamment, au travers de la psychanalyse, dans les conversations mondaines. La bourgeoisie est une classe qui parle et si la psychanalyse devient le sujet de conversation type des années 70, c'est qu'elle permet souvent, sous le couvert d'un discours sur la libido, de dire allègrement des cochonneries à table.

Le théâtre hippie et les œuvres contre-culturelles aiment à mettre en scène l'univers confus des pulsions sous ses formes les plus délirantes, animales et fantasmatiques. En revanche, la société pop tente de faire sortir le sexe dans la sphère clean et prétendument transparente de la consommation et des médias : débats télévisés entre un curé et une prostituée, éducation sexuelle à l'école, poupées avec des zizis, vendues dans les magasins de jouets, etc.

La drague pop

Le flirt minet

La « drague à la papa » s'inscrivait dans un contexte d'angoisse. Souvent limitée à « quelques gentillesses » par le risque de l'enfantement, elle impliquait, quand il fallait aller plus loin, une irruption violente du sexe, comme une folie commise dans un dérèglement total des sens : « Oublier le danger dans la folie d'un instant. » Avec la pilule, ce problème disparaît et le passage des préliminaires à l'acte n'implique plus une rupture. Cette suppression partielle de l'angoisse permet une harmonisation plus grande mais plus monotone des choses de l'amour :

c'est le flirt minet et la communion hippie. Sans grande aventure ni forte sensualité, les étapes successives de l'amour s'enchaînent en douceur dans un climat de complicité tendre car la communication doit passer imperceptiblement. Il n'est en effet plus permis, à l'époque pop, d'écrire des billets doux, de faire des appels du pied sous la table ou encore d'obliger la femme désirée à donner une réponse sur-le-champ, etc.

Jerk et slow

Sur la piste de danse des « surboums » ou des boîtes de nuit, la succession du jerk et du slow constitue une sorte « d'économie du sexe à deux temps » que nous voudrions décrire ici :

1) Le jerk : c'est une libre et totale gesticulation du corps, rythmée et rapide. Sans « figures » ni « passes » définies, le jerk consiste à secouer son corps en tous sens, de manière effrénée. Se pratique en solitaire ou parfois face à quelqu'un.

2) Le slow : c'est une sorte de valse lente. Les deux partenaires enlacés s'appuient littéralement l'un sur l'autre en tournant très lentement dans le sens des aiguilles d'une montre.

« ... le jerk consiste à secouer le corps en tous sens... »

On pourrait ainsi décrire ce processus de rapprochement à deux temps :

— 1er temps : on s'agite chacun de son côté pour « faire monter la pulsion », dans une pure déperdition d'énergie ;

— 2e temps : on s'accole deux à deux. Le trop-plein d'excitation accumulé pendant le jerk se transforme en un désir de sensualité qui court d'un partenaire à l'autre. C'est la fonction lascive du slow, phase de rentabilisation des efforts précédents.

Résumons l'activité du Minet-pop dans une boîte de nuit : 1° il s'agite ; 2° il s'accole ; le 3° en découle mais il sort de la boîte et de notre sujet.

Les lunettes au mercure, self-service de la drague

Les lunettes au mercure sont des lunettes qui, sur le principe de la glace sans tain, permettent de voir sans être vu.

« Self-service » désigne la suppression dans les grands magasins de l'intermédiaire entre le produit et l'acheteur : la vendeuse.

Lunettes au mercure et self-service connaissent un même essor dans les années 70. Tous deux réalisent un même objectif : supprimer la vendeuse.

Grâce à leurs miroirs réfléchissants, les lunettes au mercure permettent au dragueur de soutenir indéfiniment le regard d'une femme sans que celle-là s'en rende compte et puisse, du même coup, détourner le sien. Ayant ainsi toutes les sensations d'une drague réussie, le Minet n'a plus besoin de l'acquiescement de la femme convoitée.

La femme, d'ordinaire libre vendeuse de son propre produit dans la drague (en décidant de soutenir ou non le regard du dragueur) est ici réduite au rôle de simple produit.

Plus de vendeuse, donc : comme au self-service.

Comprenez maintenant pourquoi les lunettes au mercure constituent le *top* de la panoplie du Minet-pop, réalisant dans le domaine de la drague son désir de consommation effrénée ; comprenez aussi pourquoi elles inspirent au Hippie un dégoût identique à celui qu'il ressent pour la société qu'elles reflètent.

Le travail pop

Les Shadocks et les Gibis

Qui n'a pas gardé en mémoire les quelques minutes (qui précédaient les informations de 20 heures) occupées par les Shadocks, sorte d'oiseaux à longues pattes, grands becs et petites ailes, et les Gibis, sorte de pommes de terre quadrupèdes pourvues de chapeaux melon.

Les Shadocks étaient dotés d'un gouvernement autoritaire et travaillaient jusqu'à l'épuisement : « ... et les Shadocks pompaient, pompaient... » ; mais sans jamais obtenir le moindre résultat : « ... plus ils pompaient et plus il n'y avait rien qui sortait. »

Les Gibis, quant à eux, « étaient de petits animaux très gentils avec un petit chapeau sur la tête pour pouvoir dire bonjour ; ils étaient très, très intelligents... ». Tandis que les Shadocks pompent du matin au soir, les Gibis « vont en vacances à la campagne, mangent des fleurs, des petits pois et des carottes. Ou bien ils organisent une grande fête et s'y amusent comme des fous pendant tout le jour, regardant le soir les Shadocks à la télévision pour rire un bon coup ».

En fin de compte, dans leur course pour atteindre la terre, les Gibis et leur haute et douce technologie triompheront des Shadocks et de leur mécanique archaïque. Toute l'idéologie des années 70 consiste à faire triompher l'intelligence, la souplesse et la décontraction « gibi » sur les valeurs inadaptées et désuètes de la société « shadock » : rigueur, autorité, effort physique.

Le « straight » et le « cool »

Le roi des années 70, c'est le cadre gibi, l'homme à idées, le publicitaire. Contrairement au chef d'entreprise shadock triste et sec des années 50, il est bronzé et « sympa ». Il revient d'un séjour d'une semaine dans une île du Pacifique, tutoie ses collaborateurs qu'il appelle Coco, Jojo, Doudou, etc.

A l'époque pop, le grand chic en matière d'efficacité, c'est de savoir rester décontracté, c'est-à-dire COOL.

En 50, on contracte, on est shadock, on est STRAIGHT : col fermé, cravate, couleurs sombres, cheveux courts et plaqués. En 70, on décontracte : le col s'ouvre, la cravate est défaite, on la jette, on la remplace par un foulard. Les cheveux poussent gentiment car il vaut mieux « laisser faire la nature »..., on sent la société de loisir toute proche. En attendant, Travail et Détente trouvent une tenue ambivalente : c'est le décontracté, pour s'amuser en travaillant.

L'attaché-case

Mais pour s'amuser en travaillant sans nuire à l'efficacité du travail, il faut quand même mettre de la rigueur quelque part.

— Où ?

— Dans l'attaché-case, création des années 70 à l'usage des cadres.

Parallélépipède rigide et indéformable, il protège

les documents sérieux des ambiances décontractées et des tenues négligées. En 50, le cadre est strict mais sa serviette et son cartable sont mous, courbes et déformables.

En transférant et miniaturisant sa « rigidité » dans une mallette verrouillable, il peut ainsi être décontracté sans risques : l'attaché-case veille.

La rigueur et la rationalité du businessman pop n'ont donc pas disparu : elles sont en sécurité, au coffre [1].

1. Grâce à l'informatique, la rigueur a fait encore des progrès dans la discrétion. Plus besoin d'attaché-case ni de coffre ; la mémoire de l'ordinateur ou même un seul numéro de code peuvent alors suffire.

LES THÈMES HIPPIES

Donald Sutherland

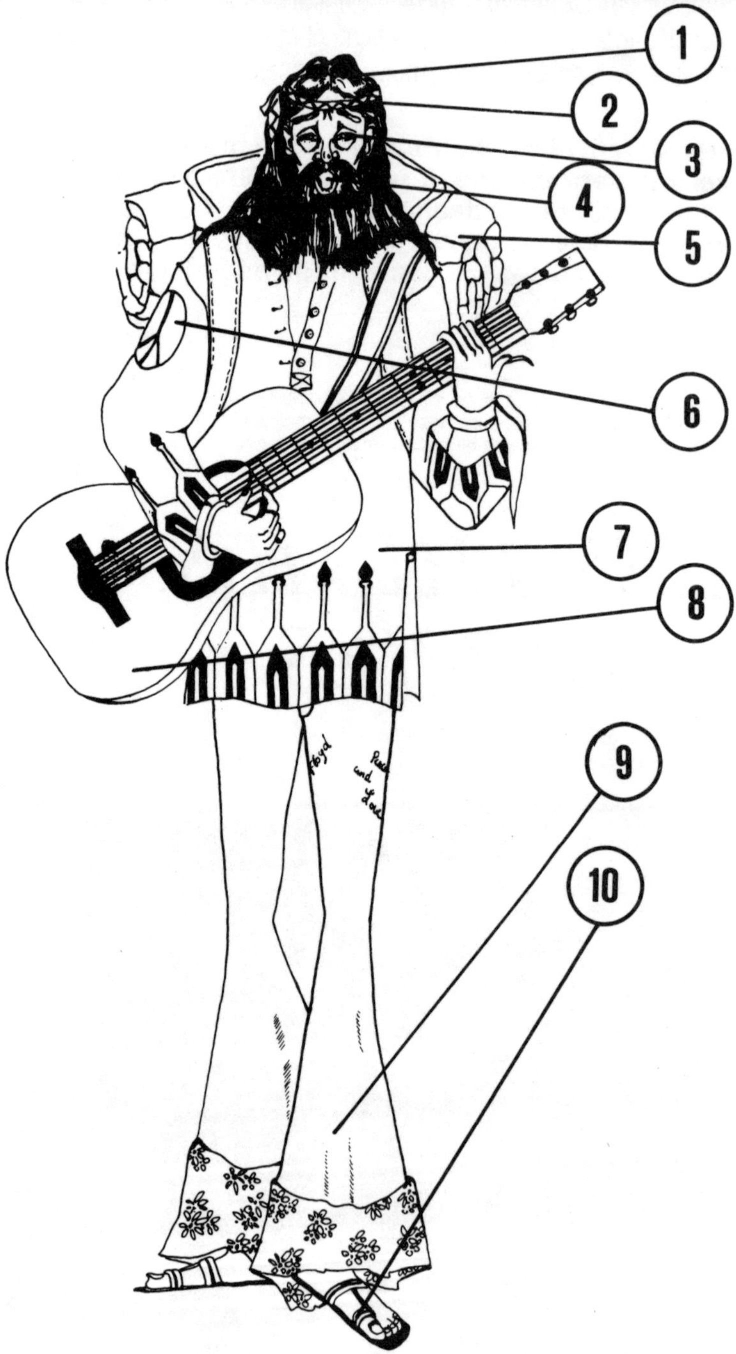
1
2
3
4
5
6
7
8
9
10
Floyd
und

Couple hippie

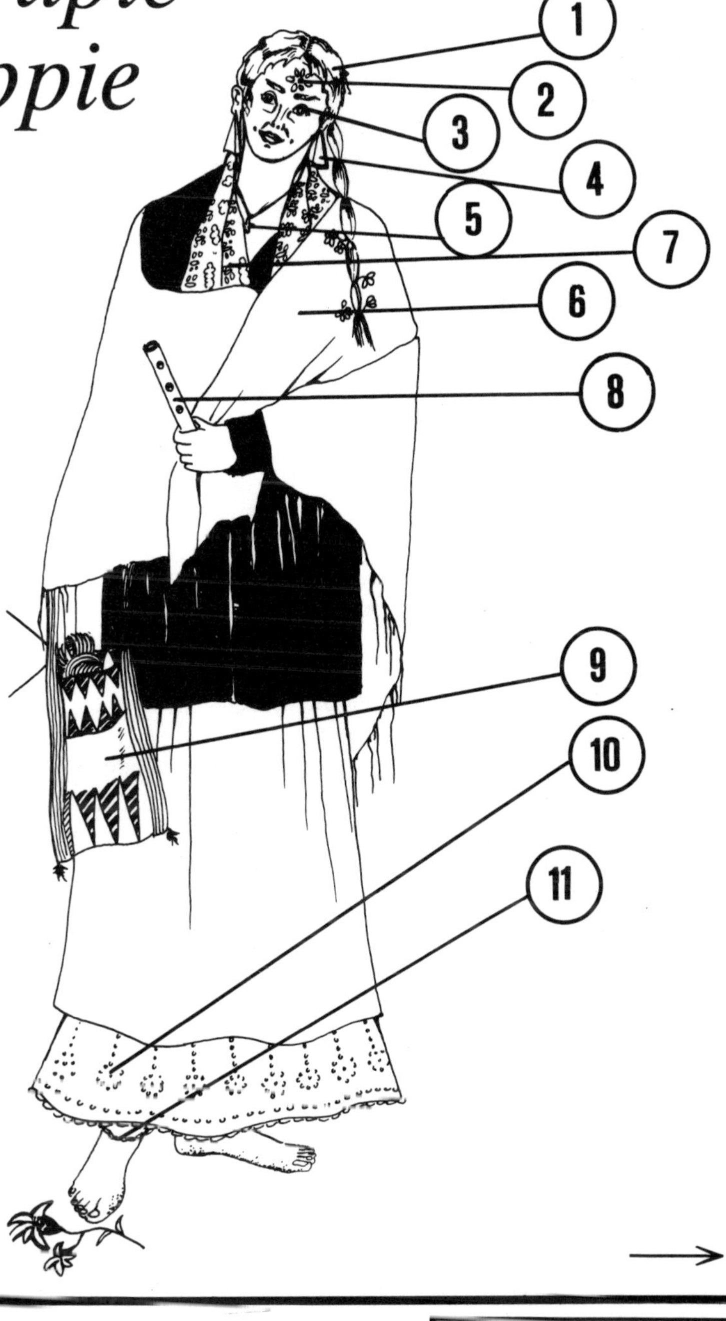

Couple hippie

Elle :

1. Cheveux longs, nattes fleuries.
2. Maquillage psychédélique : fleurs peintes, arabesques, signes ésotériques.
3. Regard doux et planant, ombre à paupière mauve.
4. Boucles d'oreilles (artisanat berbère).
5. Croix de Taizé.
6. Poncho péruvien.
7. Fichu de paysanne.
8. Pipeau.
9. Sac artisanal grec contenant :
   — un paquet de Camel sans filtre ;
   — de la marijuana dans une enveloppe ;
   — un briquet à mèche amadou ;
   — une petite bouteille de patchouli ;
   — un ouvrage d'initiation à la méditation transcendantale ;
   — une paire d'aiguilles à tricoter en bois et une pelote de laine vierge.
10. Ensemble « paysanne roumaine », jupon de dentelle apparent.
11. Bracelet de coquillages à la cheville.

Lui :

1. Cheveux longs et barbe fleurie style Jésus-Christ.
2. Bandeau indien tissé dans une réserve.
3. Regard planant adouci au khôl indien.

4. Chant d'amour et de paix.
5. Sac à dos et sac de couchage du « routard ».
6. Signe de la paix.
7. Chemise tunisienne.
8. Guitare folk.
9. Jean à pattes d'éléphant, délavé, effrangé et agrémenté de diverses pièces et inscriptions (noms de groupes pops ou slogans non violents).
10. Sandales marocaines (artisanat pour touristes).

Il revenait des Indes. Elle rejoignait une communauté dans les Causses. Mais le hasard a voulu à l'occasion d'un festival pop qu'ils se rencontrent sur le chemin. Un soir, autour du feu, ils ont accompagné les chants de leurs compagnons de rencontre, lui à la guitare, elle au pipeau... Depuis, ils font la route ensemble et partagent le même sac de couchage. Objectif lointain : « Frisco » (San Francisco). Leurs parents, des braves gens, sont rassurés de les savoir ensemble car voyager seul n'est pas prudent.

Bien sûr, les conditions matérielles sont un peu *hard*, mais ils sont dans le même *trip* et c'est ça qui est *cool.* Et quand parfois la vie *straight* les *speede* un peu trop, la « fumette » et l'« acide » ramènent au sein du couple l'harmonie cosmique des « grands initiés ».

Psychédélisme

Néologisme créé vers 1961 par l'Américain Timothy Leary, « psychédélique » qualifie, dans l'acception la plus large du terme, ce « qui exalte l'esprit » et désigne plus particulièrement les effets d'expansion de la conscience produits par la drogue hallucinogène L.S.D.

Acide lysergique additionné d'un composé diéthylamide, le L.S.D. (Lyserg Saure Diethylamid) fut inventé vers 1938 par un savant suisse, le Dr Albert Hoffman. C'est l'hostie consacrée du psychédélisme.

Le psychédélisme est un mysticisme « scientifique ». Il prétend que seul le L.S.D. permet de découvrir le Bonheur et la Vérité en révélant la puissante créativité de chacun par ce « délire euphorique et planant » que constitue l'expansion de la conscience — limitée en temps normal au faible rendement du cerveau humain (utilisé à moins de un pour cent de ses capacités, selon les spécialistes).

Ainsi, le psychédélisme prône ouvertement l'usage des artifices de la chimie, à la différence du mysticisme zen, dont il se voudrait proche, mais qui n'autorise que les seules voies naturelles de la méditation.

Chambre à coucher psychédélique

Créations psychédéliques

Créations psychédéliques : créations conçues sous l'emprise du L.S.D ; ou créations conçues pour remplacer les effets sensoriels du L.S.D. ; ou encore créations qui s'adressent à ceux dont les sens sont momentanément décuplés par l'absorption du L.S.D.

Par extension, on qualifie de « psychédélique » toute création qui voudrait reconstituer ou figurer les perceptions de l'état délirant. Son esthétique est essentiellement basée sur le principe de l'accumulation hétéroclite et désordonnée des images (diaporama psychédélique) ; débauche de sons et de couleurs sans souci d'harmonie apparente (son et lumière psychédélique), ou encore absence volontaire de rigueur formelle, de présentation ou d'intelligibilité (cinéma psychédélique).

Dans une acception plus populaire, *psychédélique* qualifie indifféremment toutes les créations compliquées, colorées et un peu folles des années 70.

Musique psychédélique

Musique pop créée, ou prétendument créée sous l'influence du L.S.D., la musique psychédélique est une combinaison de pop rock (rythme binaire, instruments électrifiés, batterie) et de musique indienne (sitar et gamme exotique) à laquelle on fait subir des manipulations électroniques (synthétiseur, effets de studio). On appelle aussi cette musique *acid rock* ou *rock planant : acide* signifie L.S.D. et *planer* qualifie initialement l'état dans lequel plonge le L.S.D.

Light-show

Son et lumière psychédélique, le *light-show* [1] est

1. *Selon Michel Lancelot, in* Je veux regarder Dieu en face, *éd. Albin Michel, 1968.*

l'addition en un même temps et un même lieu d'un concert psychédélique et d'un spectacle psychédélique avec diaporama stroboscopique, spots de couleurs, fumigènes, lasers, etc.

A l'inverse du drame cinématographique au cours duquel la musique doit intensifier la valeur des images, le but du light-show est d'approfondir la perception musicale par un conditionnement visuel.

D'abord réservé à l'élite initiée des concerts psychédéliques, le principe du light-show s'est progressivement limité, à mesure qu'il se popularisait, à une décoration pure et simple — le plus souvent destinée à l'animation des boîtes de nuit ou même des fêtes populaires.

Les Hippies ne sont pas individualistes

Festival pop

Si le L.S.D. est l'hostie de la religion psychédélique, les concerts et les festivals pops en sont la messe. Ils se distinguent des concerts et festivals traditionnels (théâtre, musique classique) par la présence systématique de light-shows, la position debout des spectateurs et leur participation active dans la danse et les cris.

Un concert présente un ou deux groupes et ne dure que quelques heures tandis qu'un festival présente de nombreux groupes et peut durer plusieurs jours : en ce cas les spectateurs dorment sur place, passant simplement de la position debout à la position allongée. Concerts et festivals pops ont donné lieu à des rassemblements gigantesques (le festival de Woodstock, en 1969, compta jusqu'à 500 000 spectateurs). Ils constituent la création la plus spectaculaire et la plus lucrative du Pop, tendance hippie.

Religiosité

Choqué par le matérialisme et le scientisme sans âme de la jeunesse des années 50, le jeune Hippie rêve d'une religion syncrétiste et universelle dont les deux préceptes seraient : amour et spiritualité.

Jésus

Jésus-Christ est le héros hippie par excellence.

Grand et maigre, il porte la barbe et les cheveux longs, voyage en stop (Palestine), donne des concerts publics (mont des Oliviers) et prêche le *Peace and Love* (« Aimez-vous les uns les autres »).

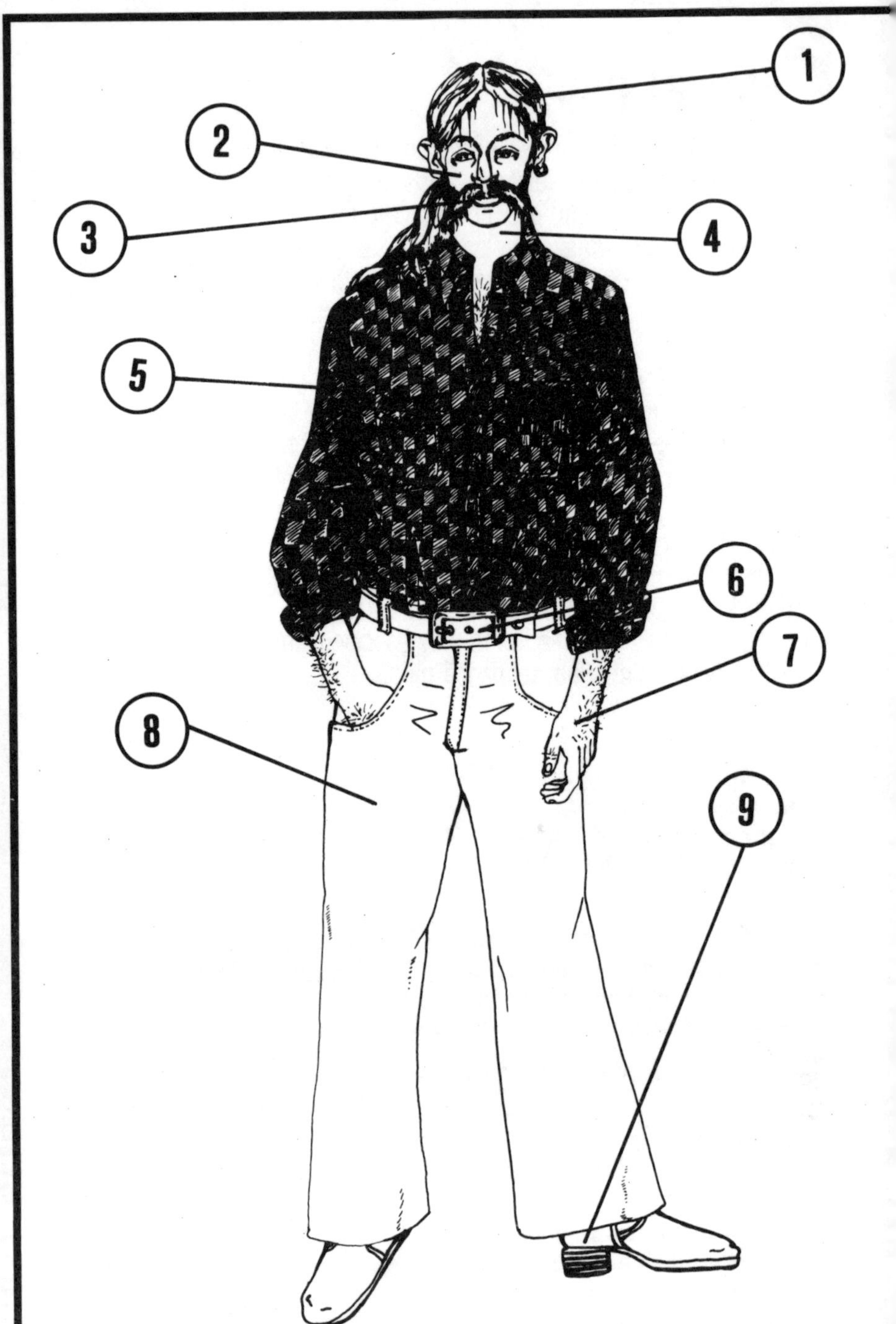
1
2
3
4
5
6
7
8
9

Le Hippie-bûcheron

1. Cheveux longs rassemblés en queue de cheval.
2. Visage carré, regard calme et serein.
3. Moustache gauloise.
4. Cou puissant.
5. Chemise de bûcheron canadien en laine, écossaise ou à carreaux, dans les tons vert et rouge.
6. Ceinturon en cuir à boucle de harnais.
7. Poignets forts, avant-bras musclés et velus.
8. Blue-jean délavé, porté taille basse, flottant aux fesses.
9. Bottes turques de chez « Go-West » à tige longue brodée d'une tête de cerf ; portées sur le pantalon lors des grandes occasions.

Le Hippie-bûcheron se veut simple et proche de la nature ; il n'aime pas la ville et parle peu. Détaché des choses matérielles, il n'affecte aucun maniérisme. Il ne lit pas mais a du goût pour les travaux manuels minutieux (travail du cuir, fer forgé...) et préfère l'artisanat à l'art, dont l'élitisme lui semble suspect. Il apprécie les chansons folkloriques ; selon lui, le paysan traditionnel possède à sa façon la sagesse orientale. Le soir, devant l'âtre de sa maison retirée, il joue du pipeau pour un bon gros bâtard de chien qu'il aime plus que tout, car il est meilleur et plus sincère que les hommes. Le bûcheron canadien incarne son modèle idéal.

Pour le Hippie, la religion chrétienne s'arrête à Jésus ; le reste n'est à ses yeux que récupération.

Gandhi

Pour les Hippies, dont la bienveillance fondamentale n'a pas à s'embarrasser de subtilités historiques, Gandhi est une sorte de Jésus-Christ moderne ; et la Non-Violence une version nouvelle de l'Amour, adaptée au monde très politisé d'aujourd'hui. Cette stratégie, grâce à laquelle on bat les méchants sans coup férir, ne pouvait que satisfaire le Hippie aux capacités pugilistiques souvent limitées.

Le Mandala est une image religieuse faite pour être regardée longtemps

Bouddha

Esthétiquement, Bouddha est beaucoup moins hippie que Jésus-Christ : il est petit et gros. Mais la religion zen présente en revanche l'avantage d'offrir une pratique méditative débouchant sur une maîtrise de soi, là où le christianisme conduisait souvent à un larbinage insupportable (« Je suis le serviteur de ton serviteur... »).

Ainsi le Hippie-chrétien est doux, généreux et altruiste tandis que le Hippie-zen est intellectuel, straight et nettement plus élitiste mais tout aussi délirant.

Végétarisme

Variantes du Zen dans le sens où elles nécessitent une pratique quotidienne astreignante, le végétarisme (ne jamais manger de viande) et la macrobiotique (ne se nourrir que de bouillies) prétendent également déboucher sur une plus grande maîtrise de soi : longévité, paix intérieure.

Sectes

Versions dégénérées de la religion hippie, les sectes ont connu un nouvel essor dans les années 70. Ainsi notre Hippie-chrétien pourra adhérer aux *Enfants de Dieu,* poussant alors son désir d'amour presque aux confins de la niaiserie tandis que notre Hippie-zen cultivera un certain ésotérisme maladif s'il rejoint les sectes « élitistes-masochistes » du type *Krishna.*

Exotisme

L'intérêt soudain des Hippies pour les pays du tiers monde peut s'expliquer facilement : ils voudraient à la fois mieux condamner les civilisations colonisatrices d'Occident dont ils sont issus, pouvoir goûter à la forte religiosité des pays pauvres et enfin vivre un dépaysement « total ».

Indes

Ainsi, par compassion, désir de spiritualité et goût prononcé pour l'exotisme, le Hippie sera naturellement amené à se tourner vers le bastion millénaire de la croyance et de la misère : l'Inde.

Mais, pour des raisons de commodité, il préférera le plus souvent l'esthétique indienne à la pratique de ses religions rigoureuses. Ainsi, dans une pure démarche spiritualiste, il sera amené à porter une chemise et des sandales indiennes, à s'asseoir en tailleur à même le sol, à faire brûler de l'encens chez lui, à fumer du haschisch et à boire à toute heure du thé.

Amérique du Sud

Quant à l'Amérique du Sud, elle semble aussi réunir toutes les conditions de l'adhésion hippie : directement placée sous le joug impérialiste de sa voisine du Nord, elle est ensanglantée par des régimes fascistes et manipulée par une Église dégénérée et complice.

Spectateurs d'un festival pop dans le Midi, juillet 70

Minorités ethniques

Le Hippie trouve dans les minorités ethniques des étrangers qui souffrent près de lui. Tandis que le Hippie américain prend fait et cause pour l'Indien d'Amérique, le Hippie français se passionne pour les cultures bretonnes ou occitanes. L'adoption d'attributs typiques tels que vêtements folkloriques, grigris ou objets artisanaux constitue pour le Hippie autant de signes de son adhésion à la cause des minorités opprimées.

C'est aussi l'occasion d'affirmer que chacun est à sa façon un étranger chez lui. « Nous sommes tous des Indiens d'Amérique » pourrait être la version hippie du fameux slogan gauchiste : « Nous sommes tous des Juifs allemands. »

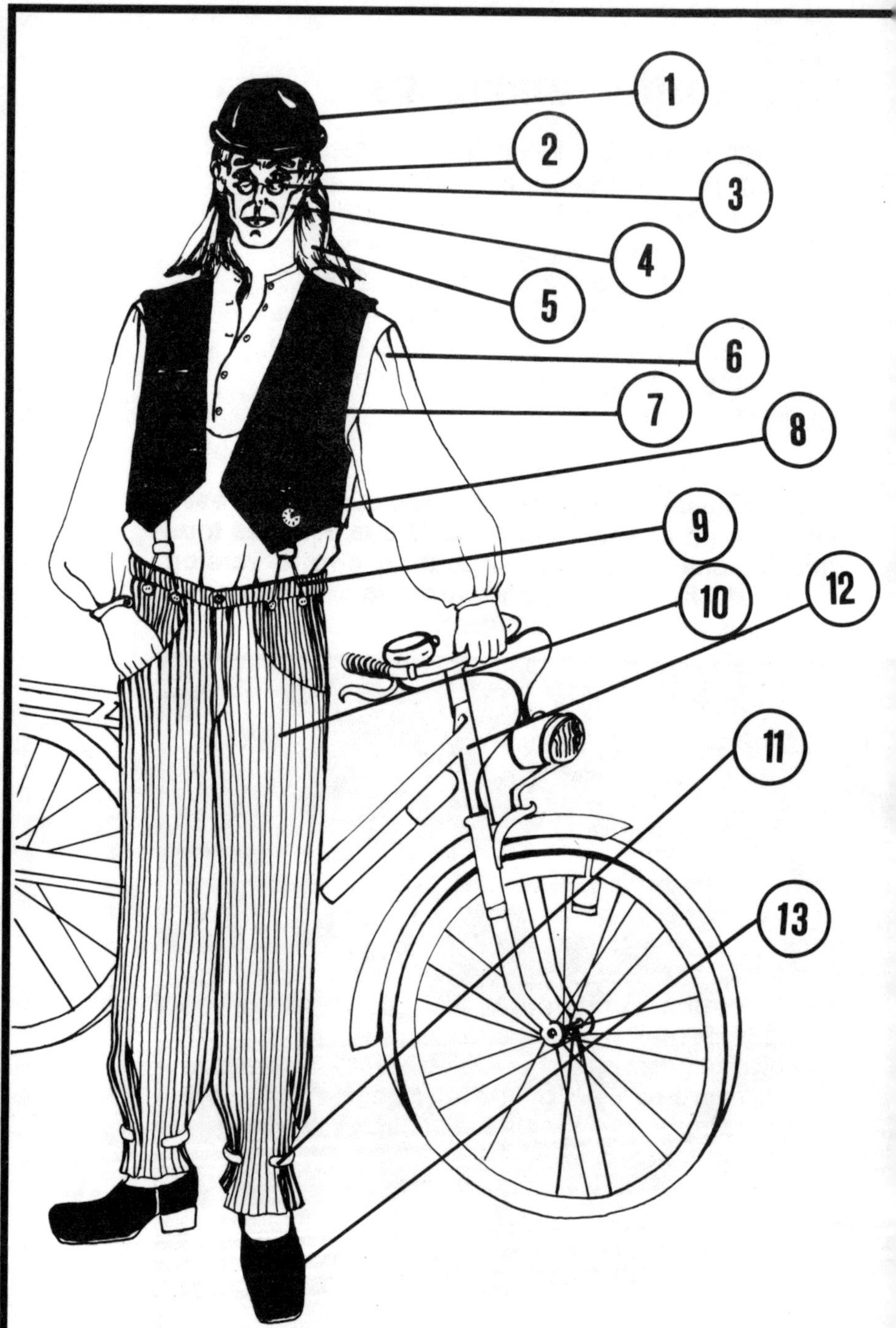
1
2
3
4
5
6
7
8
9
10
12
11
13

Le Rétro-grand-père

1. Vieux chapeau melon un peu défiguré.
2. Maquillage au crayon noir sur les yeux.
3. Lorgnon ou pince-nez.
4. Visage anguleux à joues creuses.
5. Cheveux longs mais propres.
6. Chemise grand-père sans col.
7. Gilet grand-père noir.
8. Montre-gousset grand-père.
9. Bretelles grand-père.
10. Pantalon grand-père rayé noir et gris.
11. Pinces à vélo.
12. Vélo grand-père.
13. Sabots grand-père artisanaux en cuir et bois, à talons recouverts.

Léon est issu d'une famille de notables de province. Il se veut pourtant proche du monde paysan et rêve de retour à la terre. En attendant, il vend sur les marchés des marionnettes en bois (Pierrot lunaire), et des badges à l'effigie de Charlot. La partenaire du Rétro-grand-père, c'est la Rétro-grand-mère. Il suffit, pour se la représenter, de remplacer le melon par un chapeau de paille sombre à voilette, la chemise par un chemisier de dentelle, le pantalon par une jupe longue agrémentée de jupons et de lui rajouter aux mains des mitaines de dentelle blanche ou noire.

Marginalité

Pour fuir l'esclavage auquel les sociétés modernes conduisent immanquablement selon lui, le Hippie propose plusieurs solutions.

Drogues

Suggérant un « monde nouveau » constitué de créations hallucinatoires, le L.S.D. apparaissait comme un moyen plutôt positif de fuir la triste réalité. De même le haschisch, lorsqu'il est entouré de tout un cérémonial exotico-mystique, pouvait aussi fournir une semblable échappatoire au monde triste et cruel.

Mais l'inévitable désenchantement et l'incapacité de remédier à la misère humaine ont conduit de nombreux Hippies à passer de l'usage psychédélique et religieux de la drogue à son usage physique et « barbiturique ». Ils deviendront *junkies,* troquant alors le L.S.D. ou le haschisch contre l'héroïne.

Ruralité

Pour fuir plus réellement la société, le Hippie en vient à déserter les villes — lieux géométriques de l'aliénation sociale. Seul ou avec plusieurs de ses semblables, il gagnera la campagne pour tenter de vivre dans une sorte d'autarcie agricole.

Ainsi, malgré ses origines le plus généralement urbaines, le Hippie tentera de retrouver ses racines à la campagne, qu'il croit douce et sans contraintes. Il se heurtera le plus souvent à l'incompréhension du monde paysan, plus conservateur que celui des villes.

Communautés

Convaincu que la structure familiale et patriarcale est à l'origine de tous les maux, le Hippie reprend à son compte les projets communautaires chers aux utopistes du XIXe siècle (*Le Phalanstère* de Fourier, par exemple). Il fonde alors des « lieux de vie » collectifs, organisant une mise en commun de l'amour et des biens, une répartition égalitaire du travail, une prise en charge collective des enfants, etc.

Le cumul de la fuite à la campagne et de la vie en communauté donne naissance à la « communauté rurale », *nec plus ultra* du marginalisme hippie.

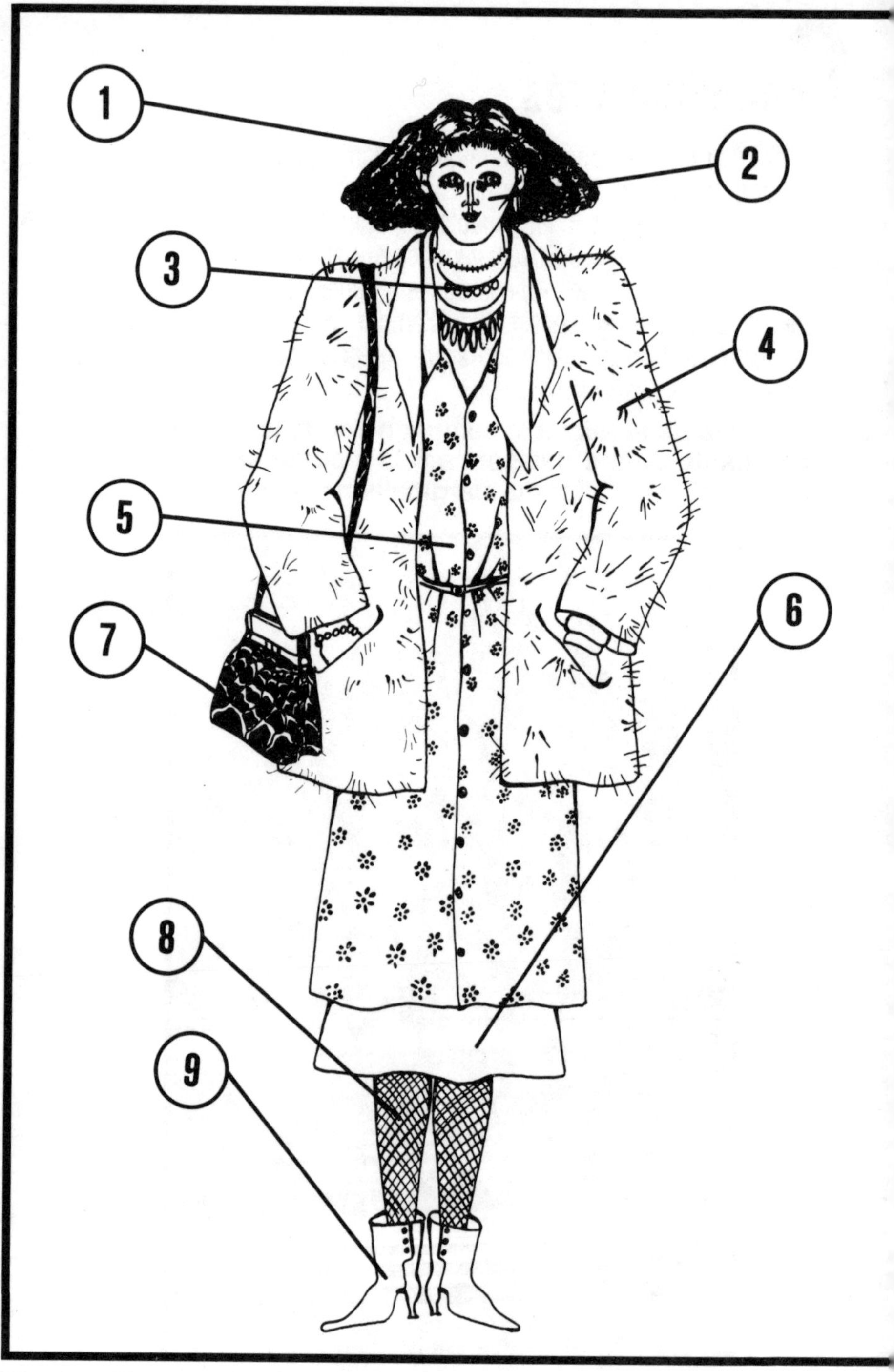

1
2
3
4
5
6
7
8
9

La Rétro « 30 »

1. Ex-coiffure hippie devenue « 30 ».
2. Ex-maquillage hippie devenu expressionniste 30.
3. Collier de verroterie 30.
4. Manteau court en fausse fourrure, coupe 30.
5. Vieille robe de couturière 30 en crêpe de soie noire à fleurs roses.
6. Jupon brodé en satin rose plus ou moins 30.
7. Vieux sac en croco 30.
8. Bas résille (plus arachnéens que sexy).
9. Bottines en daim noir avec pressions nacrées style 30.

Trop coquette pour se contenter plus longtemps du laisser-aller de ses anciens compagnons hippies, Charlotte a rejoint Paris pour se mettre en ménage avec un ami artiste-peintre. Elle tient aux Puces un stand de brocante spécialisé dans le style 30. On y trouve de vieilles dentelles, des lampes-champignons et des fume-cigarettes en bakélite, mais aussi des reproductions d'affiches de l'époque vantant l'excellence du chocolat Menier.

Peintre et professeur de judo, Yves Klein, précurseur de l'esthétique pop et non du pop-art, remplace son pinceau par un corps de femme nue (1958)

Contre-culture

La « contre-culture » désigne d'une manière générale l'ensemble des événements et créations artistiques propres à l'époque pop. Ce sont les Hippies et leurs proches gauchistes qui en sont le plus souvent les artisans.

La « contre-culture » se veut et croit être une culture « naturelle » qui s'oppose à la culture « culturelle » et bourgeoise, c'est-à-dire aliénée par le pouvoir, l'esthétique et l'éducation.

L'œuvre contre-culturelle ne doit pas impressionner le spectateur. Elle cherche à éviter le prolongement du rapport de pouvoir bourgeois dominant/dominé dans le rapport créateur/spectateur.

Elle doit montrer et surtout aider à faire

percevoir par la participation du public, tendant à mettre sur un pied d'égalité créateur et spectateur : « Le spectateur crée en regardant. »

Elle recherche l'expression la plus proche de la perception sensorielle : une expression dépouillée qui n'engendre pas la fascination esthétique, mystification bourgeoise du « beau ».

L'œuvre contre-culturelle est donc :

- **antispectaculaire (contre le pouvoir) :** peu de moyens financiers, pas de professionnalisme ni de vedettariat. Elle se doit d'éviter une trop grande maîtrise technique qui écraserait le spectateur ;
- **antiesthétique (contre le beau) :** pas de beauté évidente, de travail trop soigné, de perfectionnisme qui empêcherait la perception spontanée et créative du spectateur ;
- **antinarrative (contre l'éducation) :** pas d'histoire dotée d'un début et d'une fin ; pas de morale qui tendrait à éduquer le spectateur : ce serait faire preuve d'un « paternalisme » bourgeois et castrateur.

Psychanalyste pop-chic, fin 60

La vocation de l'œuvre contre-culturelle est donc de montrer le dessous des choses : la vérité que la création bourgeoise aliénée cachait ou ne pouvait montrer.

Exemples

Love-in et *human be-in* sont les premiers événements contre-culturels absolus : des gens se rassemblent autour du spectacle de leur propre rassemblement. Dérivée des pratiques précédentes, la *manif* (manifestation) réintroduit un motif au rassemblement ; il s'agit généralement d'une cause politique généreuse. Les *manifs* sont les *love-in* et les *human be-in* gauchistes.

Contre-exemples

Les concerts et les festivals pops comptent parmi les plus remarquables événements dits « contre-culturels ». Plusieurs traits caractéristiques rendent pourtant cette filiation paradoxale : le *star-system* (qui relève du pouvoir) ; la qualité musicale (qui relève de l'esthétique) ; et la virtuosité instrumentale (qui relève de l'éducation).

Une pop-star telle que Mick Jagger est le type même du héros contradictoire de la contre-culture.

Le playboy pop doit être fluet

Du Hippie au Décadent

Le Hippie

Avec le goût de l'exotisme vient aussi celui du retour à la terre, à condition bien sûr qu'elle soit lointaine.

Le Hippie-bûcheron

Lassé par l'exotisme trop frivole des premiers Hippies, on recherche une communion plus authentique et plus simple avec la Nature. On abandonne alors le délire pour une rude sobriété et l'Inde lointaine pour la vieille Europe. Cette recherche des « racines » donne naissance, chez le Hippie devenu bûcheron, au mythe du « rural authentique ». Le détenteur de cette authenticité devient alors l'ancêtre paysan.

Le Rétro-grand-père

Découragés par l'ampleur des renoncements à la vie moderne qu'impliquait le bonheur « agricole », certains Hippies déplacent légèrement le sens de leur *trip* « rural authentique ». De « vivre comme des paysans », celui-ci devient : « s'habiller comme des paysans ». Le Rétro-grand-père est ainsi moins ambitieux que le Hippie-bûcheron car, toutefois désireux de retrouver l'équilibre perdu de grand-papa, il en vient plus simplement à mettre sa veste et son pantalon. A la tenue de la semaine il préfère progressivement la tenue du dimanche : celle où le paysan s'habille comme un gars de la ville.

Le Rétro « 30 »

Pourtant née d'un goût prononcé pour la vie campagnarde du passé, la mode « rétro » se tourne finalement vers la modernité bourgeoise de la cité des années 30 — allant ainsi dans le sens inverse de sa motivation d'origine. Le Rétro « 30 » n'est même plus un campagnard qui s'habille en citadin, c'est un citadin à part entière. Pourtant inspirée d'une imagerie urbaine et luxueuse, cette mode rétro affectionne en fait un patchwork, volontairement kitsch, des principales fantaisies vestimentaires d'avant-guerre.

Le Décadent

Le Décadent est une sorte de Rétro « 30 » fasciné par l'envers de la modernité qui régnait dans les villes depuis la crise de 1929 : chômage, misère, exploitation, délinquance, prostitution, banditisme, etc. Il y découvre un message lyrique éblouissant : la cité moderne génère une dissolution des rapports humains et des mœurs, qui génère elle-même une micro-société aux règles violentes et impitoyables renvoyant l'homme à son état primitif.

Dans un élan de dénonciation gauchiste assez intellectuel, le Décadent se couvre le visage d'un maquillage noir et morbide, adopte des tenues agressives et efféminées où le cuir, en côtoyant la dentelle, voudrait illustrer la confusion sociale — et n'hésite pas à se travestir à l'occasion.

Il abandonne sa nostalgie rétro lorsqu'il découvre que les villes d'aujourd'hui recèlent une décadence tout aussi crue. Plus tard, il verra dans le mouvement punk l'aboutissement de sa quête (mais débarrassée de tout discours dénonciateur) et la consécration de sa mise en scène de la pourriture — horrible et magnifique — des sociétés hautement urbanisées.

Un gros travail de décadence : le « glitter »

La subversion que les gauchistes attribuèrent à la mode « Décadent » alla jusqu'à conduire certains d'entre eux, parmi les plus sérieux, à affronter les C.R.S., pendant les manifestations, en talons aiguilles, bas résille, perruque et sac à main...

Les valeurs hippies

1. naturel

« De chaque chose, trouvons l'essence »

Le Hippie cherche l'état naturel de toute chose : l'homme naturel, la société naturelle, la culture naturelle, la vie naturelle... Naturelle est la forme pure et essentielle que doit recouvrer chaque chose, une fois débarrassée des artifices imposés par la société.

2. planant

« A chaque instant, cherchons la transcendance »

En planant, le Hippie plonge dans un état euphorique et insouciant qui mène, selon lui, à une formidable créativité. L'état normal de la perception et de la conscience est considéré comme un état inférieur car aliéné par la société. Planer permet donc au Hippie de se hisser au-dessus de l'état normal ; c'est une élévation spirituelle qui permet de retrouver le naturel perdu.

Pour les Hippies, le troufion est un extra-terrestre

3. cool

« Pour atteindre l'essence et la transcendance, ouvrons-nous totalement »

Pour se départir des préjugés et des carcans de la société qui forcent à la fermeture d'esprit, il faut savoir être cool, c'est-à-dire s'ouvrir totalement, c'est la condition *sine qua non* pour « planer » et atteindre le « naturel ».

Ce qui est très « cool »[1]

Ne pas avoir de montre
Enlever toutes les portes de son appartement
Écouter les paroles d'enfant comme des paroles d'oracle
Ne pas avoir de cravate, ouvrir sa chemise
Ne jamais s'énerver quand votre conjoint vous trompe
quand vous vous faites attaquer dans la rue
quand vous tombez en panne d'essence en rase campagne
quand vous perdez votre situation
Prendre tous ces ennuis de la vie comme autant d'expériences enrichissantes
Revendiquer les structures souples, ouvertes et transparentes
Supprimer les estrades dans les salles de classe
Tamiser les ambiances : pas de lumière au plafond, de l'encens qui brûle, un grand lit sans pieds et des coussins partout
Dire de ses enfants que ce sont aussi des copains
Estimer que les fauteuils, les chaises et les couverts de table sont des créations occidentales proprement inhumaines
Tutoyer tout le monde
En toute chose, s'en remettre au hasard
Être « relax »

1. A l'époque pop seulement. Le sens de ce mot a nettement évolué depuis (voir lexique).

La fin des Hippies

1. Du naturel au vide

A force de dénigrer tous les produits de la société comme autant d'artifices petits-bourgeois, le Hippie dépouille parfois tant et tant qu'il ne reste à la fin que l'ennui, la tristesse et le vide.

2. De l'élévation à la folie

A force de considérer tous les comportements normaux comme des comportements aliénés par les convenances sociales, le Hippie en vient à aimer puis à simuler la folie — considérant les aliénés mentaux comme les seuls êtres libres.

3. Du cool au mou

A force de se vouloir ouvert à tout et se départir de tous les préjugés, le Hippie léthargique et irresponsable finit pas perdre tout sens critique, toute rigueur intellectuelle et le sens le plus élémentaire des valeurs morales.

Conclusion

A l'origine constructives et généreuses, les valeurs hippies ont ainsi toutes plus ou moins dégénéré en goût morbide du vide, en complaisance facile envers les dérèglements de tous ordres et en dialectique fumeuse autorisant tous les abus.

Malgré cette dégénérescence des valeurs hippies, une nouvelle génération de jeunes voudrait toutefois les reprendre à son compte pour en radicaliser les ambitions intellectuelles politiques et en atténuer le mysticisme coloré et indolent.

Petits frères des Hippies, ces jeunes entendent ainsi s'adapter à la vie urbaine, qu'il n'est plus question pour eux de fuir.

Nous les appellerons LES BABAS.

LES B

Sommaire

ABAS

On voit souvent les Babas assis ou allongés par terre

Introduction

Demain, tout sera pop

Qu'il s'agisse de coopératives autogérées, de drugstores, de théâtres populaires, de « villes nouvelles », de nouveaux partis politiques ou de nouveaux journaux, les premières réalisations *cools* et *sympas* qui voient le jour au début des années 70 semblent annoncer, de façon imminente et définitive, l'avènement de la « société de loisirs » dont rêve le Minet-pop et « l'état de bonheur permanent » auquel aspire le Hippie.

Durant cette période, le Pop devait devenir, dans l'esprit des jeunes, un principe général guidant l'humanité tout entière. L'anticonformisme allait s'étendre à tous les secteurs de la société : un monde sans frontières, doté de technologies douces, décentralisé à tous les niveaux, où régnerait la concertation dans des collectivités conviviales.

Ce scénario semblait se dérouler lentement mais sûrement vers son *happy end* lorsque, vers 1973, le vent de l'Histoire se mit à tourner.

Les ringards

Le ralentissement de la croissance, conséquence de la brusque hausse des produits pétroliers, fait brutalement perdre à l'individu pop, enfant chéri et gâté de l'abondance, tout son charme et sa raison d'être.

Face à la crise, l'outrance naturelle du Minet-pop paraît désormais déplacée et la démission du Hippie passe pour de la lâcheté.

Les agences pour l'emploi et les économies d'énergie prennent peu à peu la place des drugstores et des gadgets. Ceux qui se refusent à reconnaître l'évidence, s'obstinant à rester pop dans la tourmente, se verront affublés de la cinglante dénomination de « ringards ». *Has been* irrécupérables, les ringards sont les Minets-pops de l'après-Pop.

Les Babas

Quant aux Hippies, ils voient s'effondrer leur rêve de spiritualité, de révolution, de *peace and love*. Tournant le dos à une Histoire qui ne les désigne plus comme une avant-garde mais comme les victimes d'une chimère, certains Hippies deviendront « babas ».

Alors que le ringard vit dans la commémoration plus ou moins naïve de l'inventivité pop, le Baba cherche avec aigreur des responsables : il traque la *manipulation* et dénonce la *récupération*, ces insidieuses manœuvres du pouvoir qui, à elles seules, peuvent expliquer l'échec hippie.

« Baba » n'est donc pas seulement le terme pour désigner les Hippies de l'après-Pop, il définit plus précisément le Hippie devenu gauchiste par ressentiment. BABA = HIPPIE + GAUCHISTE.

Ce qui est très « hippie »[1]

Le délire contre la théorie

Être mystique, inspiré et sensible

La paix, l'éveil de l'âme

L'astrologie

Peace and love

Le grand équilibre cosmique : Jésus + Bouddha +

L'Orient, d'où vient la sagesse

Dire : « La drogue nous aide à découvrir notre vrai moi »

Penser que les bons sauvages d'aujourd'hui sont les aborigènes d'Australie

Dire du gauchiste : « Il est trop straight »

En vieillissant, devenir catholique

1. Chacun des articles (disposés en face à face) de ces deux listes sont à lire en parallèle.

Les soixante-huitards n'étaient pas hippies. Remarquer la tenue, très clean, du personnage central : mocassins élégants, chaussettes claires, pantalon strict, pull à col roulé, cheveux courts...

Ce qui est très « gauchiste »[1]

Théoriser le délire

Être marxiste, critique et intelligent

La lutte des classes, l'éveil du prolétariat

La sociologie

La dimension révolutionnaire de l'Éros

Chercher la théorie totale : Marx + Freud + ...

Le tiers monde, d'où viendra la révolution

Dire : « La drogue est le moyen d'assagir le potentiel insurrectionnel des masses »

Penser que les bons sauvages d'aujourd'hui sont les loubards de banlieue

Dire du Hippie : « Ce n'est qu'un petit-bourgeois »

En vieillissant, devenir éducateur

Le ou la Baba

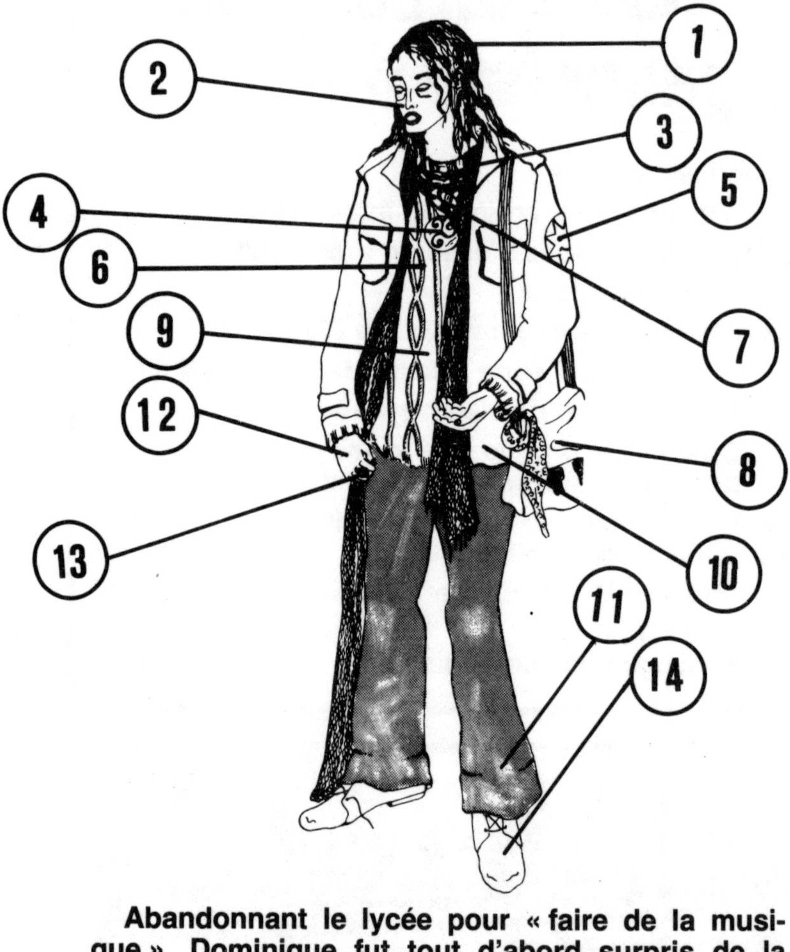

Abandonnant le lycée pour « faire de la musique », Dominique fut tout d'abord surpris de la compréhension de ses parents qui se montrèrent soucieux de l'aider dans la voie qu'il avait choisie. Mais leur intolérance naturelle se révéla lorsqu'il traita son père, un ancien résistant communiste déporté, de « nazi ».

Privé d'argent de poche, il décida de choisir la liberté en rejoignant Jean-François, Lucien, Muriel, Anne et Bernard dans leur chambre de bonne montmartroise.

Jouant à la guitare tout en faisant circuler les

1. Cheveux longs, souvent sales, à moitié colorés au henné.
2. Visage pâle et unisexe. Le regard est ambigu : il affiche une expression de douce satisfaction (« être raide ») ou d'inquiétude traquée (« flipper »).
3. Longue écharpe mauve de laine tricotée.
4. Triskaël breton porté en sautoir.
5. Badge antinucléaire (« Nucléaire, non merci »).
6. Tour de poitrine plus étroit que le bassin (le sport est fasciste).
7. Safi (foulard indien).
8. Besace achetée dans un surplus américain et ornée de graffiti dessinés au marker.
9. Gros pull en laine (souvenir d'un stage artisanal).
10. Parka pseudo-militaire (souvenir de manifs).
11. Jean râpé, légèrement évasé au bas.
12. Bras ballants (les mauvaises langues remarqueront une tendance naturelle à « faire la manche »).
13. Bague en métal torturé ornée d'un bout de verre teinté de couleur noire.
14. Clarks usagées.

joints, ils sont heureux de ne rien faire, malgré la précarité de leurs moyens de subsistance.

Maintenant une certaine douceur de vivre, ils laissent toujours la porte ouverte. Cette ambiance bohème n'est que rarement troublée par les plaintes des voisins ou de la concierge.

Expulsé par la copropriété de l'immeuble, le petit groupe devra pourtant un jour se séparer...

Dominique travaille aujourd'hui à mi-temps pour les P.T.T. et continue à faire les vendanges au mois de septembre.

La Sorbonne, mai 1968

Rappel-gauchisme

Face au problème de l'aliénation présumée de l'Homme par le Système, les années 70 ont proposé deux solutions concurrentes :

La solution hippie (en rappel)

Elle propose à l'homme de s'évader vers des mondes meilleurs, soit réels : Indes, Amérique du Sud, régions ou campagne, soit artificiels : drogues hallucinogènes et héroïne.

La solution gauchiste

Elle propose à l'homme de contester activement le

Système de l'intérieur, pour travailler sur place à l'avènement de ce monde meilleur.

Après avoir connu un bref retentissement populaire en mai 1968, le gauchisme s'est progressivement affirmé comme l'idéologie vedette des années 70.

Ce que dit le gauchisme

Malgré son caractère composite, ses emprunts aux grands courants intellectuels (marxisme et psychanalyse, qu'il voudrait concilier), et l'infinie diversité de ses chapelles, le gauchisme peut être schématisé de la façon suivante :

Le Système aliène les individus

En séparant l'Homme de la Nature, le masculin du féminin, la tête du sexe, les pays développés du tiers monde, l'homme « normal » du fou, le travailleur intellectuel du travailleur manuel, la société bourgeoise — appelée Système — a rompu l'harmonie originelle.

La première tâche du gauchiste sera de prendre fait et cause pour tous les exclus de la Société obligés d'obéir au pouvoir d'autrui : les fous, les femmes, les homosexuels, les enfants, les Corses, les Occitans, les Noirs, les Jaunes, les Rouges, etc. [1]

Le Système est castrateur

Contrôle, organisation, rationalisation ou informatique constituent autant de cloisonnements qui font obstacle à l'énergie créatrice (l'Éros) qui est en chacun de nous et laissent ainsi la seule initiative aux détenteurs arbitraires du pouvoir.

La deuxième tâche du gauchiste sera de faire éclater toutes les structures.

1. Mais s'il néglige souvent de prendre la défense des vieux, des mendiants ou des handicapés physiques, c'est qu'il a très peur d'être accusé de moralisme bourgeois.

Le Système manipule

Endoctriné et conditionné par l'École, l'Armée ou l'usine, le peuple marche à la carotte et au bâton. Leurré par des avantages matériels factices (voiture, télévision, machine à laver), il se croit heureux.

La tâche ultime du gauchiste et des avant-gardes éclairées sera de prendre la parole pour dénoncer cette « manipulation ».

Potentiellement révolutionnaires, les masses ne tarderont pas à « prendre conscience » : elles se soulèveront.

Le terrorisme

Une variante impatiente du gauchisme se propose d'accélérer cette prise de conscience. Elle espère y parvenir en provoquant des attentats chargés de susciter une répression aveugle, révélant ainsi le caractère intrinsèquement fasciste de l'État bourgeois.

Il s'agit du terrorisme de l'ultragauche européenne. Exemple : la bande à Baader.

Les mouvements alternatifs

Plus récemment, une variante plus modeste se propose, quant à elle, de réajuster les objectifs initiaux du gauchisme en préférant à la révolution globale, manifestement compromise, des réalisations concrètes à plus petite échelle.

A la recherche de « fonctionnements sociaux » différents, elle propose des modes de vie « alternatifs » par la mise en place de nouveaux « espaces de liberté » allant de la librairie-salon de thé à de véritables « réseaux parallèles » (comprenant magasins d'alimentation, crèches, bistrots, fermes, etc.).

Ces gauchistes « ici et maintenant » sont largement répandus dans les pays les plus disciplinés d'Europe, où ils disposent parfois d'une représentation parlementaire. Exemple : les écologistes d'Allemagne fédérale *(les Verts)*.

Le flip, délire du Baba

Le Hippie cherchait le naturel et l'élévation. Très cool, il travaillait à l'avènement de la révolution spirituelle.

Le mouvement hippie eut un grand succès, mais comme à chaque fois qu'un mouvement d'idées se propage de l'élite à la masse, sa popularité naissante tend irrésistiblement à le rendre compatible avec les idées du plus grand nombre, multipliant ainsi les compromis et faisant perdre leur rigueur aux premiers mots d'ordre.

Les valeurs hippies, en entrant tranquillement dans les mœurs, ont rendu sans objet la très hypothétique révolution hippie.

Mais le Baba ne l'entend pas de cette oreille. Pour lui, si la révolution hippie s'est condamnée à l'échec en devenant une mode, c'est qu'il y a eu « derrière tout ça » une odieuse manipulation du pouvoir.

Dans sa conception très abstraite et simplifiée de l'Histoire, Révolution et Pouvoir tiennent les places respectives du Bien et du Mal.

La RÉVOLUTION englobe l'ensemble des valeurs « positives » : liberté, éveil, bonheur, naturel, créativité... pour s'identifier en fin de compte au monde du désir.

Quant au POUVOIR, son rôle est d'empêcher et de détruire toutes ces belles choses. Finalement identifié à l'odieuse réalité, il est conçu comme l'ensemble des valeurs négatives, animé par un esprit supérieur et autonome qui agit pour son propre intérêt.

Un Baba qui flippe,
vu par Daniel Ceppi

Pour débusquer le pouvoir omniprésent, afin de n'en pas être la victime inconsciente, le Baba élabore fièrement une véritable PARANOÏA DU POUVOIR : il voit le pouvoir partout.

La stratégie la plus redoutable du pouvoir est selon lui la MANIPULATION discrète dont la finalité est la RÉCUPÉRATION. Par exemple, en se soumettant aux revendications des travailleurs, les patrons « récupèrent » les revendications des travailleurs qui, vaincus, n'ont plus qu'à retourner travailler. Tout désir révolutionnaire sera dit ainsi « récupéré » dès lors qu'il se réalise, puisqu'il appartiendra alors à la réalité du pouvoir.

Ulcéré par l'horreur de cette découverte, le Baba en vient à préférer les formes dures du pouvoir à ses formes douces et l'on ne sera pas surpris d'entendre de sa bouche que « Pinochet, c'est finalement mieux que Giscard, car le fascisme qui se cache est encore plus fasciste que celui qui ne se cache pas ». Ainsi, pour le Baba, que rien n'arrête dans sa logique, toute forme de libéralisme est un « fascisme hypocrite » bien plus odieux encore que le « fascisme honnête » des dictatures militaires.

On peut considérer Jean-Paul Sartre comme un précurseur de ce type de raisonnement lorsqu'il fait dire à son héros Garcin dans *Huis clos* au beau milieu d'un enfer trop doux : *« Ouvrez ! ouvrez donc ! J'accepte tout : les brodequins, les tenailles, le plomb fondu, les pincettes, le garrot, tout ce qui brûle, tout ce qui déchire, je veux souffrir pour de bon. Plutôt cent morsures, plutôt le fouet, le vitriol, que cette souffrance de tête, ce fantôme de souffrance, qui frôle, qui caresse et qui ne fait jamais assez mal. »*

Toute parole, tout spectacle, tout service même peut ainsi être considéré comme une forme machiavélique du pouvoir. En d'autres termes, pour le Baba, tout est fascisme, en dehors de la révolution.

Dans cet enfer, il ne lui est plus possible de planer. Comment s'élever en effet, lorsqu'il faut supporter le poids d'une aussi terrible révélation. Traqué par le pouvoir, dans un état d'angoisse permanent, redoublé encore par la conscience méritoire de se savoir traqué, le Baba FLIPPE.

Être « cool », pour un Baba

Mais au sein de cet univers horrible, le Baba connaît une solution de survie : pour ne pas flipper, il sera cool. Pour le Hippie, être cool signifiait s'ouvrir, adopter un mode de vie plus *souple* aux finalités plus naïves et généreuses. Pour le Baba, être cool revient à se « refermer » sur soi, en adoptant un mode de vie beaucoup plus *léthargique.* C'est un état d'hébétude permanent, souvent aidé par la drogue, dans lequel le Baba se réfugie pour échapper à la torture de se savoir esclave du pouvoir. Mais ce que l'on pourrait prendre pour de la faiblesse est dans son esprit une forme supérieure de courage : dans un élan de noblesse et d'ultime résistance au Système, il préfère abîmer son âme plutôt que de la lui abandonner et de n'être alors qu'un zombie à son service, comme nous tous.

Léo Ferré est-il Hippie ou Baba ?

Ce qui est très « fasciste » [1]

La bourgeoisie

La langue, la grammaire, l'orthographe

Les concierges, les patrons de bistrot, les chauffeurs de taxi

La morale, le respect, l'honneur

Les papiers d'identité, les frontières

La télévision, la publicité

Les parents, les professeurs

L'hygiène

Le sport

L'heure

1. *Pour un Baba.*

Intellectuel de gauche triste

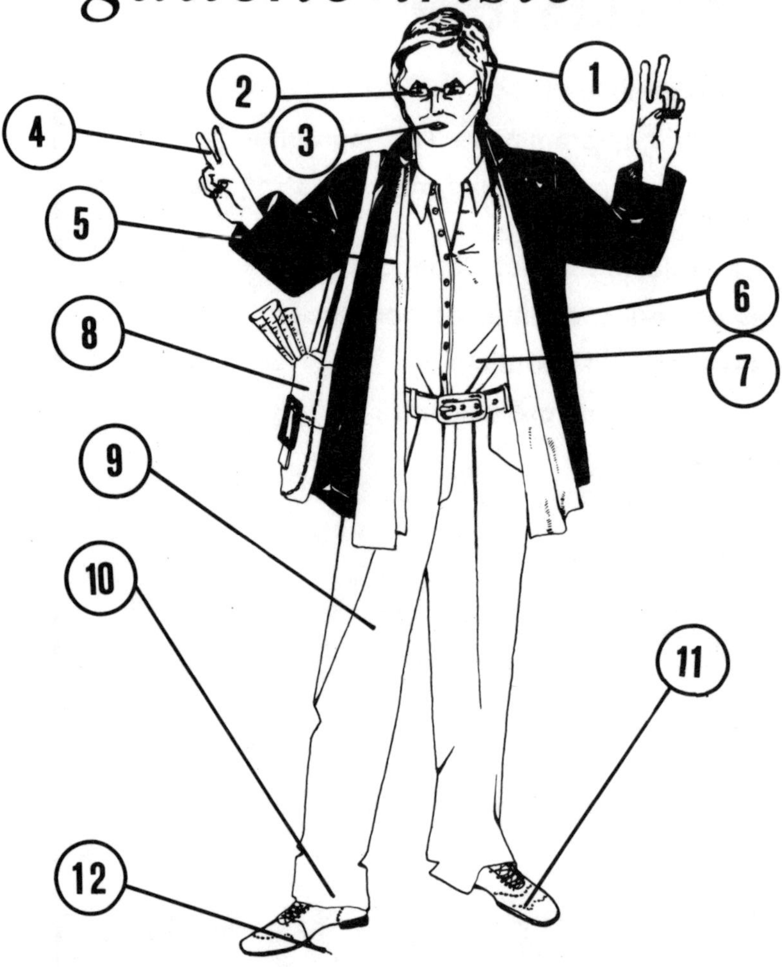

Révolutionnaire marxiste (tendance althussérienne) ; fils de bonne famille (protestante) ; universitaire de haut niveau (recherche en sociologie) ; père dans les affaires (« vieux con réac ») ; peu porté sur les arts (bourgeois), notre intellectuel-de-gauche-triste déteste le rock.

1. Mèche rebelle sur le front. Au-dessus des contingences : ne se coiffe jamais.
2. Lunettes fines, à l'ancienne, cerclées acier ou or, de forme ovale (l'intellectuel de gauche gai les préfère rondes). La forme rectangulaire apportera un petit *plus* de sérieux.
3. Visage tendu et lèvres minces.
4. Geste préliminaire à toute communication oratoire.
5. Longue écharpe en coton blanc. Sert de refuge les jours de flip et de réchauffe les jours de froid.
6. Veste de charbonnier en coton noir très épais ou veste d'architecte en velours fines côtes.
7. Vieille chemise de cadre supérieur en coton élimé (provenance paternelle). Portée sans cravate.
8. Sac artisanal français (Rouergue) contenant :
   — l'indispensable cahier de brouillon Gibert ;
   — *Le Monde* ;
   — une demi-douzaine de pétitions à faire signer ;
   — un vieux *Nicos Poulantzas* des éditions Maspero.
9. Pantalon de costume dépareillé de flanelle grise (provenance paternelle).
10. Ourlet défait. Au-dessus des contingences : ne coud jamais.
11. Vieux souliers anglais datant de l'entrée à la rue d'Ulm [1] (cadeau paternel). Au-dessus des contingences : ne cire jamais.
12. Au-dessus des contingences : lace rarement.

S'il lui arrive parfois d'écouter du middle jazz, de relire André Breton ou de boire un peu d'alcool, il ne se drogue jamais, fréquente peu les femmes et dispose de peu d'amis hormis ses interlocuteurs ou ses compagnons de combat.

1. C'est-à-dire à Normale Sup.

Interview d'un Baba-cool

Intellectuel et gauchiste, le Baba flippe.

Mystique et indolent, le Hippie délire.

Terme de mode assez flou mais peu péjoratif, le Baba-cool est à équidistance entre ces deux catégories. Il est à la fois moins flippé que le Baba et moins mystique que le Hippie.

Le Baba-cool n'est pas un aigri : s'il vit assurément en marge de la société sur la base d'une idéologie hippie et gauchiste, il ne voue pas pour autant à cette société une haine irréversible.

C'est à ce titre que nous proposons ici l'interview de Pedro, 32 ans, fils d'une grande famille portugaise, et vivant actuellement à Paris.

Question — Oui ?

Pedro — Avant de commencer, je voudrais dire que si tu n'es pas capable de me définir à la base ce qu'est une mode, c'est très grave. Oui, parce que, mon vieux, chaque mode intéresse un très petit nombre de personnes. Est-ce que ça intéresse un paysan sicilien ?

— Non, c'est vrai.

— Et puis, je ne sais pas si je suis représentatif de quelque chose. La mode, ça m'a toujours fait chier dans ma démarche comme faisant partie des moutonneries humaines : ces gens qui adhèrent passent une convention sur des valeurs tellement périssables...

— Tu ne voulais pas en être...

— Ne pas en être, mais ne pas me démarquer non plus.

Ce qui est très « hippie » [1]

Les cheveux longs et fleuris
Le festival pop
Le velours frappé rose
Être cool et délirant
Les love-in
Léo Ferré, depuis 1970 environ
Les sandales ou les pieds nus
Faire de longs voyages sans payer
Jésus-Christ
« Sortons du politique »
Jimmy Hendrix et le rock planant
Voyager en Inde
Les communautés, l'autarcie
Un thé à l'orientale
Le L.S.D. pour « planer »
S'évader de la société pourrie →

1. Chacun des articles de cette liste doit être lu en parallèle avec ceux des deux listes suivantes (p. 95 et 97).

— Prendre juste ce qui est bon ?

— Non ; je ne sais pas ce qui est bon et ce qui n'est pas bon. En fait, je n'ai jamais été hippie, je n'ai jamais porté les fleurs et les cheveux très longs. Le fait que tout le monde fasse la même chose au même moment, ça m'a toujours hérissé. Le fait qu'il y ait un système, tu vois.

— Tu as voyagé ?

— D'abord je suis né au Portugal et j'ai habité dans pratiquement tous les pays d'Europe occidentale. J'ai aussi vécu de la pêche dans un village d'Afrique. Je suis rentré de là-bas parce que ma mère est tombée malade. Mon père m'a alors offert le billet de retour.

Mais sans cet événement, j'y serais sans doute encore. C'est vrai, j'ai senti là-bas une vraie chaleur humaine, je m'y suis senti plus chez moi que partout ailleurs. J'étais très bien... si tu veux.

— Quel a été le rôle des drogues dans tout ça ?

— Très important : surtout les drogues hallucinogènes. Mais ce qui importe, c'est moins les expériences hallucinatoires que le principe de changement de vitesse de ta conscience. C'est d'une richesse incroyable. Les drogues sont comme un voyage intérieur. C'est vraiment pas un truc d'excités qui veulent foutre la merde : elles ont existé dans toutes les civilisations à beaucoup d'époques. Les Hippies n'ont fait raisonnablement que redécouvrir cela.

— C'est vrai, l'art primitif océanien est très psychédélique.

— Psychédélique ! Ce qui me choque avec vous, c'est que vous employez des mots, comme ça, là ! Je ne sens pas chez vous beaucoup de méfiance à désigner et à classer les choses. Votre définition comparée du trip et du plan *(dans la New-Wave Hard)* ferait dresser les cheveux sur la tête de n'importe quel Baba-cool... Le trip n'est pas une évasion, c'est au contraire un approfondissement qui ne t'est accessible que si tu « trippes » à l'intérieur.

A travers les drogues, mais aussi la pratique zen ou les voyages lointains, il importait surtout de communier dans de nouveaux « champs de perception ». Faire éclater les conventions pour passer dans un autre ordre : c'est de là qu'est née la notion de communication par « vibrations », par opposition aux usages de la communication « formelle ». Trouver les bonnes « vibrations » avec quelqu'un permet de se brancher avec lui : *to tune in*. Je te rappelle le mot d'ordre lancé par Timothy Leary : *Turn on, tune in, drop out* (« Éclate-toi, branche-toi ou ouvre-toi, laisse tout tomber »).

Mais bref, celui qui connaît toutes ces expériences aux « différents états de la perception » comme le

Ce qui est très « baba-cool »

Les cheveux longs et sales
Le théâtre engagé
La toile de jute mauve
Être cool et mou
Les A.G., les manifs
Anne Sylvestre
Les Pataugas ou les sabots
Voler des couverts au restaurant
Le Che
« Tout est politique »
Neil Young et le folk rock
S'enfermer dans sa chambre
L'écologie, l'autogestion
Une pâtisserie tunisienne
Un Valium pour ne pas « flipper »
Lutter et construire dans la société aliénante →

L.S.D., le yoga, ou encore la façon dont un village africain peut comprendre le monde, sait qu'il existe plusieurs plans de la perception et appréhende avec une relativité et une sérénité plus grandes toute nouvelle réalité. Pour lui, le réel, tel que nous le proposent la société et les institutions, celui qu'on apprend à l'école ou chez ses parents, n'est en fait qu'un trip parmi d'autres.

Même les pires hallucinations ne sont pas des projections de toi-même.

— C'est plutôt une fermeture alors ?

— Pas du tout ; quand tu t'engages dans cette voie-là, tu t'aperçois vite que ce sont notamment les cultures hindoue, japonaise, chinoise, et même celles des Indiens d'Amérique et des Africains qui fournissent les concepts et la terminologie capables de nommer « ce qui est en train de se passer »... et plus largement tout un ensemble de phénomènes comme le trip ou les appréhensions non formalisées dont ces cultures se sont ancestralement préoccupées. Par exemple, le concept hindou de « maya », disons qu'il signifie illusion, apparence : la réalité est ailleurs, derrière les choses que l'on voit...

Je peux te raconter à ce titre l'histoire du maître zen et des deux moines devant un drapeau hissé en haut d'un mât. Le premier moine dit : « Le drapeau bouge » ; l'autre dit : « Le vent bouge », et le maître dit : « C'est l'esprit qui bouge. »

— C'est très beau.

— Ah, mais si je t'ai sous la main pendant trois mois sur un voilier avec mes quatre traductions du *Tao tö king*, on peut tellement s'éclater que tu deviendras un vrai Baba-cool.

— Mais à quoi te sert de connaître ces différents « champs de la perception », comme le yoga, le haschisch, le L.S.D., les arts martiaux, etc.

— A la sérénité... à une plus grande intelligence d'action... à une prise de conscience plus totale... à la non-intervention... au pacifisme.

— Comment se fait ce passage ?

— On s'est beaucoup interrogé sur le Moi, le Je... On a gratté, gratté et on s'est rendu compte que si on enlève tout l'acquis il reste le Je... et le Je est cosmique, c'est-à-dire qu'il est UN avec le TOUT.

Nous sommes issus de l'univers comme l'orange de l'oranger. Il n'y a pas de discontinuité entre moi, toi, le soleil, la terre, les arbres : tout cela est une même chose qui joue à cache-cache avec elle-même. La culture occidentale a tendance à t'isoler du monde, à te couper du cosmos, à te faire croire que tu es seul face à lui alors que tu en es issu. A un moment, on s'est réellement questionné : est-ce qu'on pourrait

Ce qui est très « baba-hard »

Les cheveux sales
Les réunions de motards (« concentrations »)
Le cuir élimé noir
Ne plus être tellement cool
La clandestinité
Bernard Lavilliers
Les baskets ou les Santiags
Casser les distributeurs automatiques
Baader
« La politique, c'est de la m... »
A.C.D.C. et le hard rock
Rôder dans les terrains vagues
Les autonomes, l'ultragauche
Une bière au comptoir d'une buvette de routiers
Des amphétamines pour « speeder »
Profiter sauvagement de la société irrécupérable

envisager qu'on est une orange sortie de l'oranger ?

— Ce serait alors un nouvel individualisme ?

— Oui, le versant *soft*, cool, celui qui rassemble et non celui qui divise — contrairement à l'individualisme bourgeois. Même l'humanisme est pour moi un individualisme de l'humanité qui empêche de comprendre le langage des oiseaux ou celui des vagues dans l'eau. L'action juste ne peut naître que d'une pensée globale. Si je te fais du mal, c'est que je me fais du mal parce que c'est la même chose et que TOUT est UN.

Mais le Pouvoir a toujours tout fait pour empêcher que les gens puissent prendre connaissance de

« Et ça, tu vois, c'est poétiquement d'une subversion insupportable pour le pouvoir... »

toutes ces choses dont je te parle en ce moment.

— Et pourquoi ?

— Parce que dès le début du mouvement hippie, l'esprit commençait à faire une percée sauvage... On ne peut pas changer si on ne se change pas d'abord et ça, tu vois, c'est poétiquement d'une subversion insupportable pour le pouvoir. C'est le problème de la paranoïa de chacun qui est en cause.

Il fallait éviter aux Français bien-pensants tout contact avec les Hippies ou les Babas-cools qui sont pourtant, il faut bien le reconnaître, des gens fondamentalement bienveillants. Regarde : on a condamné le L.S.D. alors que cette drogue ne faisait même pas trois morts par an. Compare un peu avec les victimes de l'alcool ou de l'autoroute chaque semaine !

— Qu'est-ce qui t'importe le plus dans le « baba-coolisme » ?

— Faire pencher la balance du côté de la contemplation, des religions et des philosophies contemplatives. Il me paraît évident que l'action et le dynamisme empêchent de réfléchir, de se poser des questions avant de faire des conneries, comme la guerre, par exemple. Si tu veux, s'il faut courir (parce que quelqu'un l'ordonne ou parce que tout le monde dit qu'il le faut), eh bien, moi, avant de courir, je regarde dedans, dehors, où je vais et alors peut-être je vais commencer à marcher, et doucement. Il faut toujours se demander à qui ça profite en fait de faire ce qu'on te demande de faire. L'école, l'éducation, le service militaire, le sens du devoir, les parents... toute la société te force à aller au turbin à peine t'es né !

— Es-tu engagé politiquement ?

— Je n'ai jamais milité pour ne pas adhérer à un quelconquc troupeau... Très jeune, déjà je ne supportais pas les sports d'équipe : handball, foot, etc. A dix-sept ans, dix-huit ans j'étais très branché psychanalyse. Je me suis toujours questionné sur ce que je savais de moi-même... D'ailleurs, j'ai toujours cherché à ne pas me compromettre administrativement, professionnellement, familialement, etc. Je suis un inadapté.

Si tu veux, entre collabo et résistant, moi, je choisis de me tirer... Parce que, quoi qu'il arrive... eh bien, je serai toujours le même Pedro dans la misère ou dans les camps.

Avant

Après

Intellectuel de

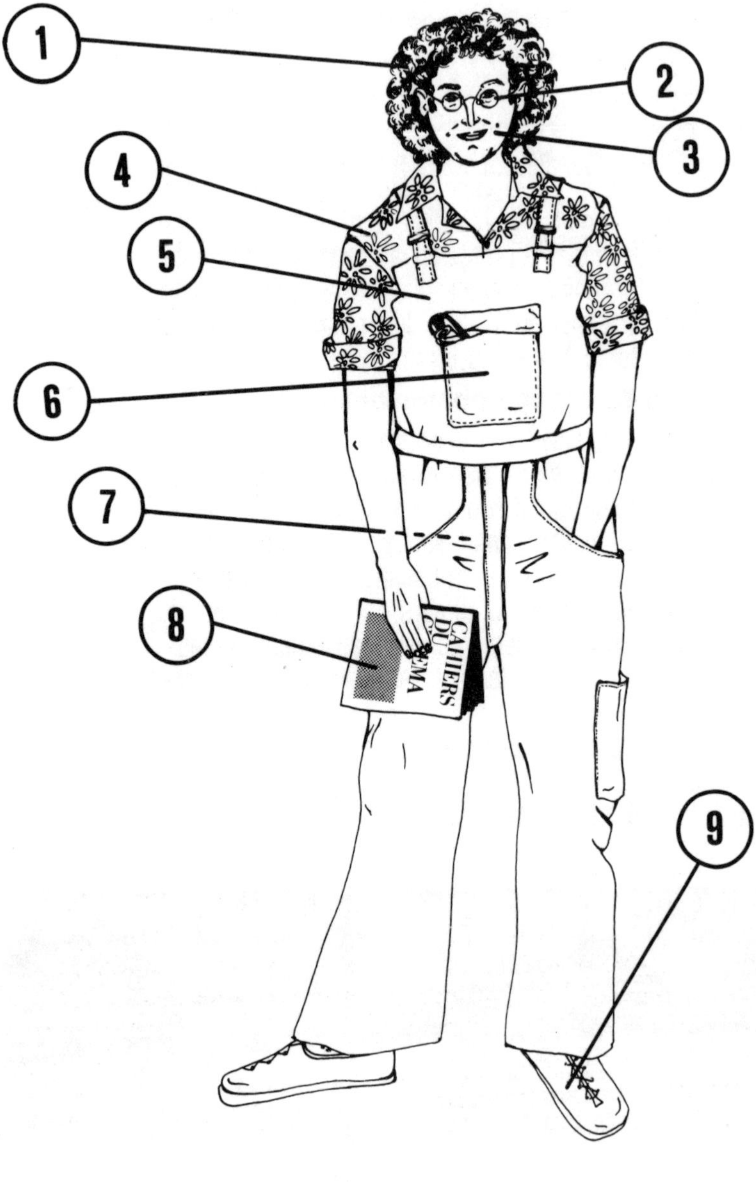

gauche gai

1. Coupe « afro » de Blanc.
2. Lunettes fines, à l'ancienne, cerclées acier ou or, de forme ronde (l'intellectuel de gauche triste les préfère ovales). La forme octogonale apportera un petit *plus* de gaieté.
3. Visage rond et bonhomme. Sourire narquois mais bienveillant. Il se présente comme un type très chouette.
4. Chemise style hawaïenne à manches courtes. Motifs fleurs ; très gai ; très coloré.
5. Salopette en « blue jean » très délavé (reprise par Coluche).
6. Poche « kangourou » contenant :
   — l'indispensable carnet de notes Rhodia ;
   — une pipe coudée à tuyau court ;
   — un stylo Bic.
7. Slip coton avec partie maille ou minislip couleur en nylon (n'est pas visible sur le dessin).
8. « Quand on aime la vie, on va au cinéma. »
9. Chaussures à talon surbaissé Roots.

Charlie est issu d'une famille bourgeoise et commerçante originaire du midi de la France. Titulaire d'une licence en lettres et d'un diplôme de l'I.D.H.E.C., il écrit occasionnellement pour la revue *Autrement* et les *Cahiers du cinéma*. Très musicien et adepte du « farniente », il fréquente les grands cafés d'intellectuels et d'artistes (Paris, Aix, Avignon). Très ouvert, très sympa, il est l'ami des dames mais l'ennemi des réactionnaires.

Caroline a 16 ans. C'est une Baba sympa (Voir suite p. 309)

Trois petites variantes babas

1. Le Musicos

« Pour exprimer ce qu'on ressent, les mots c'est pas suffisant, tu vois. »

Un Musicos.

Le Musicos est un Baba qui fait de la musique. Avec trois ou quatre amis dont il partage la vie et les goûts, il a monté un groupe. Ensemble, dans une cave mal insonorisée, plusieurs soirs par semaine, ils répètent des morceaux de rock de leur composition, cherchant inlassablement le *feeling*, ces vibrations qui leur permettront de communiquer ce qu'ils ressentent au-delà des mots.

Le mode d'expression musical préféré du Musicos est l'improvisation, car seule l'« impro » permet de faire vraiment passer les « tripes ».

Le Musicos nourrit un respect quasi religieux pour le jazz, impressionné par la virtuosité nécessaire à son exécution. Il admire le *feeling* naturel de la musique des gens de couleur, reconnaît à ses moments perdus qu'il y a de belles choses dans le « classique », mais méprise invariablement le « commercial » : musique de discothèque (Disco) et chansonnettes pour ménagères (Chanson française), dont l'audition lui arrache de petits rires méprisants.

REMARQUE : Un Musicos plus porté sur la musique folklorique que sur le rock est un *Folkeux*.

Un Musicos devenu célèbre : Bernard Lavilliers.

2. Le Théâtreux

« Le théâtre, c'est la Vie. »

Un Théâtreux.

Le Théâtreux est un Baba qui fait du théâtre. Plus intellectuel que son cousin musicos, il pense que l'expression théâtrale est le moyen suprême d'exprimer la profondeur humaine.

Le Théâtreux monte une pièce avec quelques amis, mais à la différence du simple comédien, dont le but est d'obtenir le premier rôle qui le lancera, il rêve de monter sa propre compagnie à la manière des anciens et de se voir plus tard confier un théâtre.

Le Théâtreux admire et cite abondamment : les tragiques grecs et Molière (pour leur grandeur dramatique) ; Brecht et Artaud (pour leur grandeur théorique).

Partisan du théâtre antibourgeois et dépouillé (du

La Baba-riche

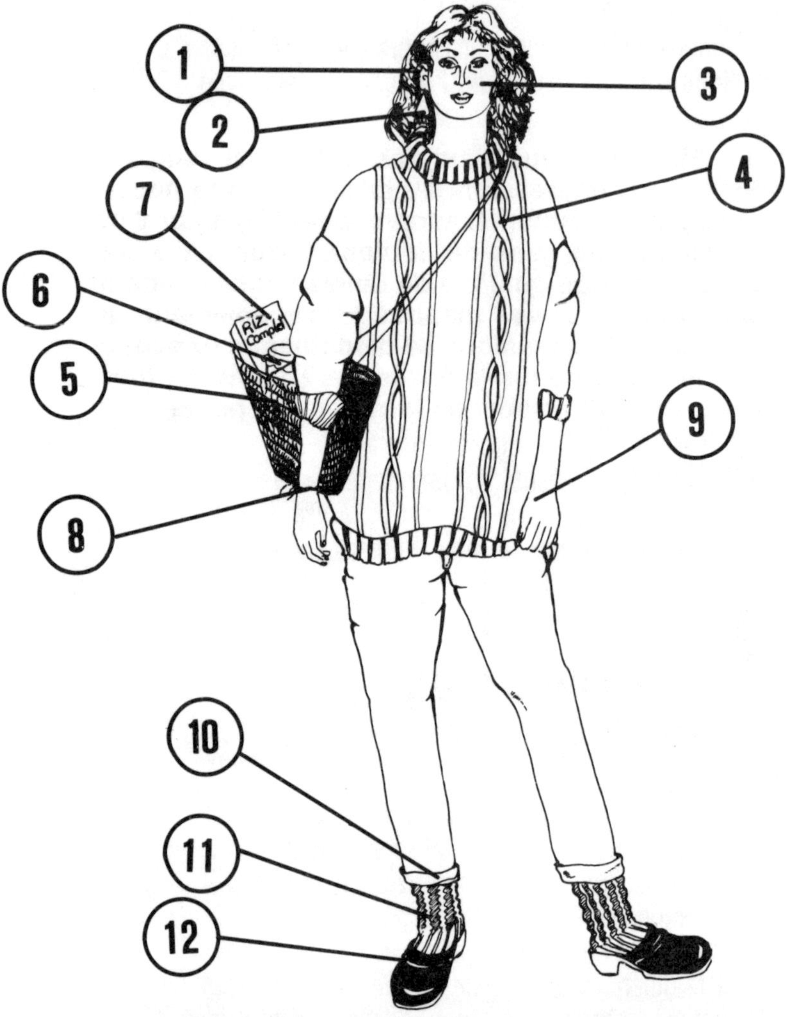

Titulaire d'une maîtrise en psychologie (son mémoire portait sur la « vision du sexe féminin dans les ouvrages médicaux en France, au XIXe siècle »), elle travaille dans un centre pour enfants inadaptés tout en suivant une analyse chez un jeune lacanien conventionné dont elle est enceinte.

Elle se prépare à son troisième avortement.

1. Cheveux bouclés « naturels », coupés mèche par mèche. Couleur idéale : blond vénitien.
2. Boucle d'oreille de l'artisanat marocain.
3. Visage décontracté, expressif et non maquillé. Le temps ainsi gagné en maquillage sera employé en soins corporels : nettoyage de peau, rondelles de concombre sur le visage, masques faciaux, etc.
4. En toute occasion, gros pull en laine scandinave choisi trop grand : les manches commencent au milieu des biceps et finissent aux phalanges de la main. Elles devront être remontées à intervalles réguliers jusqu'à l'articulation du coude. Le pull se termine en corolle au niveau de l'entre-jambe.
5. Panier en osier effiloché et porté en bandoulière. Sert aussi bien de sac à provisions que d'attaché-case. Il prendra sa retraite comme abat-jour. Il contient un disque de free jazz, l'avant-dernier essai sémiologique de Julia Kristeva, un abonnement d'un an au centre culturel du Marais, mais aussi :
    6. un bocal de confiture de coings préparé par un couple ami (deux militantes de Psych-et-Po [1] qui retapent une ferme dans le Vaucluse) ;
    7. un kilo de riz complet acheté dans un magasin d'alimentation diététique.
8. Ruban ou fil de laine rose noué au poignet (superstition d'origine mexicaine consistant à faire un vœu en fonction du jour où le nœud lâchera).
9. Pas de montre ; ou alors montre d'homme si impératif professionnel.
10. Jean bleu ciel avec petit ourlet au départ du mollet.
11. Grosses chaussettes de laine de couleur gaie ; à rayures rouges et blanches, par exemple.
12. Sabots suédois.

1. *Psychanalyse et Politique (groupuscule féministe).*

type « Live Theatre »), le Théâtreux sait que le vrai théâtre ne recouvre pas mais met à nu la « scène sociale primordiale ». Aussi se heurte-t-il souvent à l'incompréhension du grand public, aliéné par le « boulevard » et vingt ans de retransmissions télévisées de « Au théâtre ce soir ».

Mais le Théâtreux ne désespère pas de faire retrouver le chemin de la participation au spectateur, dont il commencera la rééducation par des mises en scène progressistes de classiques : Sophocle version lutte des classes, Molière version psychanalyse et Shakespeare version théâtre nô.

Une Théâtreuse devenue célèbre : Ariane Mnouchkine.

3. Le Cosmic

« En fait, Jésus-Christ était un extra terrestre. »

Un Cosmic.

Le Cosmic est un Baba qui s'adonne à la pratique des sciences occultes.

Ancien Hippie, le Cosmic abandonne la quête religieuse de la vérité pour la pratique douteuse de la magie.

Que sa matière de prédilection soit l'astrologie, la voyance, le tantrisme ou la parapsychologie, le Cosmic vit dans un monde à part où chaque chose, chaque événement lui adresse un message personnel qu'il doit à tout prix décrypter.

Le Cosmic, sans avoir eu besoin de voir le film *Rencontres du troisième type*, sait que le salut de l'humanité ne viendra plus de la révolution mais de la venue sur Terre des extra terrestres. C'est pourquoi avec d'autres « grands initiés », il tente de maîtriser les diverses formes de la force cosmique par une pratique ésotérique rigoureuse, afin d'être prêt à les recevoir le moment venu.

Un héros pour les Cosmics : Uri Geller.

Bob Marley, star rasta

La mode rasta

Vers 1975,
au moment où les Minets-pops devenus ringards ignorent que leur salut viendra du « Disco »,
au moment ou les Babas-hards les plus fébriles s'orientent confusément vers le mouvement « punk »,
les Babas-cools, attachés à leurs convictions, voient soudain dans le rastafarianisme, colporté par la musique « reggae », le moyen de se refaire une jeunesse.

Le reggae

Contraction de *regular people*, le reggae est une musique jamaïcaine au rythme binaire dont les instruments sont les mêmes que ceux de l'orchestre de rock-and-roll traditionnel : guitares électriques rythmique et basse, claviers, batterie. Né d'un ralentissement progressif de la musique *ska* (1962), le reggae s'est d'abord appelé *rock steady* (1966) avant d'atteindre vers 1968 sa forme définitive : mélange de *rhythm and blues* américain et de *mento*, musique folklorique des Caraïbes.

L'engouement de l'Occident pour le reggae remonte à 1975 environ. Il est principalement dû à la gloire internationale du musicien jamaïcain et rasta Bob Marley.

Les Rastas

A la fin du XVIIe siècle, des milliers d'Africains furent envoyés comme esclaves à la Jamaïque pour contribuer à l'enrichissement de quelques planteurs britanniques qui s'y trouvaient.

Une partie d'entre eux, un siècle avant l'abolition de l'esclavage, s'enfuirent pour s'installer à l'autre extrémité de l'île. Ils y créèrent une nation indépendante : les tribus marrons. C'est avec Marcus Garvey, né en 1887, et issu d'une de ces tribus marrons, que naquit le rastafarianisme.

Tout en fondant un journal à New York, *Negro World*, ainsi qu'une organisation prônant l'« émancipation universelle de l'homme noir », Marcus Garvey fit, en 1937, une prédication fracassante : « Regardez vers l'Afrique où un roi noir sera couronné, car le jour de la délivrance est proche. » Or, en 1930, Ras Tafari Makkonen, chef d'une tribu perdue, se fait couronner cent onzième empereur d'Éthiopie. Tafari, s'étant rebaptisé Hailé Sélassié (« Pouvoir de la sainte trinité »), « Sa Majesté impériale le Roi conquérant de la tribu de Juda », s'affirme issu de l'union du roi Salomon et de la reine de Saba, représentant ainsi une véritable *branche noire du peuple élu de Dieu* [1].

Les premiers Rastas (ou Rastafaris, ou Rastamen) adorateurs du « Roi des Rois », libérateur du peuple

1. Selon Stephen Davis et Peter Simon in Reggae Bloodlines, *Éd. Stephen Davis, 1977.*

noir, voient la confirmation de leurs convictions dans l'Ancien Testament : « Ne pleure point, voici le lion de la tribu de Juda, le rejeton de la tribu de David a vaincu pour ouvrir le livre et ses sept sceaux » (*Apocalypse*, V, 2-5).

Se fondant ainsi sur une nouvelle lecture de certains passages de la Bible, les Rastas constituent, à les entendre, une diaspora afrosémite. Coupés de leurs racines par l'esclavage au service de *Babylone* (l'Angleterre aujourd'hui réincarnée dans l'État colonial), ils retrouveront la terre promise avec l'aide du « Dieu vivant » Hailé Sélassié, dit le Négus.

Le rastafarianisme

Le rastafarianisme est une sorte de religion politique.

Ses principales caractéristiques sont :

— la recherche des « racines ». Les ancêtres des Noirs jamaïcains furent des esclaves déportés d'Afrique vers les îles colonisées des Caraïbes ;

— la haine du monde blanc, colon et esclavagiste ;

— la transposition du mythe juif de l'errance et de la persécution, raconté dans la Bible, sur le peuple noir déporté et soumis à l'esclavage.

Cette transposition donne les équivalences suivantes :

— Afrique = paradis perdu.

— Monde blanc, appelé *Babylone* = le Mal.

— Les Rastas = le peuple élu de Dieu, appelé Jah.

La mode rasta

Révolté, chevelu, sensuel, exotique, tiers-mondiste, mystique et musicien, le peuple rasta ne pouvait que faire *flasher* les Babas.

Ils en ont fait une mode : la mode rasta.

Le Baba-hard

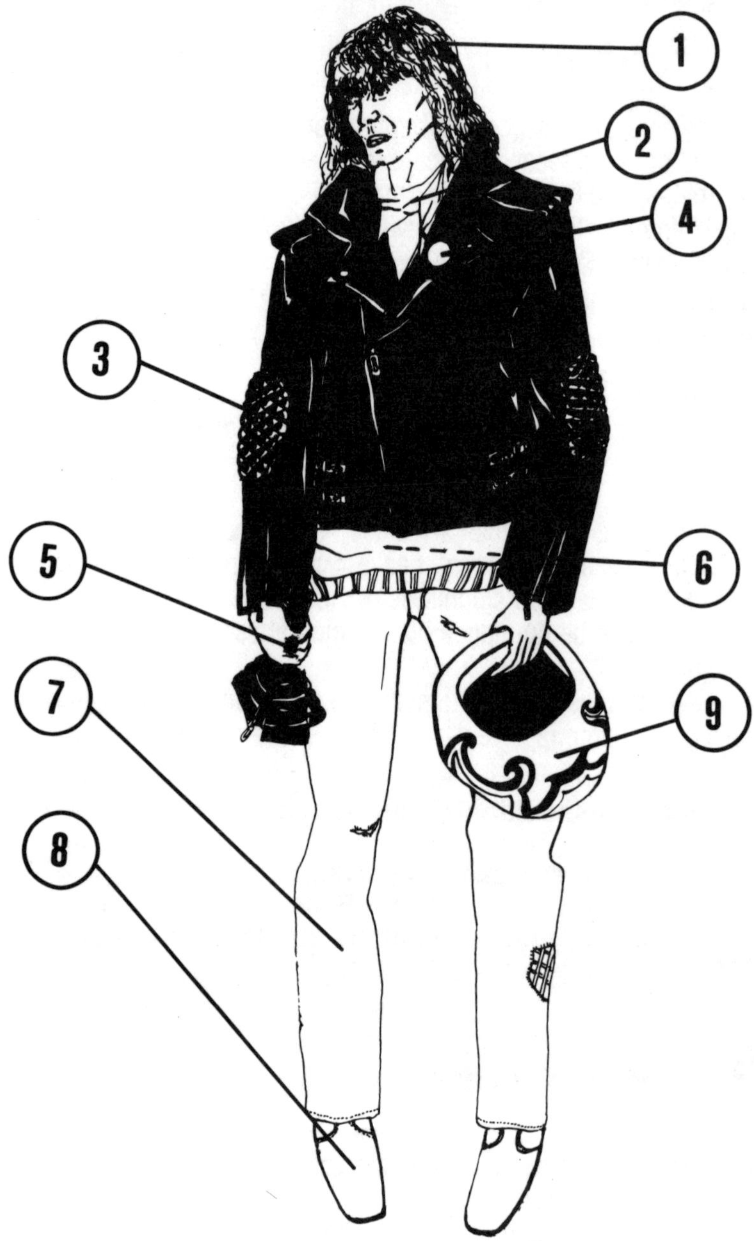

1. Coiffure coupe « barbare » : fournie mais virile.
2. Petit foulard froissé (ou écharpe palestinienne). Il se porte aussi à la *outlaw* (couvrant tout le bas du visage jusqu'au-dessous des yeux) permettant ainsi de se protéger contre d'éventuelles grenades lacrymogènes ou encore de garder l'anonymat auprès des agents « R.G. » (Renseignements généraux) habillés en civil.
3. Blouson de cuir cintré avec protège-coudes. Ce modèle pour motocyclistes est le seul blouson que les Minets n'ont jamais été tentés de porter.
4. Badge de hard rock : A.C.D.C., Trust, Motorhead...
5. Bague à grosse pierre en verre teinté (le Baba-hard reste le frère du Baba-cool).
6. Ceinture Western à grosse boucle de métal représentant un aigle, quelques colts ou une tête de Sioux (invisible sur le dessin). Peut servir éventuellement d'arme (pour *survivre* dans la *jungle urbaine*).
7. Jean considérablement plus sale, moulant, délavé et effiloché que celui de toutes les autres panoplies babas du chapitre. Il souligne la forme du sexe et les muscles de la cuisse.
8. Bottes Gardian, préférables aux Santiags car plus robustes et sans talon élevé et biseauté. Elles protègent les tibias contre les bris de vitrine et les accidents de moto.
9. Casque intégral décoré *heavy metal* façon Philippe Druillet.

Descendant à la fois du rocker, du Hippie et du gauchiste, le Baba-hard est le frère viril et expansif du Baba-cool.

Instinctivement gauchiste, il se sent de la même façon agressé par la société. Mais plutôt que de se réfugier dans un « flip » très cérébral, il préfère extérioriser plus physiquement son ressentiment : coups de gueule, coups de poing, petite délinquance parfois...

Totalement urbain, le Baba-hard est également proche des motivations de son aîné le « Décadent », bien que considérablement moins maniéré dans la →

façon de s'habiller. Ils se rejoindront plus tard sous la bannière du mouvement punk.

Lorsque le Baba-hard est intellectuel, ce qui est très rare, il a toutes les chances de devenir un activiste « ultra-gauche », tendance « autonome ». Sinon, son univers se limite en général au *hard rock* (dit aussi *heavy metal*) et à la moto.

Sillonnant la zone industrielle des villes, il aime rouler aux abords des casses de voitures ou des terrains vagues, la tête pleine d'un *spleen* tout noir.

Le Baba-hard (dit *Heavy Metal Kid*, dit *Hardeux*, dit *Graisseux*) parle verlan et joue rarement du piano.

Son look continue d'exister dans les années 80. C'est même statistiquement le plus répandu en Europe.

« Concentration » de motards à la Bastille

Filiation Hippies/Babas

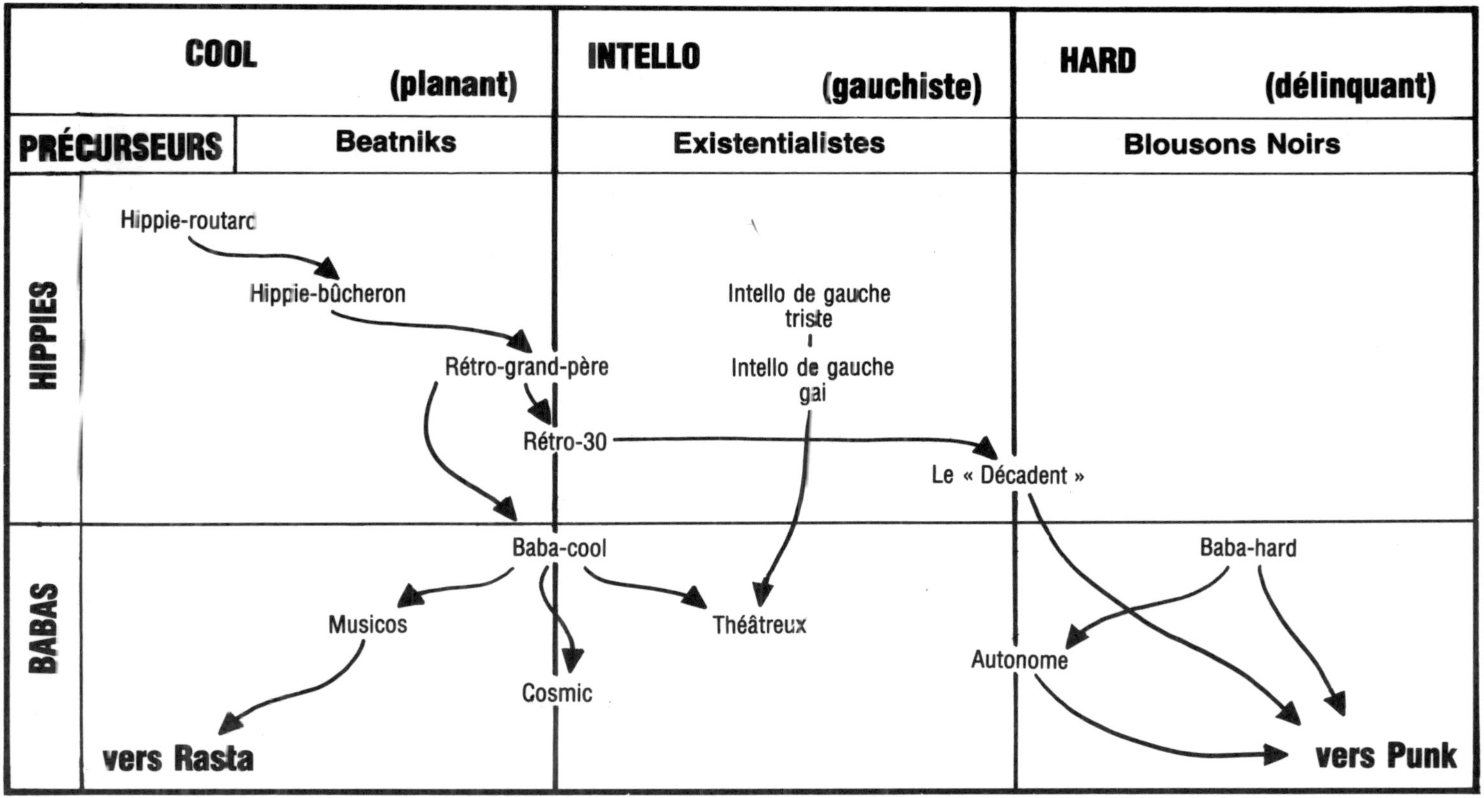

Récapitulatif de

C'est parce que dans les années 1950-1965, peu de place était laissée :

1. AU DOUTE,

2. A LA REMISE EN QUESTION DE SOI,

3. A L'INTROSPECTION,

4. A LA SUBJECTIVITÉ,

5. A LA « DIFFÉRENCE »,

6. A L'ENGAGEMENT IDÉOLOGIQUE,

7. AU SENS CRITIQUE,

8. A LA CONTESTATION,

9. A LA VIE COOL ET RELAX,

10. et AU MYTHE DU BON SAUVAGE,

que, réagissant contre la prospérité satisfaite de cette époque, les Hippies ont justement désiré accorder à ces dix termes une importance encore inédite.

toute la Préhistoire

Poussant, à leur manière, le sens de ces dix mots jusqu'à l'hypertrophie, les Hippies, puis les Babas, ont ainsi prôné :

1. LA CONFUSION, en adoptant des attitudes volontairement irrationnelles, afin « d'échapper aux étiquettes » ;

2. « LA CONSCIENCE DOULOUREUSE » de l'individu, dans une société pourrie par l'argent et le pouvoir ;

3. L'INCITATION AUX CRISES « PSY ». Tout être, aussi anodin soit-il, s'aperçoit fièrement qu'il est en mesure de donner le jour à un riche éventail de crises, dès qu'il est à l'écoute de son Moi ;

4. LE DÉLIRE, considéré comme une pratique quotidienne d'épanouissement ;

5. L'IMAGINATION AU POUVOIR, en réponse à l'oppressante uniformisation de la société ;

6. LE MILITANTISME, dont la pratique consiste moins à s'organiser militairement qu'à décider parmi les individus de son entourage intime qui sont les « ennemis sociaux » et à leur faire la gueule ;

7. LA SUSPICION JETÉE SUR TOUT CE QUI SEMBLE FONCTIONNER, même sans éclat, ainsi que la méfiance envers tous ceux qui prétendent ne pas avoir de problèmes personnels ;

8. LE RICANEMENT DEVANT LA RÉUSSITE et surtout devant l'héroïsme ;

9. LA FIN DES CONVENTIONS BOURGEOISES (les bonnes manières) ;

10. et LA FIN DE L'ORGANISATION SOCIALE (laisser faire la Nature).

Perpétuant cette idéologie pendant encore une dizaine d'années, les Babas étaient moins mystiques, plus politisés et plus tristes que les Hippies.

→

Mais si les jeunes « des années 80 » en veulent aux Babas, c'est tout d'abord parce qu'ils leur reprochent :

1. **LE FLIP DÛ A LEUR PARANOÏA** face aux « étiquettes » ;
2. **LE FLIP DÛ A LEUR CULPABILITÉ** face au confort et au luxe ;
3. **L'IMPUDEUR DU SPECTACLE QU'ILS DONNENT** (faire éclater sa crise au grand jour permet au Baba de sortir de l'anonymat à peu de frais et de séduire son auditoire en suscitant sa commisération) ;
4. **LA MÉDIOCRITÉ COMPLAISANTE** de leur spectacle (prétendument brut, personnel, incontrôlé, celui-ci se voudrait au-delà des jugements de qualité dont il pourrait faire l'objet sous prétexte « qu'il n'y a pas de mauvais délire ») ;
5. **LA DÉMAGOGIE ET LA PROMISCUITÉ** (mettre « au pouvoir » l'imagination, chose personnelle par excellence, revient dans tous les cas à imposer celle d'un seul individu) ;
6. **LA PRÉTENTION** à vouloir donner des leçons à tout le monde (« les non-engagés » sont soit de droite, soit des « moutons ») ;
7. **L'INTOLÉRANCE SECTAIRE** envers toute attitude relevant du premier degré, surtout si elle appelle la joie ;
8. **LEUR STATUT DE « LOSER »** (leur léthargie prétentieuse va jusqu'à rabrouer chez les autres toute initiative à entreprendre) ;
9. **LA BONNE CONSCIENCE** de leur grossière incivilité (entretenir, par exemple, sa saleté sous prétexte « qu'une tenue civile est aussi un uniforme ») ;
10. **et LEUR SOUMISSION « CATHO »** et peu prométhéenne à la Nature.

Nous verrons, au cinquième chapitre, comment le mouvement punk révolutionnera dès 1977 toute cette idéologie dite de la « Préhistoire ». Mais cette mode délirante, hystérique, marginale et suicidaire se verra rapidement qualifier à son tour de baba.

Il faudra donc attendre l'extrême fin des années 70 pour qu'une nouvelle génération, dite « New-Wave hard », réalise qu'il est plus radical de prôner un mode de vie d'où seraient *totalement* absents les dix concepts de notre première liste. Ces jeunes n'hésiteront pas à prononcer ces phrases scandaleuses :

1. « J'adore les étiquettes, c'est si pratique pour choisir ses amis. »

2. « Mon seul but dans la vie, c'est de profiter à mort de tous mes avantages. »

3. « Je n'ai ni inconscient, ni atavisme, ni passé : je suis un androïde » **(PLAN « ROBOT », NEW-WAVES HYPERCLEAN).**

4. « Je n'apprécie exclusivement que les films conçus par ordinateur,d'après une enquête statistique sur le goût du public. »

5. « Que j'aime être la parcelle obéissante d'une masse obéissante » **(NEW-WAVE TOTALITAIRE).**

6. « Mon indifférence à la politique n'est ni lyrique (le nihilisme punk), ni paisible (l'ignorance des bonnes gens), ni réactionnaire (apolitisme bourgeois) : elle se veut violemment ludique... d'ailleurs, j'ai la carte de tous les partis. »

7. « Je suis très anodin, je ne suis pas intelligent, je suis un pur produit de la société de consommation, et j'aime ça » **(PLAN « BUREAUCRATE MODESTE »** dit **« CLARK KENT »).**

8. « Devenir l'homme le plus puissant et le plus occupé constitue mon plus beau rêve » **(PLAN « TECHNOCRATE »).**

9. « Je ne sors jamais sans ma cravate, mes gants, mes lunettes, mon chapeau et j'ai 17 ans » **(PLAN NEW-WAVE NEO-B.C.B.G.).**

10. « Quand je vois un arbre, j'ai envie de gerber » **(NEW-WAVE HYPERCLEAN).**

Remarque

Si nous comparons la première et la dernière de nos quatre listes nous observons que ce qui est naturel dans les années 50 devient un principe de vie ascétique et ouvertement déclaré chez les New-Waves hard. Sans y faire attention, les premiers laissaient peu de place :

au doute ; à la remise en question de soi ; à l'introspection ; à la subjectivité ; à la « différence » ; à l'engagement idéologique ; au sens critique ; à la contestation ; à la vie cool et relax ; et au mythe du bon sauvage ;

pour la simple raison que ces concepts sont inutiles à leur épanouissement et, surtout, que leurs préoccupations sont ailleurs.

En revanche, nos New-Waves ne laissent dans leur vie AUCUNE place à ces concepts, car c'est de cette manière « en négatif » qu'ils entendent définir leur personnalité et le spectacle qu'ils offrent.

Ce serait donc une erreur de croire que la New-Wave hard marque, après un tour complet, l'aboutissement du prétendu « cycle des modes » et qu'à l'aube des années 80, air du temps, valeurs et perspectives sont à nouveau celles des années 50. Amusés par les nouvelles fantaisies de la jeunesse, les parents ont en effet trop souvent tendance à considérer les mouvements de mode comme un éternel va-et-vient des valeurs, négligeant la complexité des phénomènes.

Éclairage baba

POUR INTRODUIRE AUX DEUX CHAPITRES SUIVANTS

A la Préhistoire (Hippies et Babas) succédera donc immédiatement la révolution punk, elle-même rapidement dépassée par les modes dites « new-waves »...

Formant une sorte de parenthèse dans la chronologie de notre présentation des modes, les deux chapitres qui suivent voudraient présenter sur un mode synchronique deux tendances opposées et complémentaires de la sensibilité des jeunes, dont le succès s'est maintenu depuis vingt ans.

La première consiste, par goût du classicisme, à résister à toutes les modes, mais sans jamais prôner la marginalité.
Nous l'appellerons la mode B.C.B.G.

L'autre consiste, par goût de la nouveauté, *à s'adapter à toutes les modes mais sans jamais adhérer à aucune.*
Nous l'appellerons la mode MINET.

LES B

Sommaire

C.B.G.

Introduction

Le terme de B.C.B.G. (Bon Chic Bon Genre) est galvaudé.

Il évoque tour à tour :

- un jeune homme de « bonne famille » ;
- un « réac » aux prétentions aristocratiques ;
- quelqu'un en « complet-veston-cravate ».

Ce sont autant de réductions à proscrire.

Loin d'être un modèle unique et absolu de comportement (héritage de traditions aristocratiques, par exemple), le style B.C.B.G. est un pot-pourri de normes léguées par des classes sociales très différentes. Ces classes ont toutefois en commun d'avoir occupé, pendant un certain temps, une situation dominante ; qu'il s'agisse de la noblesse d'épée ou de robe, de la bourgeoisie traditionnelle (napoléonienne, louis-philipparde...) ou encore de la nouvelle bourgeoisie (fortunes de l'après-guerre, rapatriés...).

Chacun a déposé au pied du berceau B.C.B.G. un peu de lui-même :

- **l'aristocrate terrien** a légué ses principes religieux, son intransigeance et une certaine virilité fruste et bourrue ;

- **l'aristocrate des villes** a légué son sens des civilités, son goût pour l'art classique, la justice et certaines velléités romantiques ;

- **le bourgeois traditionnel** a légué quelques préoccupations propres à la situation intermédiaire qu'il occupait au XIXe siècle : la modération, le bon goût. A ces préoccupations s'ajoutent celles de la bourgeoisie protestante : ascétisme, puritanisme, économie ;

- **le nouveau bourgeois,** enfin, s'est aussi fait entendre : il est parvenu à imposer ses *musts*, signes extérieurs de bon goût, mais aussi signes manifestes de richesse. (Les B.C.B.G. portent souvent des agendas *Hermès*, des chaussures *Weston*, un stylo *Montblanc*, etc.)

Le Prince Charles

Le style B.C.B.G. est donc un carrefour, une alliance secrète et implicite contre le raz de marée de la *classe moyenne* — cet « immense groupe central aux contours peu tranchés » (V.G.E.).

C'est donc une stratégie défensive qui travaille à la survie culturelle des élites économiques et au maintien des « arts de vivre » en voie de disparition.

La désuétude historique est compensée par le prestige de l'ancienneté. Peu importe qu'un aristocrate soit désargenté : il est toujours supérieur à un nouveau riche ; les classes dominantes se bonifient en vieillissant.

Ce préjugé reste toutefois problématique car on est toujours le nouveau riche de quelqu'un.

Peut-être est-ce dans un désir d'éviter cette hiérarchie interne, source de division, qu'est née, sorte de *modus vivendi*, la mode B.C.B.G.

Salle de bains d'un inconfort très B.C.B.G. (Les deux robinets séparés interdisent le confort de l'eau tiède)

Ce qui est très « B.C.B.G. »

L'héritage, la sobriété et le bon goût.

Les musées, les cheminées, les taxis londoniens.

Connaître l'Histoire, la littérature, les relations internationales et le vin.

Avoir un parent châtelain désargenté, officier de marine ou propriétaire d'une exploitation vinicole.

Recouvrir de papier journal les livres d'art et d'une housse de plastique les fauteuils anciens.

Ne jamais rater un mariage, un baptême ou un enterrement.

Ne danser que le rock, et mal.

Aller voter dans le village de ses parents à 400 km de chez soi.

Répondre à tout son courrier, même aux cartes postales ou aux cartons d'invitation publique.

Refuser le confort moderne en particulier dans la cuisine et la salle de bains.

Ne jamais faire état de ses compétences.

Vouvoyer ses parents.

Détester la mode.

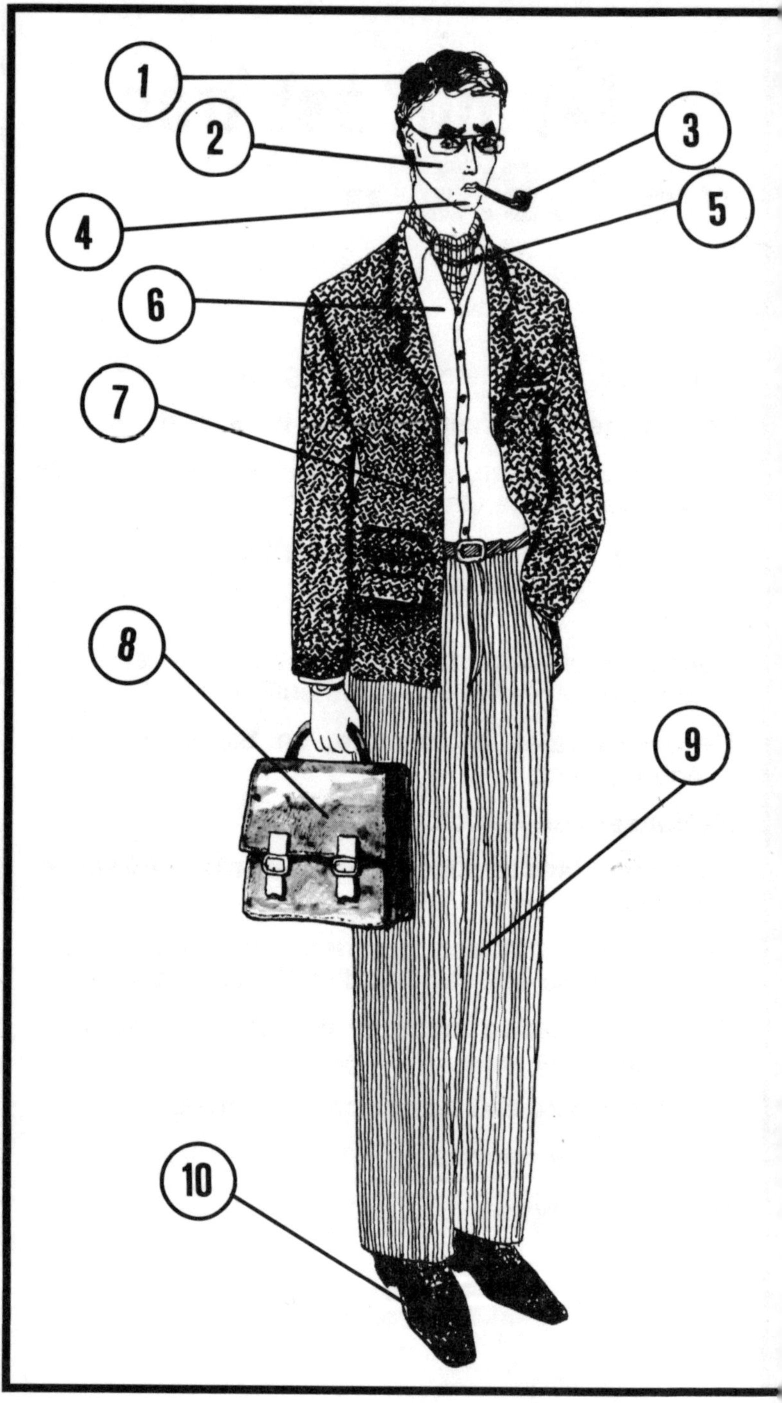
1
2
3
4
5
6
7
8
9
10

Le B.C.B.G. « classique »

1. Cheveux assez courts ; raie sur le côté.
2. Air distingué et soucieux de se montrer digne de la confiance de ses parents.
3. Romantique mais timide, il fume la pipe quand il est seul.
4. Légère pilosité, style hobereau.
5. Foulard en soie fripée dans les tons noir et beige.
6. Chemise unie ouverte jusqu'à l'avant-dernier bouton.
7. Veste en tweed à trois poches, léguée par un grand-oncle et gansée de cuir aux endroits usés.
8. Cartable en cuir de vache datant du début du siècle réputé inusable. (Offert par le grand-père pour son entrée en khâgne classique.)
9. Pantalon de velours à fines côtes ayant perdu toutes ses formes et laissant parfois apparaître les chaussettes reprisées par une cousine.
10. Chaussures françaises classiques *Unic Fenestrier,* craquelées et de couleur indéfinissable (mélange de marron, de noir et de bordeaux).

Le bécébégisme

Les valeurs B.C.B.G.

Toute l'idéologie du B.C.B.G. repose sur la recherche de la **pérennité :** il lui est nécessaire de prolonger ainsi les valeurs de la civilisation dont il est issu, en les adaptant, par un travail constant de création et de critique, au monde contemporain.

Si le B.C.B.G. choisit alors le **classicisme** contre la **modernité**, ce n'est pas tant qu'il préfère l'ancien au nouveau mais plutôt que, selon lui, le classicisme est **éternel** tandis que la modernité a toutes les chances d'être **éphémère**, c'est-à-dire, à son avis, **vulgaire**.

S'il se montre réticent devant la modernité, c'est aussi parce qu'elle engendre généralement la mode, le confort, la facilité, la frivolité... qui sont les formes douces de cette **vulgarité** auxquelles le B.C.B.G. répugne.

Georges Brassen, B.C.B.G. tendance campagne

Pour éviter tous ces pièges de la modernité, le B.C.B.G. prônera donc à chaque instant la **juste mesure** contre **l'effet spectaculaire**.

Mais vivre en harmonie à la fois avec son époque et avec **l'éternel classicisme** n'est pas chose facile et les rares B.C.B.G. qui y parviennent sont assurément irréprochables et dignes d'admiration.

Traditionaliste ou réactionnaire

Cette quête de l'idéal B.C.B.G. possède aussi ses pièges : la tentation traditionaliste, et pis encore, la tentation réactionnaire.

Le **traditionaliste** ignore tout du monde dans lequel il vit et aime à se réfugier, d'une manière inévitablement artificielle, dans une époque du passé qu'il affectionne particulièrement. Il justifie cet attachement, le plus souvent esthétique et frivole, en invoquant la supériorité *a priori* de l'ancien sur le nouveau.

Quant au **réactionnaire,** il connaît en revanche mal les « grandes traditions » dont il se voudrait l'apôtre. Mieux informé que le traditionaliste de toutes les innovations de la société, il y sera *systématiquement* hostile, aigri de se sentir continuellement dépassé. Les « valeurs du passé » qu'il défend constituent de façon confuse un tout homogène : il ne s'est jamais demandé si chacune des grandes époques de l'Histoire n'a pas, elle aussi, été « moderne » en son temps.

En s'obstinant à vivre comme au XIXe siècle par exemple, le traditionaliste fait ainsi montre d'une attitude excessive et irresponsable qui contrarie la **juste mesure** du pur bécébégisme.

De même, l'attitude versatile, précaire et méprisante du réactionnaire contrarie le devoir d'équilibre et **l'esprit de noblesse** du pur bécébégisme.

Philippe de Gaulle, B.C.B.G. tendance ville

Ainsi, en confondant éternel classicisme avec traditionalisme ou réaction, la plupart des B.C.B.G. deviennent rapidement vulgaires, sans le savoir.

Les rallyes

Coutume apparue dans les milieux aristocratiques à la fin du siècle dernier, le *rallye* est une association de gens « du même monde » qui organisent à tour de rôle des soirées dansantes, dans le but de marier leurs enfants. Jadis, seuls les rallyes permettaient en effet aux jeunes filles de bonne famille de faire des rencontres bénéficiant de toutes les garanties du contrôle parental, puisqu'elles n'étaient pas censées sortir le soir dans les cafés ou les boîtes de nuit.

Aujourd'hui, malgré les inévitables assouplissements, le rallye demeure une institution B.C.B.G. bien caractéristique.

Gérard Philipe, B.C.B.G. tendance « pas de vulgarité virile »

Le mode d'emploi selon Benoît, 20 ans

— Toujours répondre aux invitations. Que vous veniez ou non, vous risquez dans le cas contraire d'être exclu du rallye si l'événement se reproduit.

— Au cours de la soirée, inviter à danser la demoiselle qui reçoit. Vous la féliciterez pour son élégance et la qualité de sa soirée. En partant, vous remercierez ses parents. Quelques jours plus tard, ils recevront de vous un mot exprimant votre reconnaissance.

— Pour ne pas risquer de se montrer incorrect avec une jeune fille, il faut savoir reconnaître les « allumeuses » (dont il n'y a rien à attendre), les « faciles » (de notoriété publique) et les « bloquées » (un bon tiers au minimum).

— Enfin, il convient d'éviter les rallyes « coincés », ceux où l'on trouve les jeunes militaires en tenue (Saint-Cyr), des « dindes » qui font tapisserie et tous les « fins de race » (oreilles tordues, pieds palmés et lèvres bleues, *selon la description de Benoît*). Ceux enfin, où les parents, omniprésents, inspectent régulièrement les chambres au cours de la soirée pour s'assurer que rien de choquant n'a lieu.

A la question « Combien coûte un rallye ? » Benoît répond : « Entre vingt et quarante mille francs, mais j'en ai vu revenir à quatre cent mille francs [1]. Le maître de maison s'était débrouillé pour le faire savoir... un parvenu ! »

1. Il s'agit de nouveaux francs.

La « Loden »

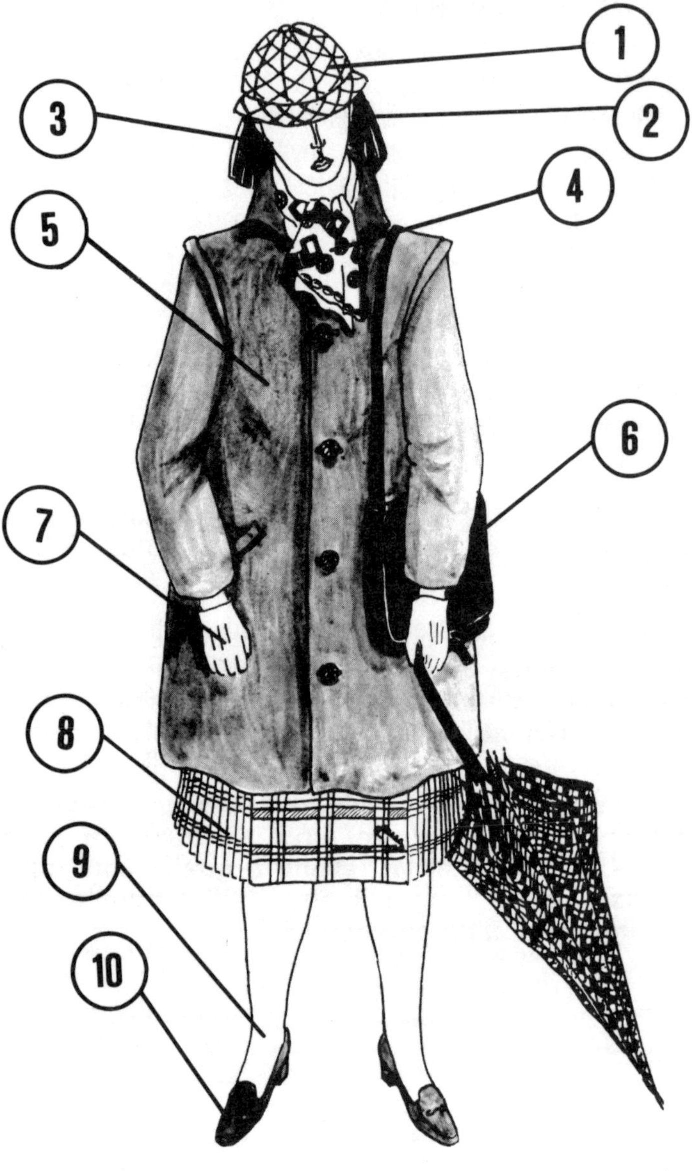

1. Chapeau cloche en tweed.
2. Raie médiane avec deux peignes derrière les oreilles.
3. Boucles d'oreilles en perles de culture entourées de torsades dorées style cordage (jamais d'oreilles percées, *« ça fait bonniche espagnole »*).
4. Carré de soie Hermès ou imitation. Motifs à choisir : gibiers égorgés, harnachement de chevaux, etc.
5. Manteau loden bleu marine.
6. Sac gibecière en peau de porc.
7. Gants marron clair en veau retourné.
8. Kilt écossais (parfois jupe-culotte).
9. Souvent solidement charpentées, pratiquant l'équitation dès l'enfance, les jeunes filles B.C.B.G. ont parfois les chevilles lourdes.
10. Mocassins Céline bordeaux.

Marie-Christine a été envoyée à la faculté d'Assas par ses parents afin d'y trouver un mari. Elle y restera le temps de rater deux fois sa première année de droit.

Avec pour seul bagage ses études secondaires au pensionnat Sainte-Marie-des-Oiseaux, elle se mettra à la recherche d'un emploi : hôtesse au salon du cheval ou animatrice d'une radio libre d'opposition.

Assez seule dans la vie, elle rêve d'amants fougueux. Pour l'instant, elle essaye de se faire des ami(e)s en organisant des dîners avec l'aide des traiteurs de son quartier. On y dira du mal des nouveaux riches et des étrangers en baissant la voix au rythme des allées et venues de la bonne espagnole.

Militante chiraquienne par anticommunisme, elle ne craint pas de faire du porte-à-porte à la veille des élections.

Si tout se passe bien, elle épousera un ami de la famille. Vous pourrez alors la voir promener ses deux fils François-Xavier et Stanislas au parc Monceau ou au jardin des Tuileries.

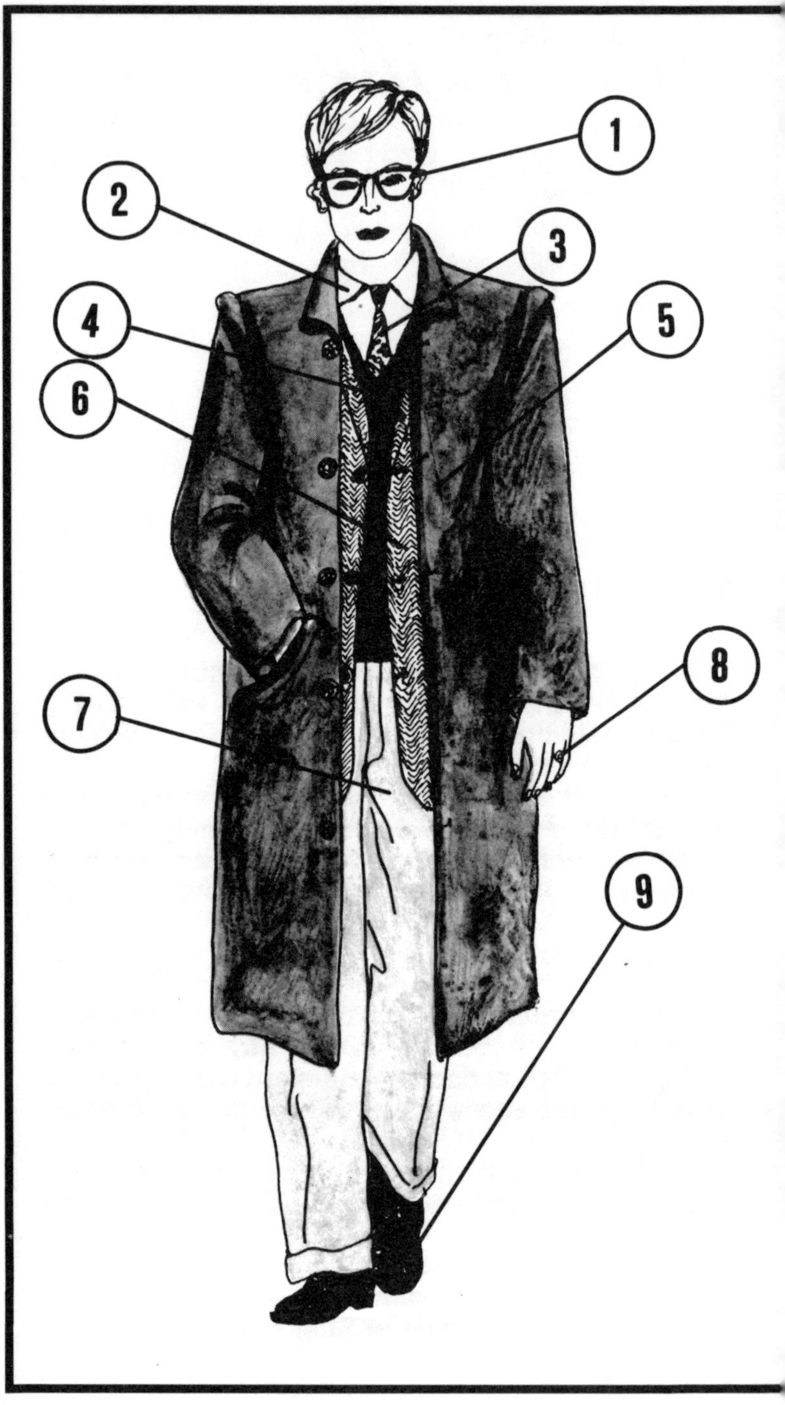
1
2
3
4
5
6
7
8
9

Le « Loden »

1. Lunettes de technocrate anglo-saxon en imitation écaille.
2. Chemise col Wallace.
3. Cravate à motifs cachemire.
4. Pull col en V en lambswool, uni ou jacquardé (losanges blanc, beige et marron).
5. Manteau loden vert.
6. Veste neuve en *Harris Tweed* à chevrons gris et noirs.
7. Pantalon de flanelle à pinces et revers. Également neuf.
8. Chevalière aux armoiries mal définies.
9. *Church's* de forme « derby » à trous.

Thibault est giscardien. Aidé par l'enseignement qu'il reçoit rue Saint-Guillaume (Sciences Po), il tente de convaincre les amis de ses parents que seule une politique de restructuration peut sortir la France de la crise. Il s'emploie d'ores et déjà à se faire des relations (voir chapitre « Les rallyes ») afin de préparer sa carrière, qu'il veut diplomatique.

Grands hommes (Napoléon, Bismarck), grands auteurs (Montesquieu, Tocqueville) ou grande musique, il ne s'intéresse qu'à ce qui échappe aux modes.

De famille bourgeoise, riche et conformiste, il se rêve parfois aristocrate, désargenté et décadent. L'alcool aidant, il s'affirmera « dandy » pour un soir, citant Oscar Wilde et Sade, qu'il lit en cachette.

Paillard et gaulois avec ses amis, il est galant et gauche avec les femmes. Il épousera sa cousine et finira par reprendre, son service militaire accompli, les affaires de son père : une entreprise commerciale fondée entre l'Armistice et la Libération.

Vous le trouverez tous les jours en fin d'après-midi dans des salons de thé pour vieilles dames.

Elisabeth Badinter, B.C.B.G. tendance « pas de frivolité féminine »

Les B.C.B.G. ju

Ce qui est « noble »

Faire oublier ses origines

S'adresser avec le même respect distant à son épouse et à sa concierge

S'habiller dans les tons pastel gris et beige avec un élément vert pomme ou rouge anglais

Travailler pour payer ses études malgré la fortune familiale

Acheter des *Weston* parce que ce sont des chaussures qui durent longtemps

Trouver du plaisir à s'ennuyer

Marie-Christine Barrault, tendance « sophistiquée mais naturelle »

gent les B.C.B.G.

Ce qui est « vulgaire »

Revendiquer sa particule

Parler un langage adapté à chaque classe de la société

Ne porter que du bordeaux ou de l'écossais

Se faire entretenir par ses parents puisqu'ils ont les moyens

Acheter des *Weston* pour faire B.C.B.G.

Éclater de rire

Robert Bresson, cinéaste B.C.B.G.

Le générique

Au générique de *L'Argent,* les noms de tous les acteurs du film apparaissent en même temps sur l'écran, écrits sur deux colonnes avec le même corps de caractères — dans un souci louable de modération et d'équité. Hélas, les quelques secondes du plan suffisent à peine à lire les quatre premiers noms...

Le décor

Une ferme, un palais de justice, un vieux bistro, une salle de classe, une boulangerie, une cellule de prison, un lavoir... sont les décors, totalement B.C.B.G., que Bresson semble affectionner *indifféremment.*

Son goût de la sobriété le pousse d'ailleurs à supprimer, non sans un certain maniérisme, tous les objets qu'il pourrait trouver « vulgaires » : les emballages modernes de paquets de lessive, les news-magazines, la télé couleurs, etc.

Même les pinces à linge en plastique de couleur font « nouveau riche » à ses yeux. Il les fera soigneusement remplacer par des modèles en bois — pourtant beaucoup plus rares et onéreux de nos jours.

Les personnages

Qu'ils soient aristocrates, paysans, ouvriers, postiers, capitaines de police, voyous ou clochards, les personnages bressoniens sont tous B.C.B.G. : les ouvriers vont au turbin en marchant comme le Christ ;

les voyous, en mocassins de cuir et chemisette blanche, ont des allures de bonne famille ; les clochards parlent comme des gens cultivés, etc.

Aucun personnage de Bresson ne doit rire. Et si d'aventure quelques larmes peuvent toutefois couler le long de la joue d'un héros bressonien, ce sera pour montrer l'ostensible retenue qu'il y a à ne pas éclater en sanglots.

L'intrigue

En dirigeant des acteurs non professionnels, Bresson espère avoir plus de facilité à obtenir la considérable lenteur qu'il exige d'eux. S'il est exécuté lentement et filmé en gros plan, un geste anodin peut soudain revêtir un caractère intense, dramatique et mystérieux. A tel point que, dans un Bresson, le geste d'offrir des fleurs ressemble souvent beaucoup à celui qui consiste à tendre un couteau, ce qui n'est pas pour déplaire au cinéaste.

Ainsi l'intrigue repose essentiellement sur des ressorts visuels car les dialogues, dits sur un ton constamment monocorde, ne doivent pas, selon Bresson, contenir davantage de sens qu'un verre qui tombe au sol ou qu'une porte qui se ferme.

Au cours du film *Au hasard Balthazar,* une courte scène réunit les trois ou quatre « loubards » de campagne qui voudraient se concerter sur un problème important dont on ignore encore tout. Voici leur dialogue :

— Il faut en finir.
— Non.
— Oui.
— Bon.

A la fin de la scène, on ne sait ni à quoi ces messieurs voulaient mettre un terme, ni s'ils ont finalement décidé *d'en finir* ou *pas.*

1. *Cet article repose principalement sur l'étude de deux films :* Au hasard Balthazar *(1966) et* L'Argent *(1983).*

La morale

Rien n'est plus vulgaire, aux yeux de Bresson, que de tuer avec une grenade offensive ou un 357 Magnum. Pour lui, les seules armes vraiment B.C.B.G. sont la hache, le marteau, l'enclume ou le couteau de cuisine.

Après avoir bu son café, les vêtements troués et tachés de sang, le héros principal de *L'Argent* choisit de se rendre, la tête droite, aux forces de police. Il leur dit, d'une voix claire, à peu près ces mots : « C'est moi qui ai tué l'hôtelier et sa femme pour leur voler de l'argent et qui viens de massacrer une famille entière. » C'est la dernière scène du film.

Ainsi, il arrive parfois qu'une certaine esthétique de la droiture et de la sobriété l'emporte sur la morale la plus élémentaire... Devant cette scène effectivement impressionnante, on a du mal à ne pas imaginer Robert Bresson, pétri d'admiration pour son héros criminel et le trouvant soudain, dans un élan de scandaleuse frivolité, *beau comme le Christ.*

La quête du Graal

Dans l'Angleterre médiévale, un adolescent nommé Arthur arrache Excalibur, l'épée ensorcelée, au rocher où elle était enfoncée depuis de nombreuses années. Prouvant ainsi à tous les seigneurs qu'il était seul digne de devenir roi, il entreprend de faire renaître la concorde en Angleterre avec l'aide de Merlin l'Enchanteur.

Il réunit alors vingt-quatre chevaliers (les chevaliers de la Table ronde) et leur assigne pour mission de retrouver le Graal, cette coupe où furent recueillies quelques gouttes du sang du Christ lors de sa crucifixion. En effet, seule l'acquisition du Saint-Graal, prestigieuse relique à valeur charismatique, pouvait mettre fin aux conflits qui déchiraient le pays.

De tous les protagonistes, un seul approchera du but : Perceval.

Lancelot, chevalier à la belle allure, imbattable au combat singulier, est souillé par un péché : sa passion pour la reine. Arthur est rongé par un mal mystérieux et Merlin, quant à lui, est prisonnier de son amour masochiste pour la fée Viviane.

Ni le plus habile combattant ni le mieux né, Perceval est simplement décrit comme étant le plus pur.

Cette épopée, composée de plusieurs textes et variantes de provenances géographiques différentes, n'a rien de conformiste. Il importe peu, en somme, que l'on soit bien né ou zélé pratiquant : Dieu sait reconnaître les siens. Pour approcher le divin, il faut d'abord modérer ses passions. Pour l'homme de bien, parvenu à l'équilibre, l'élévation spirituelle est alors possible.

L'équilibre est donc la condition de l'excellence : il permet l'action juste.

On voit dans cette juste mesure l'origine de la notion de *bon goût* chère aux B.C.B.G. Mais *l'équilibre* a-t-il encore un sens lorsqu'il devient une fin en soi ?

Le Moyen Age est très aimé des B.C.B.G. (Lancelot du Lac *de R. Bresson)*

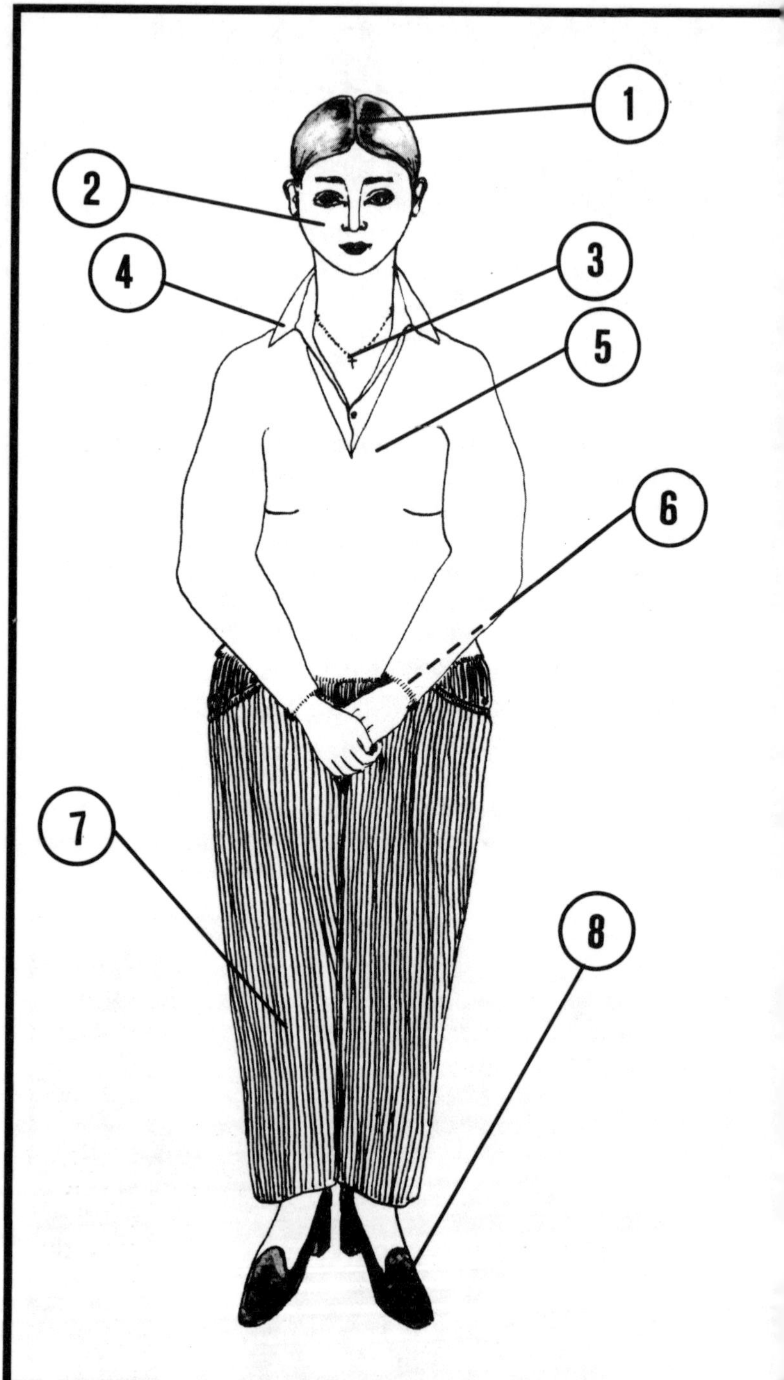
1
2
3
4
5
6
7
8

La B.C.B.G. « catho »

1. Raie médiane et natte (possibilité de queue de cheval ou de chignon).
2. Visage plat, sain, régulier et non maquillé.
3. Petite croix en argent (portée par-dessus le pull si protestante).
4. Chemisier blanc à col large.
5. Shetland bleu marine, parfois muni de renforts en skaï de la même couleur pour les coudes.
6. Montre d'homme Kelton à chiffres arabes.
7. Jean en velours bleu marine (seule concession à la modernité).
8. Mocassins bleu marine ou noirs portés sans collants.

Marie-Jeanne porte en elle un message d'amour : cette foi qui fait cruellement défaut à nos contemporains.

Un peu enveloppée pour être cheftaine-scout et fondamentalement bienveillante, elle voudrait que l'Église s'adapte aux réalités du monde d'aujourd'hui (Vatican II *dixit*). Au pèlerinage de Lourdes, elle préfère les rassemblements de Taizé.

Ardente partisane de l'œcuménisme, elle anime dans le cadre de sa paroisse un « groupe de recherche » sur la religion musulmane. Elle a essayé, mais sans succès, de faire venir des immigrés maghrébins pour « qu'ils nous fassent partager leur expérience et nous disent comment ils vivent leur foi ».

Marie-Jeanne n'est pas pour autant orientaliste ou gauchiste. L'amour fraternel qu'elle prône n'est pas baba. Comment pourrait-elle d'ailleurs concilier marginalisme et réunion de tous les enfants de Dieu ?

Vous la trouverez de façon quasi permanente à l'aumônerie de l'école libre la plus proche.

Choisir un prénom B.C.B.G. [1]

Pour une fille

Les « indémodables » : Florence, Marie, Sophie, Anne.

Les « sobres » (d'une poésie toute B.C.B.G.) : France, Neige, Claire, Blanche.

Les « snobs » : Albane, Valentine, Hyacinthe, Aude.

Les « cathos » : Bénédicte, Geneviève, Hélène, Blandine.

Les « combinés » : Marie-Béatrice, Marie-Odile, Marie-Sophie, Marie-Louise, Anne-Sophie, Anne-Charlotte, Anne-Florence, Anne-Marie, etc.

Les « handicaps pour la vie » : Marie-Chantal.

Pour un garçon

Les « indémodables » : François, Bertrand, Philippe, Pierre.

Les « sobres » : Blaise, Louis, Brice, Hugues.

Les « snobs » : Gérald, Romuald, Arnold, Réginald.

Les « romantiques » : Fabien, Julien, Damien, Adrien.

Les « combinés » : Charles-François, Charles-Henri, Charles-Philippe, François-Guillaume, François-Xavier, Gérard-Julien, Jean-Baptiste, Louis-Henri, etc.

Les « handicaps pour la vie » : Gonzague.

1. Listes bien évidemment arbitraires... Les prénoms du calendrier chrétien (noms de saints) sont par excellence tous B.C.B.G.

Quatre destins pour un B.C.B.G.

L'éthique B.C.B.G. est un composé de rigueur morale, de modération, d'esprit de caste, de goût pour la justice, de raffinement, de force de caractère, etc. Pour se façonner une personnalité, le jeune B.C.B.G. devra combiner harmonieusement toutes ces qualités.

Mais souvent, le dosage est inégal. Le jeune B.C.B.G., aidé par les circonstances, en vient à privilégier une direction au détriment des autres ; il sera trop raffiné pour être modéré ou trop épris de justice pour avoir l'esprit de caste.

Certains de ces itinéraires nous intéressent. Ce sont ceux où le rapprochement avec d'autres modes devient inévitable. Le B.C.B.G. peut alors devenir Baba ou Minet.

Enfin, il peut arriver qu'un excès de rigueur dans l'éducation produise sur le B.C.B.G. un effet contraire à celui que l'on attendait et le pousse alors à devenir décadent, drogué ou pervers.

L'obéissance : un B.C.B.G.

Suivant la voie qui lui était toute tracée, notre B.C.B.G. veut reprendre le flambeau paternel. Engagé dans des études longues, prenantes, en vue de devenir dirigeant d'entreprise, haut fonctionnaire, avocat ou médecin, il ignore tout le reste.

Pas de surprise : il sera B.C.B.G.

Exemple : Philippe de Gaulle.

Le luxe : un Minet

Pourtant certain d'être l'élite, notre B.C.B.G. est surpris de son isolement : il semble être le seul à le savoir. On rit de ses chaussures à lacets et de son cache-nez en grosse laine. Pour être reconnu par ces rustres qui ne savent pas où est le vrai bon goût, il devra s'acheter des mocassins Weston et une écharpe en cachemire.

Il deviendra ainsi Minet pour clore le bec aux Minets.

Exemple : Patrick Poivre d'Arvor.

Patrick Poivre d'Arvor, B.C.B.G. moderne

Vers la bonne conscience : un Baba

Choqué par l'immoralité du monde et la superficialité de ses contemporains, notre B.C.B.G. déteste la société de consommation. Refusant d'être un estomac sans tête ni cœur, il se cherchera une âme.

Suivant en cela la tradition classique, il se consacrera à la seule activité d'un homme de bien : discourir, polémiquer et faire de la politique.

Déçu par ses parents traîtres aux idéaux qu'ils prônent, particulièrement en conflit avec son père, il deviendra Baba ou intellectuel de gauche.

Exemple : Jean-Luc Godard.

Le retournement : un « branché-décadent »

Élevé dans un monde clos d'équilibre et d'harmonie où les conflits sont différés par la bonne éducation, le savoir-vivre, notre B.C.B.G. rencontre un jour le cynisme et la perversité. D'abord horrifié par la force du mal, puis fasciné, il sera finalement séduit : il se laissera détruire ou se détruira lui-même à moins qu'en apprenant à ses dépens que le pire gagne, il ne devienne à son tour destructeur.

Malgré ses origines le plus souvent bourgeoises, il se sentira soudain proche de l'aristocratie décadente.

Nous ne donnerons pas d'exemples.

Sport B.C.B.G.

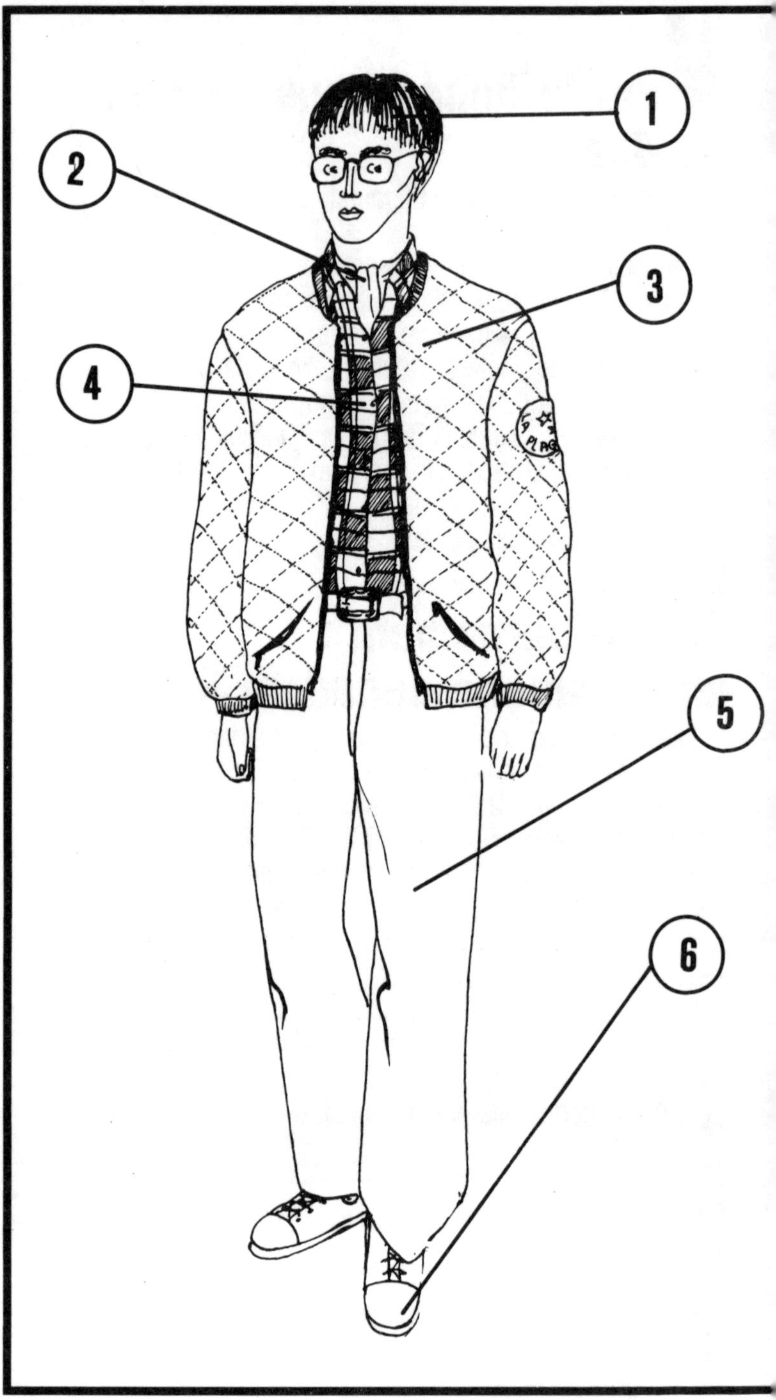
1
2
3
4
5
6

Le Majorité-Silencieuse

1. Coupe bol.
2. Foulard mince.
3. Anorak de ski contenant :

— une pièce de dix francs (de secours) cousue dans la poche ;

— son nom brodé sur une étiquette au revers du col ;

— une calculatrice électronique avec 50 pas de mémoire ;

— un étui de plastique transparent réunissant soigneusement la garantie de sa calculatrice, une carte orange 3 zones et un abonnement d'un an à la piscine Molitor ;

— un harmonica porte-clés.

4. Chemise de coton.
5. Pantalon de tergal.
6. Baskets montantes.

Ne connaissant rien à l'habillement ni à la mode, le Majorité-Silencieuse réalise sans le savoir l'idéal théorique des B.C.B.G. : n'appartenir à aucune mode.

S'il n'a jamais été préoccupé par la recherche du bon goût, sa neutralité fondamentale lui a cependant toujours évité de paraître vulgaire.

Introverti mais passionné par ses études ou son métier, il ignore à peu près tout du monde qui l'entoure, tant sur le plan esthétique que politique.

On pourrait résumer ainsi ses préoccupations vestimentaires : il ne voudrait à aucun prix faire « pédé » (entendez *minet*) ni « loubard » (entendez *négligé*).

Sans élégance particulière, il n'en est pas moins fondamentalement sobre et discret — c'est-à-dire sans recherche, sans pureté, sans vulgarité.

LES M

Sommaire

INETS

Pour les Minets, la « province » commence dès qu'on sort des Champs Élysées

Introduction

Le Minet est un hyperconformiste jouisseur. A la recherche permanente de ce qui ne demande ni effort ni transcendance, son unique raison d'être est la recherche du plaisir infantile que procure la consommation effrénée de tout ce que la vie peut offrir de léger et d'agréable :

— vacances au soleil ;
— flirt ;
— films en couleurs ;
— nouvelles lunettes de soleil ;
— glace avec de la crème Chantilly, etc.

D'esprit ouvert, par goût de la nouveauté plus que par intelligence, le Minet mange de tout ; mais, indifférent aux idées que recèlent les choses, il « minettise » tout ce qu'il touche.

Parce qu'il évite toute « distance critique », chaque mode nouvelle deviendra entre ses mains un simple carburant utile au fonctionnement de son inaltérable machine.

C'est pourtant sans intentions scandaleuses que le Minet applique presque universellement le principe de la « récupération naïve » — ignorant tout de ses retentissements sur la paranoïa baba.

Formé à l'école de la consommation et donc grand admirateur des États-Unis d'Amérique, le Minet ne voit dans « l'objet de série » aucune connotation péjorative. Peu préoccupé par la *recherche de la différence,* le Minet n'éprouve aucune gêne à se comporter et à s'habiller comme tous les autres Minets.

Seul adolescent à faire primer ouvertement la recherche du confort sur tout le reste, le Minet tire de cette absence d'inquiétude sa générosité sympathique et une spontanéité parfois émouvante. C'est avec une fierté simple et profonde qu'il aime faire partie de ceux qui ne se laissent pas tourmenter par les angoisses existentielles et métaphysiques. Comme les jeunes appartenant aux autres modes, il a, lui aussi, la certitude d'appartenir à une élite.

Parce qu'il n'a pas d'autre but que le plaisir immédiat de la consommation, on peut dire du Minet qu'il a un estomac à la place du cerveau. C'est sa particularité, mais c'est aussi sa force.

Aldo Maccione fait rire les Minets en jouant les ringards-pops

Différence Minet/Minet-pop

Qualifier le Minet d'hyperconformiste jouisseur alors que nous avons défini le Minet-pop comme un « anticonformiste réformiste » pourrait laisser penser qu'il existe une différence de fond entre ces deux personnages.

Il n'en est rien.

Le Minet-pop, en avance sur son époque, dut travailler activement à l'avènement d'une société à sa mesure : la société de consommation et de loisirs pop.

Ce qui est très B.C.B.G.

Un Solex noir
Le monde anglo-saxon
Manger mal, mais boire du vin de qualité

Le savon Monsavon parce qu'il est sobre
Lady Diana
Connaître tous les monuments historiques et les musées de sa région

La haute bourgeoisie
Préférer le bon goût au confort
Marcel Proust
Remplacer la moquette de son appartement par un parquet ciré et grinçant
Les muscles longs
Mépriser les nouveaux riches
Les femmes élégantes à la féminité retenue
Les vêtements discrets dont la coupe ne doit pas mettre en valeur les formes
Fuir les Minets qui veulent tout faire briller
Les concerts de musique classique
Robert Bresson

Le Minet de l'après-pop est un Minet qui bénéficie des efforts de son prédécesseur. Il n'a plus à se battre pour que triomphe la société pop puisque celle-là, en s'imposant en profondeur, est entre-temps devenue la nouvelle conformité.

Ainsi le Minet-pop, influencé par l'excentricité hippie et l'Angleterre, devait être anticonformiste pour remplacer la vieille société par la sienne ; ainsi le Minet de l'après-pop, revenu à une plus grande retenue et à son premier amour pour l'Amérique, est hyperconformiste pour que dure une société qui lui ressemble.

Ce qui est très Minet [1]

Un scooter japonais rouge
Le monde latin
Mettre du ketchup dans le gigot et ne boire que du Coca-Cola
Les bains moussants à la mandarine
Caroline de Monaco
Connaître toutes les marques de lunettes, de magnétoscopes, de jeans, de motos, de montres, de fixations de ski, etc.
La nouvelle bourgeoisie
Préférer le confort au bon goût
Victor Hugo
Cacher les moulures et les lustres de son appartement par un faux plafond
Les muscles ronds
Mépriser la petite-bourgeoisie
Les femmes enfants
Les vêtements neufs et « sexe »

Imiter les B.C.B.G. parce qu'ils sont « classe »
Le cinéma et la publicité
Claude Lelouch

1. Chacun des articles (disposés en face à face) de cette liste est à lire en parallèle..

La frime

Le B.C.B.G. se met en valeur en faisant preuve de modération. En adoptant cette noble distance, il pense se montrer digne de la grande tradition classique.

Le Baba préfère quant à lui faire l'intelligent. Par la dénonciation, il croit montrer qu'il est plus fort que le système qui l'aliène.

Le Minet, qui répugne au moindre effort et qui n'échangerait pas son confort contre toute la connaissance du monde, aime cependant montrer qu'il n'est pas dépassé par les événements, qu'il maîtrise sans effort la situation.

Richard Gere, la grande frime

Dans le seul but de produire une impression spectaculaire, le Minet voudrait montrer sa « suradaptation » au monde contemporain et sa superbe aisance face aux « choses de la vie ». Pensant ainsi se mettre en valeur aux yeux de son entourage : IL FRIME.

La classe

Version plus discrète et plus retenue de la frime, la **CLASSE** est la frime du Minet à prétention B.C.B.G.

Ce qui est très « frime »

Aborder Nastasja Kinski dans la rue et revenir avec son numéro de téléphone

Avoir une piscine sur sa terrasse et un flipper dans sa salle à manger

Faire Paris-Deauville en une heure vingt

Réserver sa place d'avion en téléphonant de sa voiture

Porter le dernier modèle de lunettes Ray-Ban encore indisponible en France

Avoir ses examens en apprenant tout par cœur les deux derniers jours

Skier en short

Les musts

Le Minet est attiré par tout ce qui brille. Très sensible aux emballages chatoyants et aux campagnes publicitaires tapageuses, il y attache une importance aussi grande qu'aux objets eux-mêmes.

Mais rien n'attire plus le Minet que ce que possèdent les autres Minets. C'est ainsi qu'est né le *must.*

I must : **je dois ;** ***it's must :*** **c'est nécessaire ;** ***that movie is a must :*** **c'est un film qu'il faut avoir vu. Le must ne correspond pas à un critère de qualité ou de raffinement esthétique précis ; il appartient simplement à l'ensemble des choses répertoriées comme très « frime » ou très « classe » par la** ***minetterie*** **tout entière.**

Un must est le plus souvent une nouveauté : objet plus ou moins luxueux fabriqué en série (le dernier modèle de lunettes de soleil de la marque Ray-Ban par exemple) ; mais il peut être aussi ce qu'une célébrité a adopté récemment : un lieu de plaisir, une coupe de cheveux, une race de chien, etc.

S'il peut exister parfois une raison objective à l'accession d'un objet au rang de must (beauté, technicité...), celle-là disparaît devant cette fonction primordiale : offrir au Minet l'occasion de prouver, par l'acquisition ou l'adoption du must, qu'il n'est pas en retard sur le reste des Minets. Sa tranquillité est à ce seul prix.

La marque de fabrique d'un must n'est pas toujours à la place la plus visible, de telle sorte que les personnes *cultivées* en matière de musts, c'est-à-dire les Minets, sont d'autant plus fières de repérer les imitations à bas prix.

Ajoutons que le must « classe » (sac Vuitton) a une durée de vie généralement supérieure à un must « frime » (T-shirt à l'effigie d'E.T.) qui risque de ne durer qu'une saison.

Compléter et remettre à jour sa panoplie de musts afin de se maintenir au « top niveau » de la « frime » et de la « classe » est l'occupation principale du Minet. Il prouve ainsi qu'il est dans le coup à cent pour cent.

Quelques musts historiques du Minet

Sac :	**Vuitton**
Lunettes :	**Ray-Ban**
Voiture :	**Golf G.T.I.**
Montre :	**Rolex**

algré sa cravate ringarde, Pivot *est un must minet aussi prisé que les T-shirts* Fruit of the Loom

T-shirt :	**Fruit of the loom**
Polo :	**Lacoste**
Acteur :	**Paul Newman**
Cinéaste :	**Steven Spielberg**
Feuilleton :	**Dallas**
Héros de B.D. :	**Snoopy**
Jeans :	**501 (de chez Levi Strauss)**
Station balnéaire d'été :	**Saint-Tropez, Cannes**
Station balnéaire de demi-saison :	**Deauville, Biarritz**
Station de sports d'hiver :	**Megève, Courchevel**
Chanteur :	**Serge Gainsbourg**
La Culture :	**Bernard Pivot**
L'Avant-Garde :	**Godard** [1]
La Classe :	**Giscard** [2]

1. Détestée par les Minets, l'avant-garde est incarnée selon eux par Jean-Luc Godard.

2. Ni « minet » ni « frime », Giscard est « classe » pour tous les Minets.

Le Minet-minet

Le Minet 1976

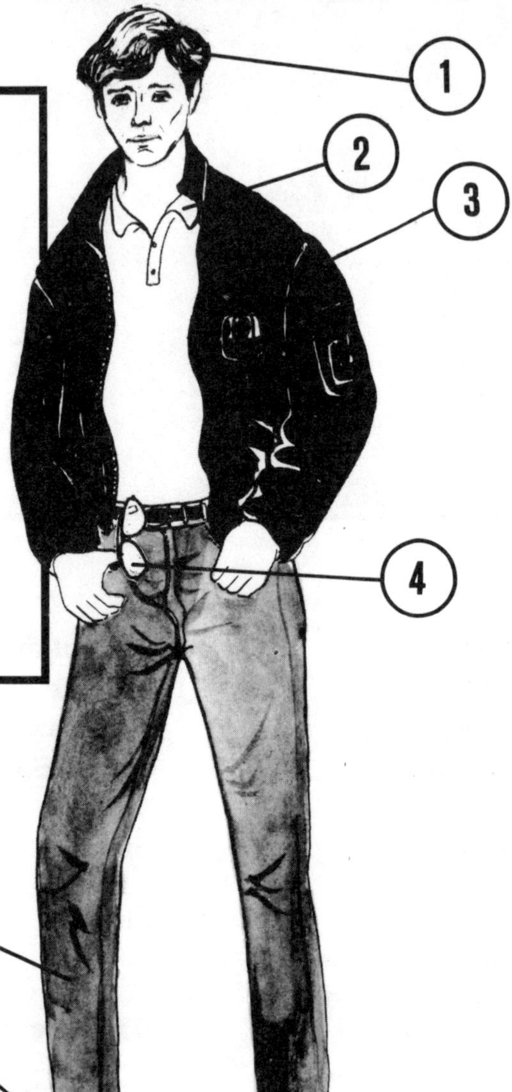

1. Un peu « féminin » : cheveux flous avec une mèche.

2. Un peu « pop » : chemise Lacoste de couleur vive au col ouvert.

3. Un peu « loubard » : cuir noir.

4. Un peu « militaire » : blouson d'aviateur et lunettes Ray-Ban.

5. Un peu « cow-boy » : jean 501 et ceinture western.

6. Un peu « bonne famille » : mocassins Alden et chaussettes blanches.

Le Minet-minet voudrait se situer à égale distance des principales influences de la mode des jeunes depuis ces vingt dernières années.

S'il a su s'adapter à l'évolution en changeant,

tantôt de modèle de blouson : en cuir, en toile, d'aviateur américain, d'aviateur français...

tantôt de modèle et de marque de chemise : Lacoste, Smedley, à grand col, à col à boutons, à petit col...

tantôt de modèle et de marque de jean : droit, à pattes d'éléphant, serré, Levi's, Wrangler, Lee Cooper...

tantôt de modèle et de marque de mocassins : en cuir, en daim, College, Carvil, Sebago, Weston, Alden...

il est parvenu à préserver, au-delà de ces multiples mutations, son allure générale et sa modernité.

Ce look « Minet-minet », dans le coup sans discontinuer depuis le début des années 60, est le look minet par excellence ; il est aussi l'illustration parfaite et paradoxale de sa pérennité.

Les objets minets

Un foulard bandannas, une robe coupée Marilyn, un serre-tête de tennisman ou un blouson d'aviateur évoquent tour à tour : la conquête de l'Ouest, le cinéma hollywoodien, la haute compétition sportive et l'armée de l'air américaine.

Tous ces objets donnent aux Minets l'impression de posséder autant de morceaux de quelques-uns de leurs mythes favoris...

Dans la boutique *Western House*, à Paris, on peut trouver des articles « western » : jeans, bottes de cow-boy, bandannas, étoiles de shérif et « le chapeau de Davy Crocket ». On trouve aussi des shorts de *windsurf*, des téléphones en forme de canette de Coca-Cola, des tirelires Panthère rose, des *lunch-box* à l'effigie de Snoopy, des panoplies de footballeur américain, des distributeurs de chewing-gum en boule et une variété surprenante de porte-clés (baskets, gants de boxe, menottes, queues de loup, patins à roulettes miniatures).

On pourra comprendre à travers les déclarations de son directeur Maurice Chorenslup dans quel esprit cette boutique a été créée et comment elle a pu maintenir sa clientèle depuis 1964.

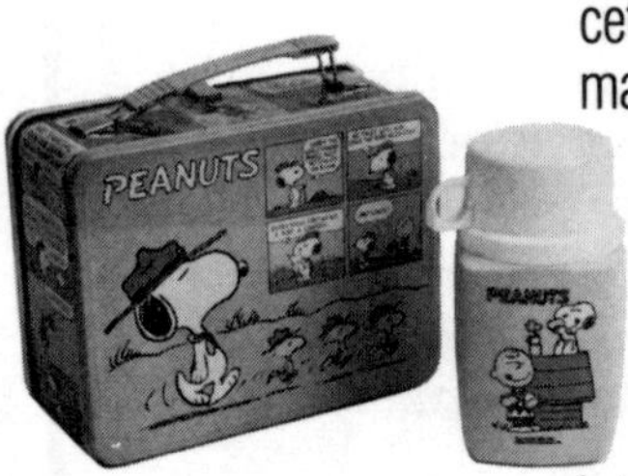

Lunch-box minet

1964

« J'ai créé Western House en 1964. Je voulais introduire le style américain en France. Bien sûr, je connaissais à l'époque la vague du rock-and-roll, le Golf Drouot, etc., mais je n'étais pas directement impliqué. Pour moi, amateur de jazz, c'était une simplification extrême, ne serait-ce que par rapport au Rhythm and Blues que j'avais entendu aux États-Unis. »

Modes

« J'ai toujours fait ce que j'aimais. Si ça a pu coller à la mode, tant mieux. S'il arrive une mode anglaise ou d'Afghanistan qui nous échappe totalement, on n'essaiera pas de la suivre. On garde notre ligne : toujours américain d'esprit avec une majorité de produits d'origine. Je vais aux États-Unis ou au Mexique pour commander des bottes. Cela se passe d'ailleurs de la façon suivante : il s'agit de construire sa botte de A à Z. Chez Tony Lama, par exemple, quand on passe une commande, on choisit son bout (*square, semi-round, needle toe*), le type de talon (*dogger hill, walking hill, riding hill*), la longueur de la tige et la façon dont elle se finit (*flat top, shallow scallop, deep scallop*). Il y a tous les types de cuir. Les peausseries précieuses en particulier (kangourou, lézard, tortue de mer).

« En combinant tous ces éléments, on peut réaliser des milliers de bottes mexicaines différentes. »

Une Santiag

Variations

« Notre production a peu varié. On a fait découvrir un certain nombre de classiques de l'habillement américain. Pourtant, comme les gens mettent des années à les découvrir, les produits ont marché par période. Le jean a été découvert immédiatement, le T-shirt ensuite, les sweat-shirts avec les noms d'universités — plus récemment les " bandannas " (foulard de cow-boy). Tous ces articles-là, on les avait pourtant dès 1965.

« Et puis les produits eux-mêmes ont évolué ; les jeans en particulier. A la période pop, disons jusqu'en 1972-1973, c'étaient les pattes d'éléphant : 40 cm en bas. Puis ils sont devenus plus étroits. Ils vont sans doute redevenir plus larges. Depuis deux ans le top de la mode c'est le " 501 " qui est le modèle de jean le plus ancien, fabriqué depuis 1860. Il y avait un tel

" boum " que les gens venaient nous demander des " 501 " et quand on leur apportait, ils disaient : " Ah, c'est ça un 501 ! " Ils ne connaissaient que de nom. »

Clientèle

« Une part importante de notre clientèle est constituée par les gens du *show-biz,* journalistes, télévision, cinéma. Ce sont des " locomotives ". Pour Johnny Hallyday, les Stones et, récemment Liza Minelli, Western House fait partie de ces " stop " obligatoires à Paris.

« Si l'on voulait cerner notre clientèle idéale, ce serait : 25-35 ans ; déjà un peu installée au point de vue argent ; ayant donc les moyens de se faire un peu plaisir. Mais ce serait vraiment une simplification.

« Bien sûr, on a le XVIe, le XVIIe et Neuilly, mais on a aussi le loubard de Gennevilliers qui n'a pas beaucoup de sous, qui a économisé et qui vient chez nous pour s'acheter la paire de bottes dont il rêve. »

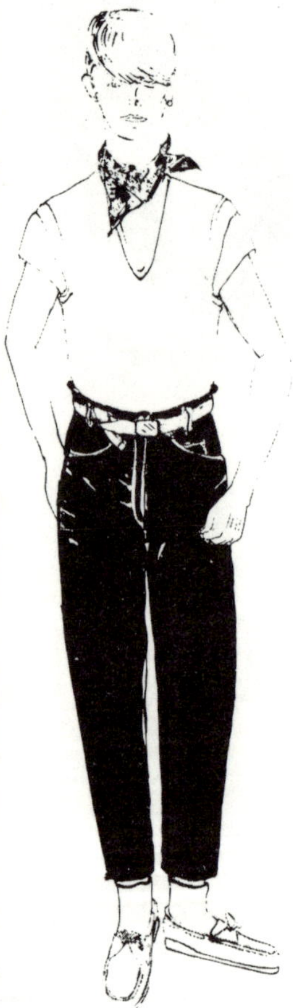

Minet-funky

Anticlientèle

« Notre " anticlientèle ", c'est le " jeune cadre résolument tourné vers l'avenir " : costume en tergal, chemise en nylon-tricot, attaché-case et abonnement sur Air-Inter. C'est l'esprit et le costume étroits, le classicisme terne. »

U.S.A.

« J'avais 4 ans lorsque la guerre a éclaté. J'ai vécu caché. Une partie de ma famille est morte en déportation ou a été fusillée. L'arrivée des Américains a signifié la fin de tout cela. Je crois que c'est comme ça qu'est née mon affection pour les États-Unis.

« Par la suite, après la Libération, j'ai découvert le cinéma américain. Pendant mon enfance, je croyais qu'il n'en existait pas d'autre. »

Marilyn

« Marilyn participe à ce retour à la féminité contre l'image héritée des années 60 et imposée par les photographes de mode et les grands couturiers... Cette image ennemie de la femme : plate, sac d'os contre laquelle on se cogne. Marilyn, c'est le contraire de tout cela. Ses formes rondes, son côté douceur : une paumée qu'on a envie de protéger. Il y a eu une grande injustice des milieux professionnels envers elle.

« Dans ma boutique [1], tout est à l'effigie de Marilyn ; de la serviette-éponge à la lampe de chevet ; des cabas, des montres ; 500 modèles de cartes postales, 150 posters et des photos dans 1 000 poses différentes.

« Quand un charme agit, c'est magique. Ça ne s'explique pas. »

1. Maurice Chorenslup a aussi ouvert, en 1982, une nouvelle boutique Remember Marilyn.

Image d'Épinal de la société américaine version minet-disco : un policeman, un cow-boy, un Gay « cuir », un ouvrier, un G.I., un Indien (groupe Village people*)*

Activités culturelles, loisirs

Publicité

Une publicité réussie est le produit le plus épuré qui soit. Elle ne s'adresse pas à des catégories sociales particulières mais cherche leur dénominateur commun. Plus qu'au « peuple », c'est à la masse qu'elle voudrait parler et le Minet se fond dans cette masse avec délices. En communiant ainsi par la pub et les objets qu'elle célèbre, il vibre à l'unisson avec le reste du monde.

D'ailleurs, il n'hésite pas à apprendre par cœur ses publicités préférées. Lorsqu'on les diffuse à la télévision ou dans une salle de cinéma, il les mime en simultané, reproduisant en écho la bande-son.

Club-vacances

Permettant de vivre en complète autarcie pendant plusieurs semaines, le club-vacances est un véritable paradis pour le Minet. Il peut y bronzer à la piscine, draguer dans la discothèque privée, acheter des objets dans les boutiques, mais aussi faire du tennis, du ski nautique, de la plongée sous-marine, etc.

Véritable bulle dans les pays les plus lointains, le « club » préserve le Minet de tout dépaysement : il sera ainsi comblé *en toute sécurité.*

Cinéma et télévision

Alors que la lecture nécessite un travail de déchiffrage laborieux, l'audiovisuel permet au Minet d'obtenir des données immédiates, prêtes à consommer. C'est pourquoi il préfère le cinéma au roman et la télévision aux journaux. Cependant, toutes les productions audiovisuelles ne lui conviennent pas.

Au téléfilm *français*, il préfère les feuilletons *américains : Mission Impossible, Star Trek, Dallas, Shogun...*

Ennuyé par les *interminables* débats télévisés, il opte pour les émissions de variétés dont les *vidéo-clips* ne durent que *trois minutes.*

Alors qu'il conspue les films d'animation roumains ou tchécoslovaques, qu'il trouve *misérablement poétiques*, il se délecte au spectacle de dessins animés *féroces et spectaculaires*, qu'ils soient américains (Tex Avery) ou japonais *(Goldorak).*

Il déteste les actualités *régionales* mais ne rate jamais la remise des Oscars ou la coupe du monde de

Le Ringard-show-biz

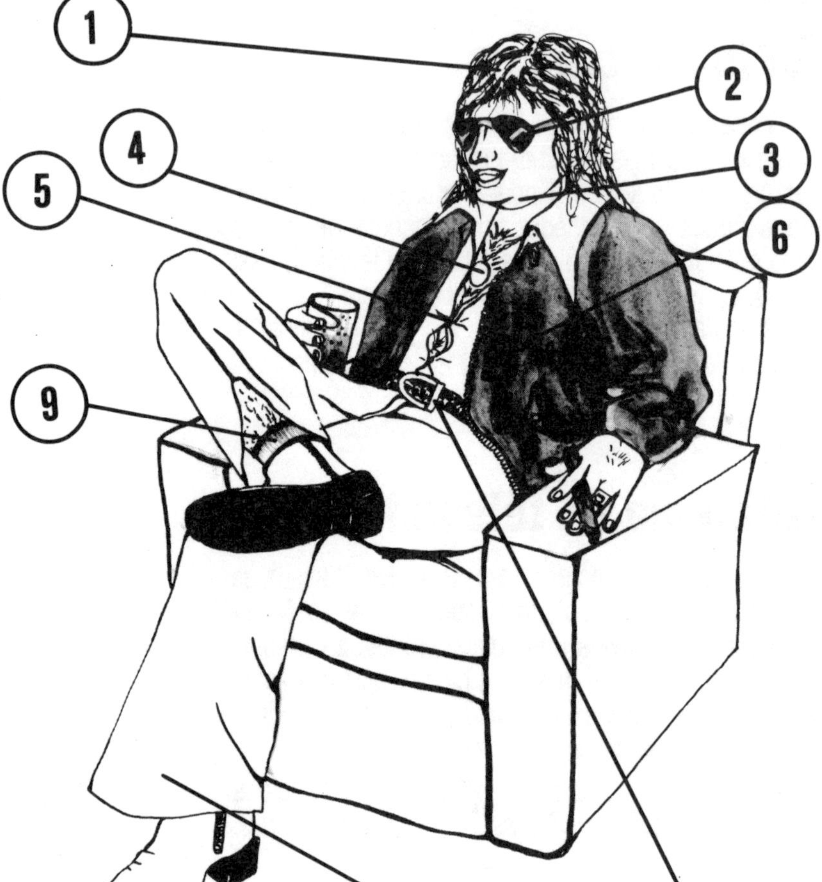

1. Anticoupe à la Sardou.
2. Modèle *Porsche* de lunettes de soleil numérotées.
3. Double menton à la Richard Anthony.
4. Gros médaillon monté sur une chaîne à maillons rectangulaires (le tout est en or).
5. Chemise cintrée avec col « pelle à tarte » recouvrant le col du blouson jusqu'aux deux tiers de l'épaule.
6. Blouson de toile écrue avec large fermeture Éclair en plastique.
7. Ceinture en croco avec grosse boucle dorée (composant parfois les initiales d'un grand couturier).
8. Pantalon à pattes d'éléphant en coton blanc ; moulant les hanches.
9. Chaussettes extra-fines en nylon, jetables et assorties à la couleur de la chemise.
10. Boots vernies blanches à fermeture Éclair. La semelle et le talon sont en bois naturel style Gainsbourg.

Le Ringard-show-biz est un nostalgique de la période pop dont il a vécu les grandes heures durant sa jeunesse. Sympa, il aime rire avec ses copains (« ils sont super »). Dans la journée, il travaille dans le « management » (production de cinéma, disques de variétés) ou le « prêt-à-porter », et aime à faire un « coup » (affaire risquée mais lucrative) de temps à autre pour rompre la monotonie (comme il le dit lui-même : c'est le bizness !). Le soir il dîne dans le restaurant d'un ami (ils ont fait un coup ensemble, récemment) puis retrouve sa bande à l'Élysée-Matignon (c'est la boîte du show-biz). Il y apprécie la compagnie des jeunes mannequins américains ou suédois qu'il invite souvent à sa table. Le week-end, il « flambe », prend un copain, deux Suédoises, la B.M. (abréviation de B.M.W.) et part s'éclater à Deauville.

Jane Birkin, ancienne Hippie devenue Minette hypercool

football : ces retransmissions qui font vibrer au même moment la *Terre entière.*

Un film distrayant, dans une salle confortable, et comprenant dans sa distribution des acteurs connus et « mignons », peut être sûr d'attirer un public de Minets, à condition toutefois qu'il ne soit pas à petit budget (le Minet veut du luxe) et qu'il n'ait pas de « message » à délivrer (le Minet n'est pas un intellectuel).

En fin de compte, télévision et cinéma permettent au Minet de se confronter à de nombreuses situations sans avoir à les vivre. Incapable de recul, il sera un peu James Bond avec les filles, très Rollerball sur ses patins à roulettes, et partagera la philosophie de Kermit la grenouille.

« Sports de glisse » et « sports de mise en forme »

On regroupe sous le vocable de « sports de glisse » le ski et le ski nautique, les patins et la planche à roulettes (*roller-skate* et *skateboard*), le surf et la planche à voile *(windsurf)*.

Grâce à leur vitesse, ces sports transforment une petite maîtrise technique en virtuosité spectaculaire. C'est la raison pour laquelle ils grisent les Minets.

Apparus plus récemment, les « sports de mise en forme » connaissent aussi un grand succès. Ils regroupent le *jogging*, le *squash, l'aérobic* (gymnastique sur fond de musique disco) et le *body-building* (musculation).

Cette vogue pourrait s'expliquer par une certaine perte de confiance engendrée par la crise de l'énergie, quand les machines et les structures industrielles sont apparues vulnérables. L'homme doit donc se refaire une musculature s'il veut pallier leurs carences : il ne peut plus compter que sur lui-même.

C'est pourquoi le Minet moderne préfère dorénavant le jogging à la course automobile.

Aidé par les « sports de mise en forme », il relèvera plus facilement le défi de l'après-prospérité.

Séance de body-building

Sophie Marceau, vedette de La boum

Sexe : le « mode d'emploi » des Minets

On pourrait penser que les Minets disposent d'une sexualité self-service, qu'ils mettent autant d'enthousiasme à se consommer entre eux qu'à consommer des sucreries. Ce serait une erreur : ils y regardent à deux fois. Les Minets ne consomment pas tout, ils ne digèrent que l'anodin et se méfient de tout ce qui peut porter à conséquence ou engager des responsabilités. Le désir, la douleur, l'animalité sont autant de composantes indigestes qu'ils ne sauraient « assumer ».

Quant aux Minettes, elles semblent disposer d'un mode d'emploi. Ce sont d'abord des affirmations à valeur universelle, définissant de façon lapidaire ce qui leur semble être la nature humaine, telles que : « Quand tu commences, tu peux plus t'arrêter ! » « Si tu le fais, il te prend pour une pute ! » « Quand tu lui as donné ce qu'il voulait, il te plaque ! »

Voici le petit tableau qui régit leur comportement en matière de sexualité.

JE L'AIME UN PEU : « smacks » (petits baisers du bout des lèvres)
BEAUCOUP : « patins » (baisers français)
PASSIONNÉMENT : « touche-pipi » (flirt poussé)
A LA FOLIE : coït interrompu (la pilule fait grossir)

On le devine, à force de vouloir simplifier, Minets et Minettes rendent le « grand passage » difficile. Une fois franchi, ils seront consternés ; « Quoi, c'est tout ? »

Fast-food

Le *fast-food,* nourriture préparée, colorée, rapide, industrielle et de conception américaine, ne pouvait que convenir au Minet.

Dans ces « self-services » alimentaires, il n'a pas besoin de différer la satisfaction de son désir de consommer : nul besoin de réserver, ou d'attendre pour être servi. Il dispose d'un « repas complet au creux de la main », suivant le principe du *tout en un,* c'est-à-dire celui du drugstore ou des « combinés » radio-cassette-téléphone-réveil-cafetière électrique.

Minettes : régime spécial

La Minette est soucieuse de sa ligne et ne désespère pas d'être (même occasionnellement) mannequin de mode. Constamment au régime, elle met des sucrettes dans son café après avoir mangé des profiteroles au chocolat. Ne l'invitez pas au restaurant : elle ne mange jamais pendant les repas. Mais, prise d'une faim violente en fin d'après-midi, elle peut engloutir une boîte entière de biscuits devant la télévision. Ce cycle alimentaire infernal est aggravé par l'absorption quotidienne de friandises et la mastication incessante de chewing-gum.

Les gels phosphatés apaisent leurs inévitables douleurs d'estomac. Ces maux d'estomac qui seront d'un si grand recours lorsqu'il s'agira de sexualité...

La Minette-chic

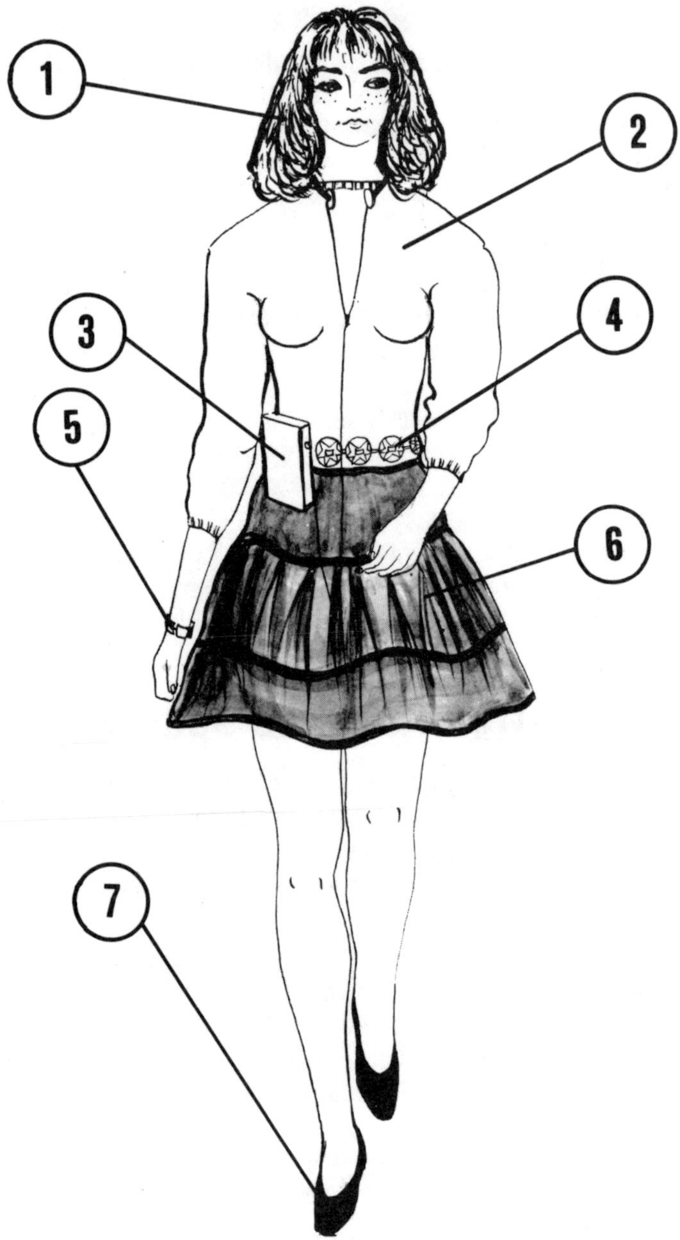

1. Coupe « jungle ».
2. Cardigan en lambswool porté à l'envers (boutons dans le dos) et manches relevées.
3. Walkman F.M. ou à cassettes.
4. Ceinture « apache ».
5. Bracelet de turquoise à monture dorée.
6. Jupe à volant rouge grenat.
7. Ballerines plates permettant de marcher sur la pointe des pieds avec des attitudes de danseuse.

Paul Newman, idole des Minettes

Élucubrations minettes

Les trois lycéennes de 16 ans interviewées dans les pages qui suivent ne paraissent avoir aucun motif d'inquiétude. Elles se contentent souvent de clichés qu'elles semblent manipuler dans un langage imagé étonnamment efficace.

C'est avec franchise et beaucoup d'ingénuité qu'elles livrent ici ces petits riens qui font leur vie.

— Bon, allez-y, présentez-vous...

F. — Florence, 16 ans, première B... mes mensurations ?

G. — Garance, euh... voyons... 16 ans, première B.

A. — Agnès, 16 ans, première B... je suis pas mal... (hi ! hi ! hi !).

— Ça vous ennuie, l'école ?

G. — Oui, on s'emmerde pas mal.

F. — On est assez mauvaises.

— Qu'est-ce que vous faites toute la journée ?

A. — On glande, on va au café.
F. — On prend un café, un flipper, engueulades du serveur, recafé, etc.
G. — On drague...

— Des loisirs ?

A. — Rien.
F. — On fait rien.
A. — On a beaucoup d'idées (oh ! oh ! hi ! hi !) pourtant... on fait rien.
G. — Ah si, on téléphone !

— Les vacances ?

A. — On va partir seules, sans nos parents. On a décidé.

— Où ?

A. — Euh... la Guadeloupe, les Antilles... (hi ! hi !).
F. — Non, en fait, n'importe quoi... du moment qu'on est avec des amis. Cet été l'Amérique ou la Grèce, du moment qu'il fait chaud...
G. — Et qu'il y a des beaux hommes !
F. — Alors, elle...

— Garance, tu parles beaucoup d'hommes. Où vous en êtes au juste ?

A. — Oh... c'est spécial... très spécial...
F. — Le plaisir, c'est la conquête, ça fait durer le plaisir...
G. — Ensuite, c'est nul.

— Tu dragues les hommes alors ?

G. — Bah, j'essaye...
A. — Ceux dont elle a rien à foutre !
F. — Les autres, elle est là : arrgh... blocage.
G. — Oh toi aussi !
F. — Mouii... nous toutes en fait.

— Comment vous faites pour draguer ?

F. — T'as une cigarette ? A quelle heure on a

cours ? etc. On réfléchit comment on va lui adresser la parole.

— Vous répétez avant ?

G. — Ah oui, on répète, on en discute au téléphone entre nous.

— Et comment ils sont les mecs ?

A. — Ça dépend.

— Ils sont bêtas, ils draguent, qu'est-ce qu'ils font ?

G. — Ils draguent de moins en moins.
F. — C'est très désagréable.
A. — Ils sont tous blasés.

— C'est quoi un mec bien pour vous, c'est un mec mignon ?

F. — Oui... Quoique ça dépend, regarde le tien, Garance ! (pouf ! pouf ! ouaf ! ouaff ! ouarrff !).
G. — Non... sans blaguer, excuse-moi, mais il est très bien. Il est pas mignon, il a du charme.

— Et à quoi ça sert un mec ? C'est un divertissement ?

A. — Pour moi, pas du tout, c'est l'angoisse, c'est atroce.
G. — De toute façon, ce qui est divertissant, c'est d'attirer son attention. Une fois qu'il veut bien sortir avec nous... salut ! On n'a plus envie, plus du tout.
A. — Pourtant t'es bien sortie avec Stéphane !
G. — J'ai cru mourir !

— Et toi Florence ?

F. — Ben, moi, non... moi je reste. (Hahaha !)
G. — Moi, je me fais plein d'illusions, je me dis que ce sera génial.

— Fréquentez-vous des Babas-cools ?

F. — Oui, oui.
A. — Oui. Nous, on est neutres de toute façon. On est un peu bab'z aussi, dans la tête.

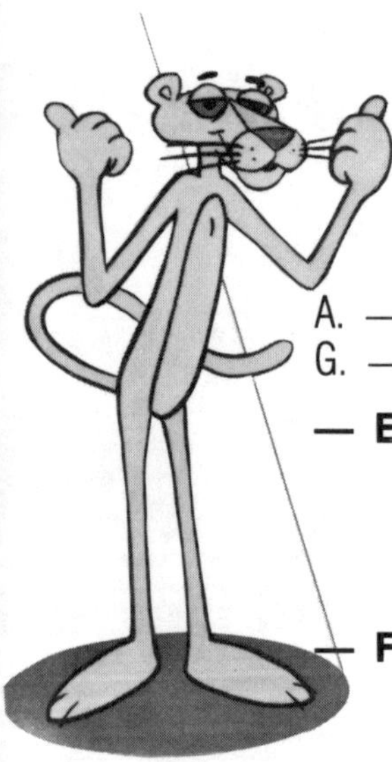

La panthère rose

— Vous avez une philosophie de la vie, comme certains Babas ?

F. — Moi, je sais pas encore. Je peux pas dire.
A. — J'essaye de ne pas y penser. On ne se pose pas de questions.
G. — On est influencées par nos parents... sûrement.

— Est-ce que vous avez des vices ? Des vices de jeunes, genre drogue, tout ça ?

F. — Non euh... pas trop.

— Non mais allez-y, vous pouvez y aller !

G. — Eh ben, on fume un peu, mais pas trop.
F. — Fume quoi ?
A. — Oh Florence, arrête s'te plaît !
F. — Ah bon, ouais...

Snoopy

— Qu'est-ce que vous voulez faire, plus tard ?

A. — Moi, je voulais faire rien : après le bac me reposer un an. Et puis ma mère m'a dit que ça me déshabituerait de travailler... Mais j'ai envie de faire rien.
F. — Moi, je veux faire du commerce.
A. — Oui, elle veut tenir une chaîne de magasins depuis qu'elle a 8 ans (ah ! ah ! ah ! hi ! hi ! ho ! ho !) ; (puis, s'adressant à Florence :) Ça m'énerve, j'ai l'impression que tu vas réussir... Au lieu d'être une « ratée-toute-sa-vie ».

— Vous aimez bien manger ?

F. — Des bonbons... à mort !
A. — Moi, c'est exclusivement des Treets... Treets Treets.

— Et aller au cinéma ?

A. — Je vais voir que des culleries *(sic)*. Je suis la spécialiste.
F. — On va au cinoche pour rigoler, pour déconner.
A. — Le dernier qu'on a vu... tu m'expliques ? Bon d'accord... j'étais morte de rire !

G. — Un bon comique français, bien con... c'est bon.

— Vous arrive-t-il d'aller dans des salles d'Art et d'Essai ?

A. — Si tu me payes, que tu me traînes par les cheveux...

— Vous allez aux Champs ? (avenue des Champs-Élysées).

Droopy

G. — Plus tellement.

— Aux Halles ?

A. — J'aime pas du tout, les New-Waves... affreux !
G. — C'est quoi New-Wave ?
F. — Ils sont tellement faux.

— A Saint-Germain, Saint-Michel ?

A. — Le quartier Latin, je peux plus. Quand j'y vais, j'ai les boutons qui montent ! Le bab'z avec la larme dessinée sur la paupière... ouarrgh !
G. — C'est quand même sympa, ce quartier...
A. — Moi, je peux pas !
G. — Si elle dit ça, c'est parce qu'elle vient de sortir avec un mec hyper-bab'z ! (ah ! ah ! ouahrah ! rah !).

— Il avait quel âge ?

A. — 16 ans.

— Ils ne sont jamais plus vieux, vos mecs ?

G. — Y'a une fille dans notre classe, elle sort avec des mecs de 30 ans : barbu, avec des enfants et tout. Elle a 15 ans, la fille.
F. — C'est une vicieuse, une exhibitionniste, une nymphomane !
A. — Remarque, il y en a beaucoup... énormément même...
G. — C'est a-nor-mal !
A. — C'est vrai que ça rime à rien.
F. — Moi... je suis très pour les jeunots...

— Vous êtes libérées sexuellement ?

A. — Je suis nulle !
F. — On est assez constipées.
G. — On est restées assez nulles.
F. — Non... mais c'est pas...

— Alors, Florence, quand même non alors ?

G. — Elle est complètement coincée, Florence. T'es coincée !
F. — Et toi, ma vieille... t'es pire ! Tu trouves que ça rime à rien de coucher avec un mec à notre âge.
A. — Alors que moi, mmmmhh... mais entre le dire et le faire...

— Donc, vous ne faites pas encore l'amour ?

Ensemble. — Non.

— Et c'est quoi, le pourcentage, dans votre classe, de filles qui...

G. — Quarante pour cent, en augmentation tous les mois.

— Et pour vous, comment vous imaginez-vous que ça va se passer la première fois ?

A. — Mal, mal !... j'ai bien les glandes...
G. — Peut-être que ça viendra comme ça, tac tac... Mais moi, j'imagine pas. Ce que j'imagine, c'est qu'on est dans les bras, ensemble, sur la plage... des p'tits smacks, on s'aime vachement c'est tout doux... mmmm. (Elle se prend elle-même dans les bras, elle se berce.)

— Vous voulez que je vous pose d'autres ques-tions ?

...
A. — Oui, moi, oui... Si j'habite chez mes parents, tout çaaa...

« Itty »

Le Minet des

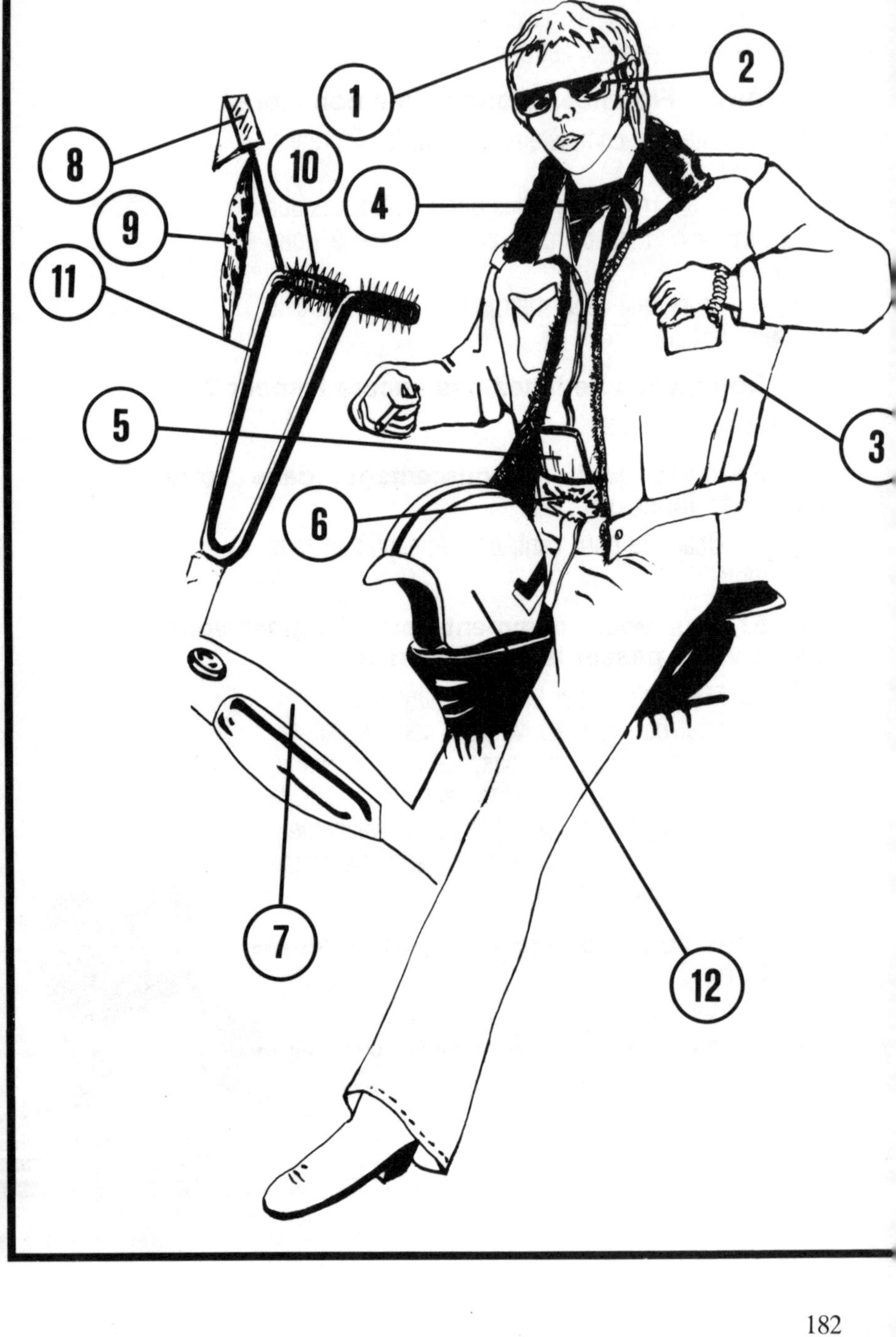

campagnes

1. Coupe style « pop » mais discrète.
2. Lunettes style « rallye ».
3. Blouson style « aviateur ».
4. Foulard style « cow-boy ».
5. Portefeuille style « macho ».
6. Ceinturon style « western ».
7. Mobylette style « Easy rider ».
8. Rétroviseur en plastique de couleur.
9. Queue de tigre.
10. Poignée antidérapante en caoutchouc.
11. Guïdon surélevé « chopper ».
12. Casque style « cross ».

Le Minet et les autres modes

Pour rester dans le coup, le Minet doit sans cesse composer avec les courants nouveaux ou remis à la mode par le goût du jour.

Au cours de son histoire il a ainsi tour à tour minettisé :

Le Hippie : en reprenant de façon clean et confortable son délire, ses couleurs chamarrées et ses cheveux longs. Il invente un certain look pop (style Danyel Gérard) ;

Le Disco : en reprenant de façon moins hard et moins militante son goût pour les tenues de sport voyantes et la danse en solitaire. Il invente le look « Minet-disco » (voir illustration) ;

Le B.C.B.G. : en reprenant de façon plus voyante et plus mignonne la rigueur de sa tenue et son côté « vieille France ». Il invente le look « Preppie français » (voir illustration) ;

Le New-Wave : en reprenant de façon plus douce et moins rétro « 60 » le côté clean et sexy de sa tendance *fun.* Il invente le look « Minet-funky » (voir panoplie).

Le look « preppie français » est celui d'un Minet qui se voudrait B.C.B.G.

Roman-photo du Minet [1]

8 h 30, réveil

Sonnerie électronique du réveil digital. Entouré d'une lampe et d'un téléphone design, Stéphane émerge de son lit-mousse sous le regard attendri de sa petite amie dont la photo est épinglée au mur.

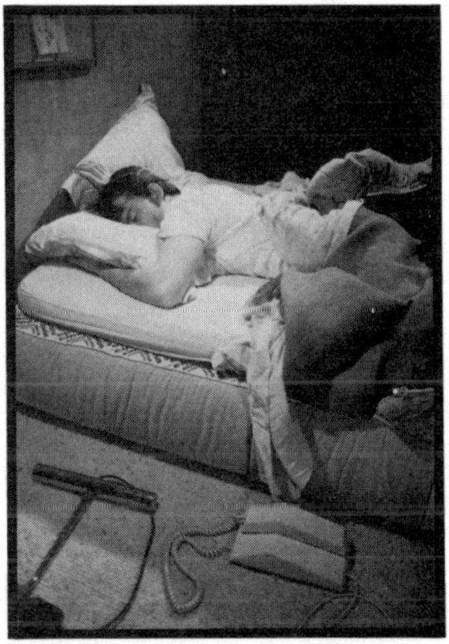

9 heures, petit déjeuner

Petit déjeuner, en T-shirt « E.T. » et caleçon américain, composé de Nesquik, de céréales et d'un cocktail de vitamines. Le magnétoscope familial rediffuse la finale de Roland-Garros.

1. *Chapitre entièrement conçu et réalisé par Alexandre Pasche.*

10 h 30, vers la fac'

Très « preppie latin », il s'achemine nonchalamment vers la fac' (faculté).
Ses allures de touriste ne doivent pas tromper : il est en quatrième année de médecine.

11 heures, cours

Le cours n'a pas encore commencé. Il s'apprête à prendre des notes. Il soulignera au feutre rose fluo les phrases importantes.

13 heures, T.P.

Au C.H.U. Xavier-Bichat, Stéphane joue au « surdoué » avec la complicité du célèbre physicien.

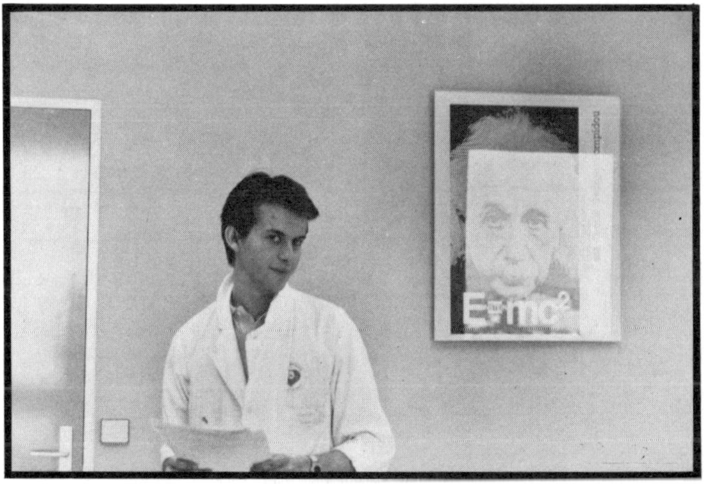

15 heures, skating

Délassement sur l'esplanade des Invalides : il perfectionne sa technique sans négliger sa tenue.

16 heures, goûter

Rendez-vous avec deux autres Minets. En les attendant, Stéphane consulte attentivement la carte. En guise de goûter : jus de fruits, milk-shake et « brownie » à la chantilly.

17 heures, téléphone-voiture

Coup de téléphone anonyme à sa grand-mère donné de la voiture d'un copain. Il signe son forfait : « Un ami qui vous veut du bien. » Après cette innocente taquinerie, il téléphone à Sophie et lui donne rendez-vous aux Champs-Élysées.

19 h 45, ciné

Tendres retrouvailles devant un cinéma des « Champs » où passe en exclusivité un film d'action « made in U.S.A. ». Ils s'embrasseront pendant la séance.

22 h 15, final

Stéphane raccompagne Sophie chez ses parents. Sac en bandoulière (elle) et blazer sur l'épaule (lui), ils remontent main dans la main la plus célèbre avenue du monde.

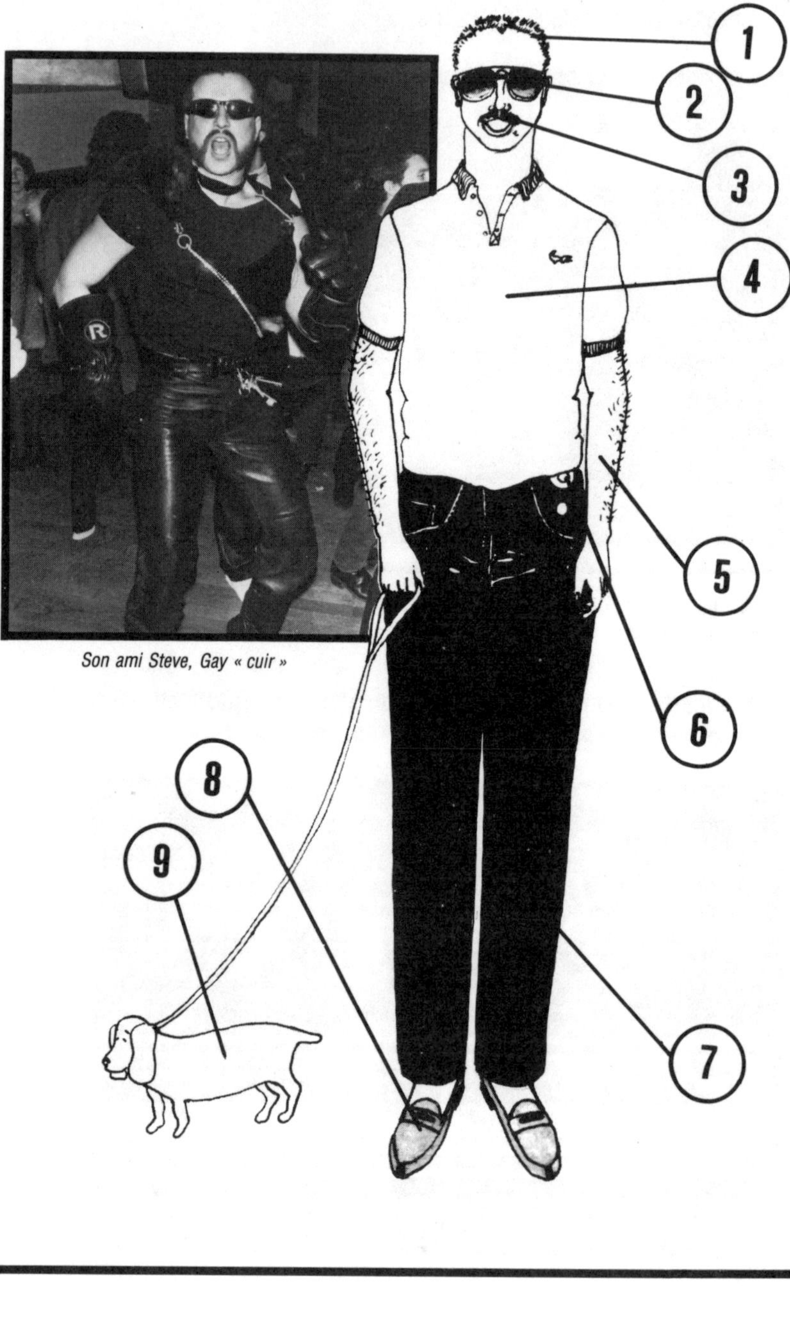

Son ami Steve, Gay « cuir »

1. Cheveux très courts **(pour faire viril).**
2. Lunettes dégradées *Zilo de Lozza.*
3. Moustache **(pour faire viril).**
4. Chemise Lacoste.
5. Avant-bras laissés nus **(pour faire viril).**
6. Porte-clés *Key-Bak* avec dévidoir monté sur ressort.
7. Jean 501 **(pour faire sobre).**
8. Mocassins.
9. Petit teckel **(pour se reposer de tant de virilité et de sobriété).**

Monté à Paris à l'âge de 17 ans et laissant derrière lui une mère fleuriste qui l'adore, Jean-Louis est serveur dans un restaurant à la mode en attendant de trouver une place d'assistant-décorateur dans le cinéma. Avec Cathy, sa meilleure amie et confidente (il l'aime comme une sœur), il partage un deux-pièces très agréable dans un quartier périphérique.

Un séjour à New York chez son ami Steve, Gay « cuir », l'a convaincu de viriliser son allure... Il décide alors de se laisser pousser la moustache et passe six heures par semaine dans une salle de musculation.

Mais il n'est pas question pour lui de se séparer d'Artémise, sa petite chienne teckel.

John Travolta

Le Disco

La musique disco est une version simplifiée de la musique *funk* des Noirs américains. Mise au service d'une certaine tradition de la romance latine (Rudolf Valentino, Frank Sinatra, *West Side Story*, Roméo et Juliette) elle a donné naissance à une mode : la mode disco.

Par la pratique effrénée de la danse, la mode disco se propose de *faire oublier, le temps d'une nuit, la triste réalité du monde pour vivre un conte de fées.*

Dans le film *Saturday Night's Fever (La Fièvre du*

samedi soir), le personnage incarné par John Travolta se transforme en prince charmant : il oublie ses problèmes familiaux et son travail ingrat, il quitte ses vêtements de tous les jours et revêt son habit de lumière pour partir « à la Disco [1] ». Véritable Cendrillon au masculin, il sera une star pour quelques heures sous les *sunlights* de la piste de danse et le scintillement des paillettes.

La parole est alors proscrite ; des questions aussi banales que : « Vous habitez chez vos parents ? », « Qu'est-ce que vous faites dans la vie ? » rappelleraient la réalité quotidienne et pourraient ainsi briser l'enchantement.

Dans le Disco, seul compte le langage du corps. La tenue est d'ailleurs entièrement conçue pour attirer les regards : motifs léopard, satin, lamés, couleurs fluos...

Cette dimension illusoire et futile du Disco irrite les puristes du rock et les intellectuels. Ils y voient une remise en cause de tous les principes de révolte chers aux années 70 : « Ne fais pas de politique, écoute la musique... » (satire d'Alex Métayer).

Le Disco a pourtant sa raison d'être. Face à l'échec du gauchisme et face au désespoir affiché par le mouvement punk, la futilité reste encore le meilleur moyen d'être positif.

La danse apparaît alors comme un remède apaisant, à défaut d'être salvateur. Seule la griserie de la vitesse peut « faire oublier ». A 125 pulsations/minute tout le monde est beau et sexy.

Aussi pessimiste que le mouvement punk, le Disco tient comme impossible toute communication réelle entre les individus. Il se borne à insuffler un peu de fantaisie dans un individualisme généralisé.

La mode disco est bien sûr narcissique. A la communion sensuelle du slow, elle oppose une danse syncopée, démonstrative et solitaire. Sur la piste de danse, désormais, c'est chacun pour soi.

1. *C'est, ici, l'abréviation de « à la Discothèque ».*

Ce qui est très « disco »

Les paillettes
Les motifs à gros pois (plus de 5 cm de diamètre)
Aller à son travail en patins à roulettes
Le *tossing*[1]
Mettre un survêtement comme tenue de soirée
Une fille vêtue :
d'un T-shirt trop long et noué sur le côté,
d'un short de boxeur en satin,
de chaussettes montantes en lamé,
de Santiags fantaisie rose et doré
Le style pop américain
L'« aérobic » (faire du sport tout en dansant)
Écouter son Walkman vingt-quatre heures sur vingt-quatre
Aller dans la même discothèque tous les samedis soir pour y danser seul des heures durant

1. *Le* tossing : *pratique consistant à faire l'amour avec une personne que l'on ne connaît pas, avec qui on n'a échangé aucun mot et que l'on ne reverra pas.*

Couple disco

Conclusion

« Si la société de loisir dont rêvait le Minet-pop n'est plus pour demain, elle existe au moins, grâce au Disco, tous les samedis de 23 heures à 5 heures du matin. »

Frantzie Ballantines

Venue d'Amérique, la mode disco est un accommodement du Pop aux temps de crise et une étape parmi d'autres de l'épopée minet.

Mais, loin de se démoder, elle deviendra également la seule alternative au mouvement nihiliste et révolutionnaire PUNK, venu d'Angleterre.

LE P

Sommaire

UNK

Pour s'embellir

Introduction

Le Punk se remarque à l'œil : c'est un look

Quelques figures de l'Épinal européen bourgeois :

a) le cannibale : un os dans le nez ;
b) le pirate : un bandeau noir en travers de l'œil ;
c) le bolchevik : un couteau entre les dents ;
d) etc.
e) mai 77 : le nourrisson ébouriffé avec lunettes noires et épingle anglaise plantée dans la joue... c'est-à-dire le Punk dans sa définition idéaliste.

Une déliquescence un peu salée pousse le Punk à cultiver sur lui-même une laideur haute en couleur dont l'excuse reste pure : elle ne cherche pas à plaire.

La mode punk est finalement un mouvement très intellectuel.

Quelques amis y ont vu la solution de leur vie :

L'ami Andrew

Dernier racho d'une bande de petites frappes (demi-portion d'une confrérie de titis), l'ami Andrew n'a jamais été bien bon à la baston (pour la bagarre)

Un petit travail dialectique lui suffit alors pour tourner les apparences à son avantage : il coupe court à la raillerie des loubards en scandalisant l'honneur de leur compagnonnage depuis qu'il suce à longueur de journée une vraie tétine ; la main tout exprès emmaillotée d'une bande Velpeau ; l'œil, comme l'autre, livide...

C'est la honte des braqueurs virils, la décadence des mauvais garçons ; il est content, c'est un Punk.

L'ami Éric

À l'époque des Babas, l'ami Éric était plutôt « bon élève ». Ringard à lunettes, il n'a jamais réussi à être

Pour s'enlaidir

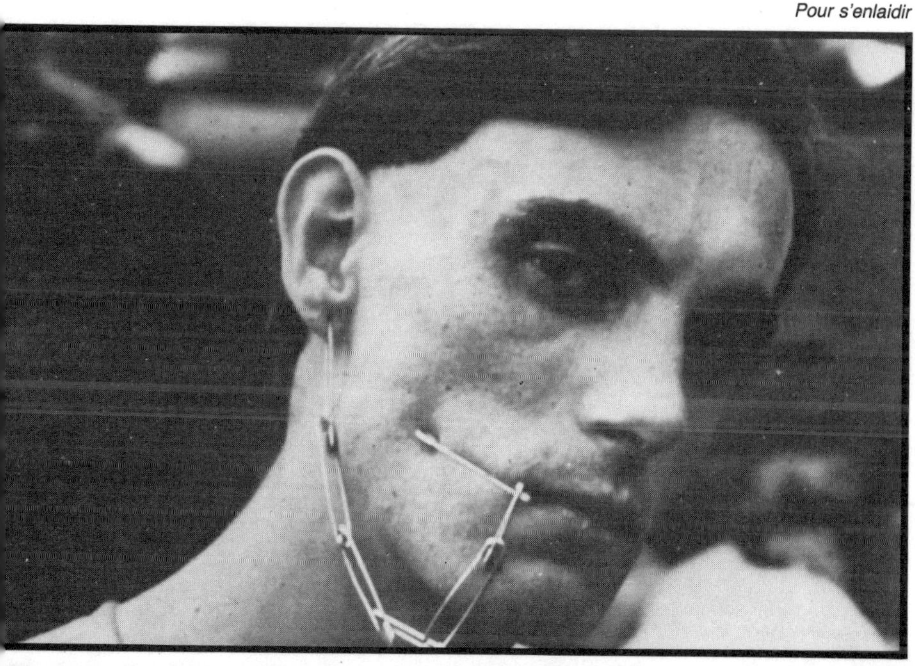

le Minet-aux-fesses-plates dont il rêvait — faute de fesses plates !

Un beau jour, il trouve le bon truc pour arborer, venus de « La Belle Jardinière », ses habits démodés : il les porte retournés ou, encore mieux, déchirés... et chuchote à qui veut l'entendre : « Je suis Punk-riche. »

L'ami Julien

L'ami Julien est un jeune éphèbe à la mine fleurie. Il a tout de suite compris que c'était le physique idéal pour se construire un look punk des plus effrayants : il a donc soigneusement commencé par se nettoyer les dents au vert pomme, puis a maintenu ses cheveux à la verticale suivant une technique appropriée, dite du *spike-hair.* Quelques épingles à nourrice endolorissent légèrement son oreille droite tandis qu'un collier de chien réconforte son cou contre d'imaginaires agressions. Pour danser, il saute à pieds joints un pogo des dimanches. Le pogo est une danse punk qui se saute à pieds joints, les bras tendus.

Il adore être effrayé lui-même par l'hystérie du joli

Un jeune homme sage...

...devenu Punk-riche

garçon qu'il était. Une hystérie anglaise qui sied bien aux garçons fades.

L'ami Rachid

Maladroit et timide, l'ami Rachid milite pour un changement de son image de marque. Attablé à la terrasse d'un café de son arrondissement ou de son village, il boit alors de la bière en quantité, sans parler à personne et sans faire mine d'être soûl. Être engoncé dans le cuir d'un vêtement militaire, curieusement, le rassure.

Son visage est indifférent au reste de la foule, mais une question l'obsède méchamment : a-t-il convaincu la foule de son indifférence ?

Rachid, d'esprit lent, se concentre très fort sur ses bocks pour que chante en lui la victoire personnelle : « Il faut vivre de haine et de bière. » Cela s'appelle la solution punk.

L'ami Allan

Quant à l'ami Allan, s'il est aujourd'hui punk, c'est qu'hier il était hippie. Nous appellerons son cas celui d'un *branché*. C'est avec des gens comme lui que la mode, c'est la mode.

Moralités diverses

L'esthétique punk est celle de la *surenchère :* un look sera d'autant plus punk qu'il accumulera un plus grand nombre d'attributs et de signes punks. Et c'est de cette manière qu'il espère obtenir son *immunité idéologique* contre toutes ces sources d'ennui que sont le maniérisme, la dissimulation, le sens... Nous dirons donc, pour définir cette mode que :

La mode punk est une dialectique permettant aux ados de renchérir sur une tare pour en faire une frime [1].

En sidérant tous ses copains loubards, l'ami Andrew, devenu Punk, est resté tout aussi malingre qu'auparavant. Le Ringard Éric n'a pas changé de couturier et l'ami Rachid est loin d'être volubile et démonstratif. Simplement, son silence haineux devenu éloquent a bouleversé ses apparences. Et ce changement n'est pas pour autant superficiel puisque la timidité de Rachid n'est plus ressentie comme la paralysie d'un désir d'exubérance mais — il le voudrait bien — comme la maîtrise du monde. D'ailleurs, en matière de look, les apparences, c'est pour ainsi dire : tout.

« Stratégie des apparences », la mode est, en effet, devenue un complexe suffisamment sophistiqué pour s'annexer de l'idéologie comme attribut supplémentaire au même titre que la coiffure ou les chaussettes. Ainsi le slogan punk *No future* n'est ni finalité ni détermination : ce n'est qu'une « idée forte » empruntée aux nihilistes Dada et invoquée par les Punks pour « saler » leur panoplie.

1. Traduction : le mouvement punk par une dialectique de la surenchère permet aux adolescents de tirer parti de leurs faiblesses avec une légitime fierté.

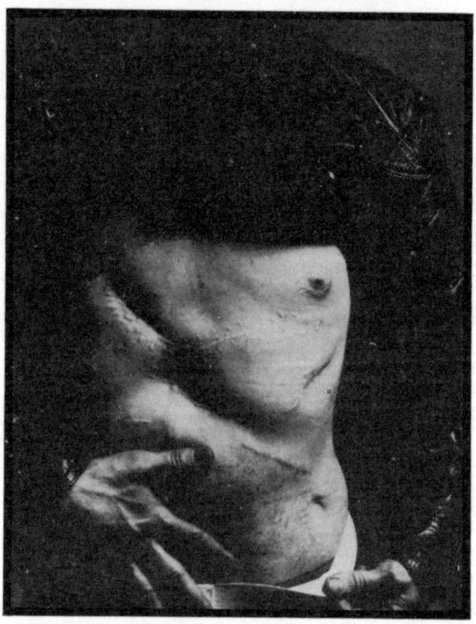

Torse d'Andy Warhol, Punk malgré lui

Du coup, toute interprétation trop intelligente des discours de la mode est hors sujet, notamment celle qui consiste à justifier le Punk d'une « dénonciation » de toute l'horreur de la société dont il serait le miroir...

Gageons que ce ne sont pas les intellectuels les plus à même de « saisir » la mode punk, création de masse, mais les critiques d'art.

A ce titre, remarquons que les meilleurs de ceux qui ont tenté cette aventure inutile (dont les mamies diraient aujourd'hui qu'ils leur ont fait plus de peur que de mal) ont parfois atteint la grâce d'une violence « Intouchable », presque irréelle, c'est-à-dire sans le recours aux effets vulgaires du nez aplati, des dents cassées ou des mâchoires proéminentes — qui ne stigmatisent plus la violence mais sa méchanceté.

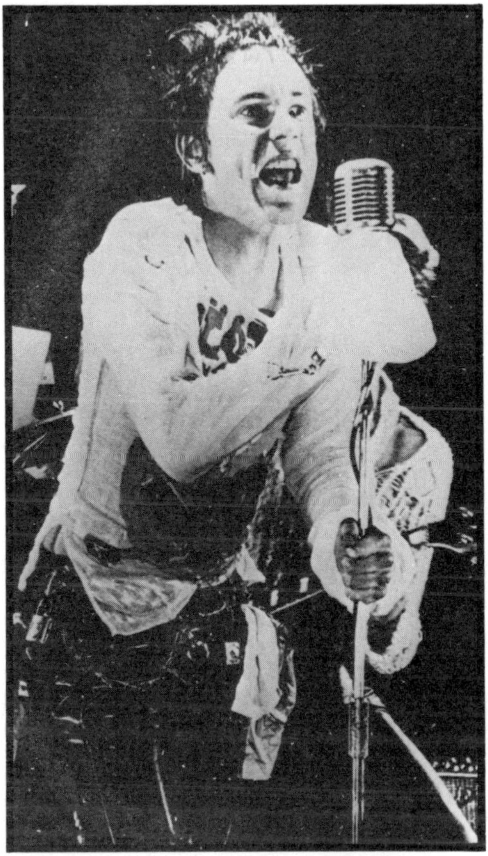
Johnny Rotten : la grâce punk

Le Punk est comme un lépreux dont la lèpre le nourrirait d'une énergie de Superman. C'est la synthèse aiguë entre ce qui agresse et ce qui est agressé...

C'est un mélange tonnant d'une violence absolue et immobile.

Le Punk est une cuisson saignante, le Punk ne pouvait pas durer [1].

1. *Traduction : c'est une mode courte et complète, sans évolution possible.*

La panoplie du Punk

Sur le crâne

Mouchoir carré aux couleurs de la France ou de la Grande-Bretagne, noué aux quatre coins et posé tout humide sur la tête, à la manière de Tintin dans *Au pays de l'or noir.*

Cheveux coupés court

Après quinze ans de prières parentales, les Punks donnent satisfaction à leurs vieux, tout contents de leur prouver que cette coupe « bol » ou « Mickey », style « idiot du village », est encore plus laide que la chevelure hippie.

Les doigts du Punk, une fois trempés dans la graisse, entortillent l'épi chevelu pour obtenir un *spike-hair.* Mieux que le cheveu en brosse, cette célèbre coupe suggère que la tête, subissant une explosion, ne commande plus tout à fait la totalité du corps. Aussi subit-elle une teinture fluorescente rose, orange ou verte.

Remarquons que cette décoloration excessive des cheveux, qui figurait souvent dans l'Opéra classique le personnage de la Mort, est paradoxalement utilisée par les Punks comme la marque de la vitalité adolescente la plus pure et du potentiel le plus fort. C'est très important.

Yeux d'enfant chétif

Mais ils seront écarquillés et parfois même révulsés, chez les Punks les plus courageux.

Œil au beurre noir pour les tenues d'apparat.

Pour les filles : un maquillage Dracula souligne soigneusement les cernes et trace une plaque noire tout autour des yeux dont l'extrémité en fuseau dessine une sinusoïde pointue.

« Sunglasses » indispensables la nuit :

lunettes Velvet, effilées à monture noire ;

lunettes rétro de starlette américaine, bordées de strass ;

lunettes d'enfant en plastique, de différentes couleurs ;

lunettes de natation, d'aviateur, de soudeur, etc.

Visage rose et verdâtre à la fois

Faciès émacié, imberbe, à l'ossature fine et aux joues naturellement roses.

Mais, par esprit militant, le Punk tâchera d'avoir le teint livide ou verdâtre. Sur sa peau, diverses qualités de boutons : acné juvénile, boutons dus à la fatigue ou à l'excès de drogues.

Enfin, certains sévices mineurs, comme la tentative de se planter des épingles à nourrice, laissent sur la joue quelques cicatrices bénignes et méritoires. Il ne s'est d'ailleurs jamais agi d'autre chose que de *tentatives.*

Lèvres fines, dentition peu entretenue : « Je ne me lave jamais les dents, elles sont vertes car j'aime beaucoup cette couleur » (Johnny Rotten).

Oreilles en porte-clés

Plusieurs fois percée, l'oreille ressemble à un porte-clés auquel pendent épingles à nourrice, anneaux, lames de rasoir, vieux boulons, etc.

Cou malingre

Le Punk a un port de tête incliné sur le côté, le regard en biais, le cou malingre. Il espère ainsi effrayer les bonnes gens par cette idée : « A force d'imiter les malades mentaux, les Punks pourraient bien finir à la longue par en être... »

Le cou est mis en valeur par :
une chaîne cadenassée, pour les garçons ;
un collier de chien en cuir clouté, pour les filles.

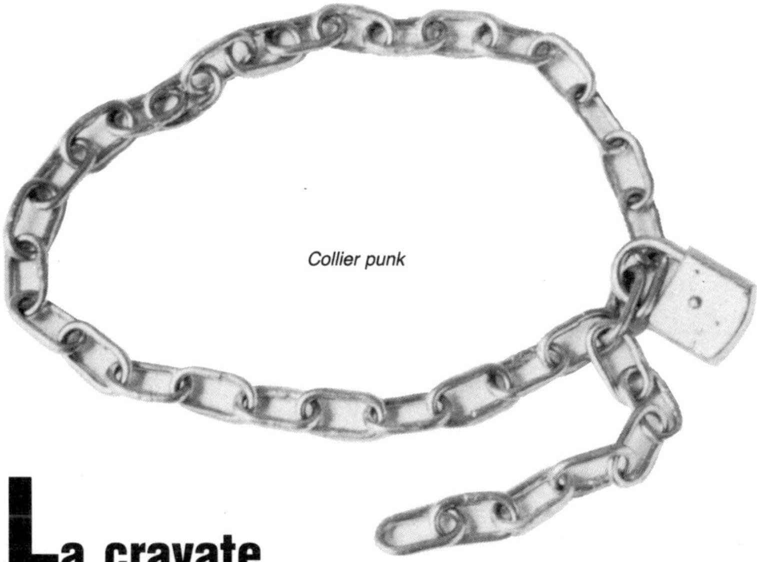
Collier punk

La cravate

L'ami Andrew, Punk des faubourgs, « portait une cravate de fonctionnaire sur un tee-shirt de rescapé ». Espérant « subvertir » symboliquement les connivences respectives des castes « voyoutes » et « notables » à la fois, le Punk porte une cravate étroite, le plus souvent en cuir noir.

Il la noue habituellement à même le cou sur un tricot de corps déchiré à mi-longueur, laissant ainsi le nombril à l'air (*cf.* Balloo, version Disney, du *Livre de la jungle* — qui pourtant n'était pas terriblement punk...).

En résumé, voilà bien dix ans que les jeunes n'avaient pas mis de cravate :

les Babas sont choqués par ce signe de respectabilité bourgeoise entre parents ;

les parents préfèrent encore le col ouvert à la « manière décadente » dont les Punks portent leur cravate ;

et les Punks, toujours très poètes, aimeraient bien, en portant la cravate sans chemise, faire croire à l'image d'un pendu dont on aurait récemment coupé la corde.

Quelques composantes viriles

Pour contrebalancer l'aspect déguenillé et un peu clownesque de sa panoplie, le Punk avait besoin de la chemise militaire ou du blouson noir, déjà plus redoutable, pour susciter la *consternation* plutôt que le *ricanement*.

La chemise militaire est même portée avec la cravate réglementairement rentrée sous la chemise, après le deuxième bouton.

Le buste en arbre de Noël

Les vêtements du buste sont décorés comme un arbre de Noël. De l'anarchie de leur inventaire, nous retiendrons :

une grande quantité de « zips » (fermetures Éclair) posées partout où le vêtement le permet — signe sophistiqué d'une *cicatrice* du tissu ;

les lanières, les chaînes ou même les bretelles entravant volontairement le mouvement des bras et des jambes ; ces « guirlandes » horizontales donnent l'impression que la marche punk est celle d'un pantin désarticulé ne tenant debout que grâce à des mouvements de balancier improvisés ;

une accumulation non disposée de badges publicitaires, d'insignes politiques, de décorations militaires ou civiles et de photomatons de la famille ;

les jouets de nourrisson, tels que la bouche-tétine ou l'épingle anglaise, se mêlent, chez les punks extrémistes, à des tampons hygiéniques usagés (en fait, le plus souvent colorés au Mercurochrome), à des sachets en plastique transparent renfermant, au petit bonheur, des déchets d'abattoir, des restes de nourriture, etc. Enfin, venu d'Europe du Nord, un

Punk aurait apprivoisé un rat se baladant d'une épaule à l'autre ; et bien sûr le Punk disait du rat : « C'est mon meilleur ami et d'ailleurs le seul. »

Cette panoplie du buste, une fois terminée, pourra être bombée au spray de peinture avec un mot de quatre lettres : *Fuck, Rock, Sexe, Rose, Punk,* etc.

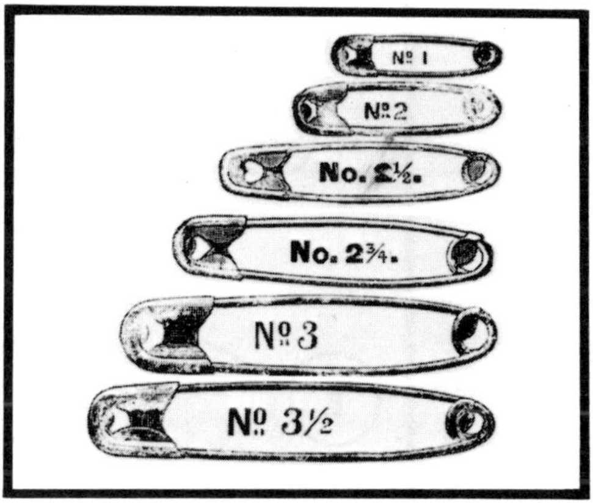

Boucles d'oreilles punks

Jamais de montre

Le bras est sans montre. S'il est faible, il portera des bracelets de force. S'il est coquet, il sera enveloppé d'une manche en vinyle blanc rattachée au T-shirt par des épingles de sûreté. Enfin, si un bras est « emmanché » de la sorte, l'autre ne le sera pas.

Punkettes

La mode punk est du côté des moches et des mal foutues : les filles aiment à revendiquer leur statut de « boudin ». De plus, ces Punkettes portaient des minijupes ou des pantalons en plastique ultra-moulants : les *slooghies*. Tout cela a d'ailleurs fini par semer la panique chez les Minettes qui commençaient à se demander s'il n'était pas temps de réviser leur stratégie de séduction.

La Punkette

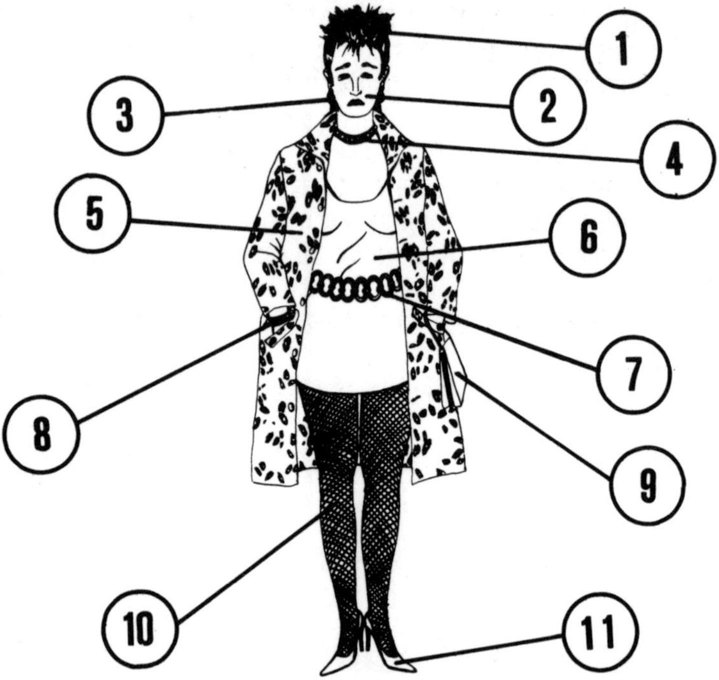

La Punkette est très jeune, environ 16 ans. Elle suit péniblement une seconde au lycée, ou ne la suit pas du tout.

Elle est plutôt petite, un peu boulotte. Elle s'entend mal avec ses parents — des petits-bourgeois travailleurs et modestes — et délaisse quotidiennement la compagnie familiale pour rejoindre sa bande, des Punks comme elle. Ensemble ils projettent de monter un groupe. En attendant, elle est groupie de « Taxi-Girls [2] » (elle les connaît personnellement). Le soir elle passe au « Bleu-Nuit » (bar), puis au « Rose-Bonbon » (boîte).

Comme elle se couche tard, elle prend un petit speed de temps en temps et ça lui donne parfois des boutons.

En fin de compte, elle flippe pas mal.

Son réconfort dans la vie, c'est son petit ami Fuck

1. Cheveux blonds avec mèches noires, ou vice versa. Pour les Punkettes extrémistes, le noir et blanc fait place à la couleur : rose, vert. Traitement *spike-hair* sur le dessus.
2. Visage un peu ingrat, un peu révolté, un peu triste.
3. Grosses boucles d'oreilles 60 [1] en plastique de couleur vive ou dorées fantaisie. Provenance : vieilles choses de maman ou Puces.
4. Collier de chien clouté (modèle de luxe).
5. Manteau ou imperméable en tissu imprimé clair à motifs léopard. Vieilles choses de maman ou Puces.
6. Robe unie 60, noire, rose, rouge ou verte. Vieilles choses de maman ou Puces.
7. Ceinture 60 en métal doré fantaisie. Vieilles choses de maman ou Puces.
8. *Cockring* (bracelet d'homosexuel américain), assorti au collier.
9. Petit sac à main 60 en cuir verni noir, rouge ou blanc. Vieilles choses de maman ou Puces.
10. Bas à résilles.
11. Chaussures à talons aiguilles 60 en cuir verni noir, rouge ou blanc. Vieilles choses de maman ou Puces.

(c'est un surnom), un Punk comme elle. Ils se comprennent et forment, au-delà des apparences, un couple plutôt romantique et traditionnel. Ensemble ils voudraient « foutre le camp de cette société pourrie pour aller j'sais pas où » (c'est Fuck qui parle).

Pour le moment, elle prépare du bout des doigts un examen d'entrée dans une école privée de dessin. Elle fait de jolis collages (un peu « Bazooka [3] ») en découpant les vieux *Paris-Match* des années 60.

Un tout petit peu moins révoltée... et elle passerait New-Wave.

1. 60 : des années soixante.
2. « Taxi-Girls » : groupe de rock français.
3. Voir chapitre « New Wave ».

Les jambes

Pour les garçons :

pantalons en skaï noir (rarement en cuir) se détendant à l'arrière et donnant ainsi l'impression recherchée que le punk a fait « caca » dans sa culotte ;

« bénard » militaire (tenue de commando) qui terrifie les Babas, mais sans plus ;

pantalon « classique » (trop court des jambes et trop large du bassin) qui terrifie les Minets-aux-velours-« décontract »-et-aux-jeans-« sexy », mais sans plus.

Les souliers : une grande diversité

chaussures militaires montantes à lacets, fermées en haut par des boucles («*Rangers* ») ;

sandales de plage en plastique (« *méduses* ») ;

baskets ou tennis (souvent peinturlurées en rose, rouge, noir ou bleu clair) ;

bottes allemandes à bouts carrés (« *Schiefoll* [1] ») ;

vieilles Derby classiques (de papa), trouées et portées sans chaussettes ;

chez les filles, la tenue est, là encore, moins riche et moins typique : chaussures noires à talons aiguilles, auxquelles s'ajoute un petit sparadrap sur le tendon d'Achille. Mais celui-là se décollera à chaque foulée de la Punkette, aggravant la blessure...

1. Prononciation française du mot allemand Stieffel *qui veut simplement dire : botte.*

Ce qui est très « punk »

Se cracher dessus entre amis

Faire de la musique punk

Le rouge avec le noir et le vert avec le rose

Le dégueulis, le hurlement, la maladresse, l'ivresse et la fébrilité

Être d'autant plus agressif qu'on est plus rachitique

Faire des *destroy* dans les appartements bourgeois sans effraction [1]

Péter, roter, chier dans les rallyes de Boulogne, les boums de banlieue, les cocktails du Crillon, les galas du P.C., les conseils de classe, les A.G. d'étudiants, les réunions de femmes et les rassemblements politiques [2]

Trouver Amin Dada sympa et Giscard minet

N'avoir aucun avenir et le dire

Donner des coups de pied dans les murs

Se faire appeler Johnnie Proot quand on s'appelle Marcel Roger

Regarder par terre

Parler peu

Parler fort

1. *Le* destroy *(destruction) : sauter à pieds joints sur la stéréo, etc. Le fait qu'il s'agisse de leur propre appartement ou qu'ils soient eux-mêmes bourgeois n'y change rien.*

2. *Plus finement, lors de la fête du parti socialiste au Trocadéro, un Punk aurait mangé sur la tribune une rose.*

Un Punk, vu par Cabu

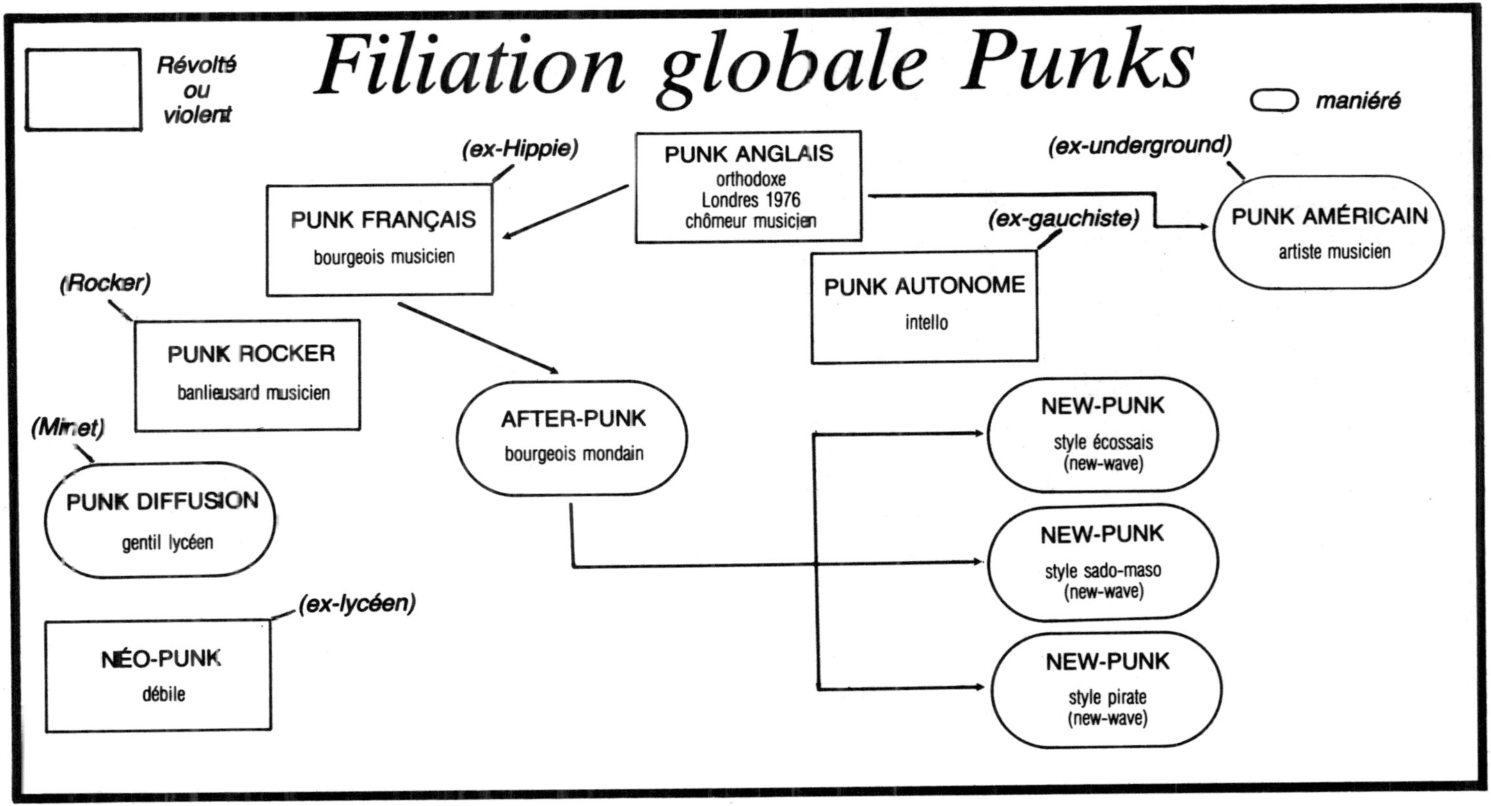
Filiation globale Punks
Révolté ou violent
maniéré
(ex-Hippie)
PUNK FRANÇAIS
bourgeois musicien
PUNK ANGLAIS
orthodoxe
Londres 1976
chômeur musicien
(ex-underground)
PUNK AMÉRICAIN
artiste musicien
(ex-gauchiste)
PUNK AUTONOME
intello
(Rocker)
PUNK ROCKER
banlieusard musicien
AFTER-PUNK
bourgeois mondain
(Minet)
PUNK DIFFUSION
gentil lycéen
(ex-lycéen)
NÉO-PUNK
débile
NEW-PUNK
style écossais
(new-wave)
NEW-PUNK
style sado-maso
(new-wave)
NEW-PUNK
style pirate
(new-wave)

1976 ; le flush

Flush, mot anglais, premier sens : chasse d'eau.

Un nouveau mouvement de jeunes se présente souvent comme un retour à l'authenticité originelle, symbolisé par le monde disparu de l'enfance, contre la fausseté des adultes et la récupération des révoltes précédentes.

1976, pour le Punk en puissance qu'est l'adolescent fébrile de 1976, c'est l'année culminante d'un dépit généralisé : le flush.

Les idoles précédentes

Elvis Presley, défiguré par la graisse, ânonne un rock sirupeux devant un parterre de mémères ; on sent qu'il va bientôt « dessouder ».

L'enfer du Punk

Frank Zappa est la référence musicale de la bourgeoisie intellectuelle progressiste américaine ; il pense tout haut dans ses concerts.

Mick Jagger, milliardaire, est surpris régulièrement par les paparazzi au bras des femmes-objets les plus luxueuses ; ses gardes du corps cognent pour lui.

Même Andy Warhol, considéré comme l'instigateur des mouvements de mode modernes, n'échappe pas au Flush de 76. Il dîne avec Farah Dibah, il spécule, et son homosexualité n'a plus rien de subversif.

L'underground est enterré. Le fossé entre les jeunes et ces « vieux-jeunes » est profond.

Avec les vedettes, ce sont tous les anciens Hippies mai-soixante-huitards, qui sont ressentis comme récupérés et collaborateurs du Système. Ces révolutionnaires de naguère qui occupent maintenant de hauts postes dans la société. Suprême honte, beaucoup sont devenus enseignants, endossant, à leur tour, la responsabilité de sanctionner.

Les premiers Punks se sont heurtés à eux, anciens Hippies recyclés dans le « business » ; ce sont les directeurs artistiques de maisons de disques qui, attachés à leurs valeurs musicales (planantes et psychédéliques), feront barrage aux expressions nouvelles : cette musique punk qu'ils ne comprennent pas et qui n'est vraiment pas cool ! (*Cf.* le film *Breaking glass.*) Ce sont aussi ces journalistes engagés, anciens gauchos qui, accumulant les contresens, dénonceront le Punk comme une résurgence nazie.

Le jeune Punk : un contestataire comme son frère hippie

Au départ, le jeune Punk reste donc un contestataire. Pour lui, le Hippie (devenu Baba) est un traître. L'attitude passionnelle envers ce grand frère indigne l'amènera, par provocation, dénonciation et dépit à adorer tout ce qu'il déteste : les régimes totalitaires et le nucléaire. On est nazi ou stalinien ; on répète à qui veut l'entendre : « J'aime la bombe ! »

« Hippie » est la pire insulte dans la bouche d'un Punk et les vieux Hippies se traitent de « Punk » entre eux pour se charrier.

Or il existe une parenté cruelle et honteuse entre Hippies et Punks que ces quelques citations pourrront illustrer :

Pendant que Malcom Mac Laren (imprésario des Sex Pistols) affirme : « Ne faites jamais confiance à un Hippie », Johnny Rotten, chanteur du même groupe, tient des propos dignes d'un bon vieux gaucho : « Dans cette société, si j'obéis, sûr qu'à 30 ans je serai à l'usine avec deux gosses et je n'aurai plus qu'à me flinguer. »

En 1969, un jeune Hippie, interrogé sur le mauvais temps par un journaliste au festival de Woodstock, affirme : « C'est la C.I.A. » En 1977, huit ans plus tard, Joe Strummer, chanteur des Clash, célèbre groupe punk, déclare à propos des stupéfiants : « Nous pensons que les drogues dures sont une arme utilisée par la C.I.A. pour détruire les révolutionnaires et les gens qui veulent faire quelque chose. »

On remarque, dans les deux cas, une même paranoïa de l'État, un même sentiment de persécution, caractéristique du discours gauchiste. Les premiers Punks sont des Hippies qui détestent les Hippies. Mais derrière l'antagonisme apparent existent de nettes parentés que les loubards anglais expriment à leur façon lorsqu'ils traitent les Punks de « Zip Hippies » (« Hippies à fermeture Éclair »).

Les Hippies comme les Punks représentent une certaine forme de lutte contre le pouvoir, une dénonciation plus ou moins sincère et délirante de la société.

Mais là où le Hippie préfère s'évader de la laideur du monde par la drogue ou la musique planante, le Punk l'amplifie en prônant la « guérilla urbaine » — comme spectacle plutôt que comme organisation armée.

Mouton punk, vu par Got

De la conscience historique à l'inconscience hystérique

Phase de transition, cet engagement romantique sera vite oublié. Il sera suivi de pratiques hystériques, volontairement dénuées de sens.

1975-1977 est une période de désillusion générale.

Le jeune de la génération précédente, le grand frère du Punk, avait une morale claire : la révolution contre le capitalisme, l'amour contre la mort lente, etc. Il s'était construit un paradis imaginaire. Confiant en l'avenir, il se croyait de l'avant-garde qui montre la voie au vieux monde : « Cours, camarade, le vieux monde est derrière toi ! » (slogan de Mai 68).

En 1976, on ne sait plus dans quelle direction courir, les « sens interdits » sont partout ; les « nouveaux philosophes » achèvent un marxisme malade, privant les intellectuels de leur outil de travail et de leur raison d'être ; on ne sait plus quel camp choisir, l'Histoire n'a plus de sens ; plus de marxisme, plus de projet révolutionnaire ; les intellectuels ont perdu leur opium, ils sont « en manque », ils « flippent ».

Nous appellerons ce stress du « manque » le *constat de vide*. Plus tard, à la recherche de palliatifs, ce sera le *ludisme* : on prendra alors la société pour un « jeu de société » (Félix Guattari vote Coluche et Philippe Sollers fait du « one-man-show »). Les intellectuels décadents sont devenus des esthètes et ceux qui résistent le mieux au manque s'inscrivent à Amnesty International.

Quant aux jeunes, en 1976, leur palliatif, c'est la régression vers les pratiques hystériques et les comportements volontairement primaires du Punk.

Les variantes punks

Politique

— Le Punk autonome : un violent.

Chômeur urbain, il ne cherche pas de travail. Sans domicile fixe, il squatte. Sans moyens de subsistance, il se débrouille. Confus, son discours politique laisse transparaître le refus de toute domination, le rejet de l'État et la virilité de l'action individuelle. Souvent violentes (bris de vitrines, destruction de parcmètres, sabotage du mobilier urbain), ses actions offrent la particularité de n'avoir aucun but précis. Absence de but qui le différencie du Punk gauchiste, pour qui toute action violente est toujours justifiée par une stratégie dont la finalité généreuse évacue l'immoralité.

Bretelles normales

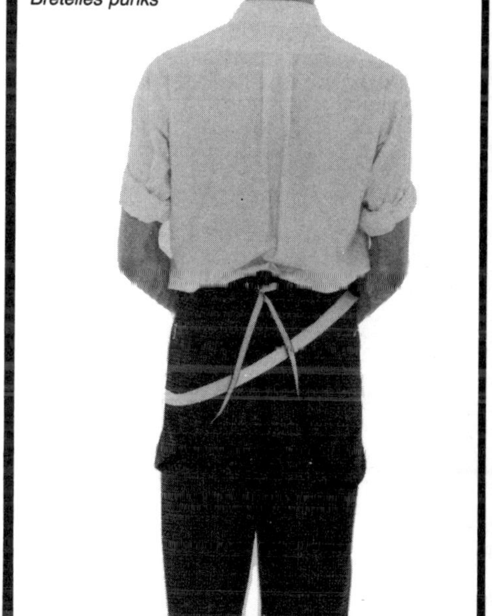

Bretelles punks

Les violences accomplies par le Punk autonome sont le plus souvent dérisoires, mais leur absence de mobile les rapproche de ce nouveau terrorisme qui n'agit qu'à des fins spectaculaires : le terrorisme pur. A ce type d'intervention exceptionnelle, s'ajoute la pratique quotidienne : la « démerde » (version modernisée du système D). Ce révolté, rejetant la notion d'intérêt général, affectionne tout ce qui peut profiter à l'individu au détriment de l'État : truquage de compteurs électriques, approvisionnement sauvage dans les entrepôts, fausse déclaration de vol de moto pour toucher le remboursement d'assurance, utilisation le week-end de chéquiers d'amis (qui en déclarent la perte le vendredi soir), « autoréduction » du tarif des transports en commun...

Dans le discours comme dans les actes, le Punk autonome est anarchiste, individualiste et démonstratif. Il se complaît dans une vie marginale faite de coups de force et d'expédients.

— Le Punk gauchiste : un triste.

Facile à reconnaître, le Punk gauchiste est celui qui a commencé par haïr les Punks. Jeune révolté moyen, lecteur fidèle de l'ancien *Libération*, ce futur Punk est surtout préoccupé, en 1977, par l'existence des quartiers de haute sécurité, la législation du H. et les bavures policières. Il est radicalement pro-Palestinien et se demande s'il ne va pas se résoudre à quitter le domicile parental pour entrer dans la clandestinité (le terrorisme étant après tout la seule marginalité sérieuse) lorsqu'il se met en tête que la punkitude est l'ultime stratégie révolutionnaire.

Le Punk gauchiste est un intellectuel, il se prend au sérieux et ne plaisante pas avec la politique.

Musique

— Le Punk rocker : un poète.

Rebelle plutôt que révolté, il a vu dans le mouve-

Un Punk, vu par Olivia Clavel

ment punk un retour à l'authenticité première du rock-and-roll. Il vit dans la mythologie du rock, mélange de : « poésie des poubelles », « on a pas peur de déconner », « je veux être une star », « j'ai envie de chier et de gerber », « je vais faire de la musique pour casser les oreilles aux Hippies », « j'ai pas de matos mais je m'en fous ».

Le Punk rocker est un rocker qui devient Punk pour rester rocker ; il veut chanter sa douleur au monde.

Mondanité

**— L'After-Punk, ou
le Punk riche, ou
le Punk Palace : un branché.**

Son goût de luxe lui fait abandonner très tôt la laideur militante. Il introduit dans le punk le goût de la nuance et le plaisir de s'amuser. Aux lunettes noires, il préfère les lunettes d'aviateur, de soudeur ou de plongée, il met une montre et porte sa veste à l'envers plutôt que déchirée. Il substitue aux insignes militaires lourds de sens des badges publicitaires plus dérisoires. L'hystérie fait place à un humour cynique.

L'After-Punk « fait le malin » avec la panoplie punk, il annonce déjà ce que nous appellerons plus tard la New-Wave.

Imitations

— Le Punk-diffusion : un Minet.

(Voir panoplie.)

— Le Néo-Punk : un Rétro.

Laissé pour mort en 1978, le Punk connaît un « revival » singulier en 1981. *Punk not dead* affirme l'inscription sur le T-shirt d'une Punkette qui va sur ses 15 ans. Le Néo-Punk semble plus vrai que nature à deux différences près :

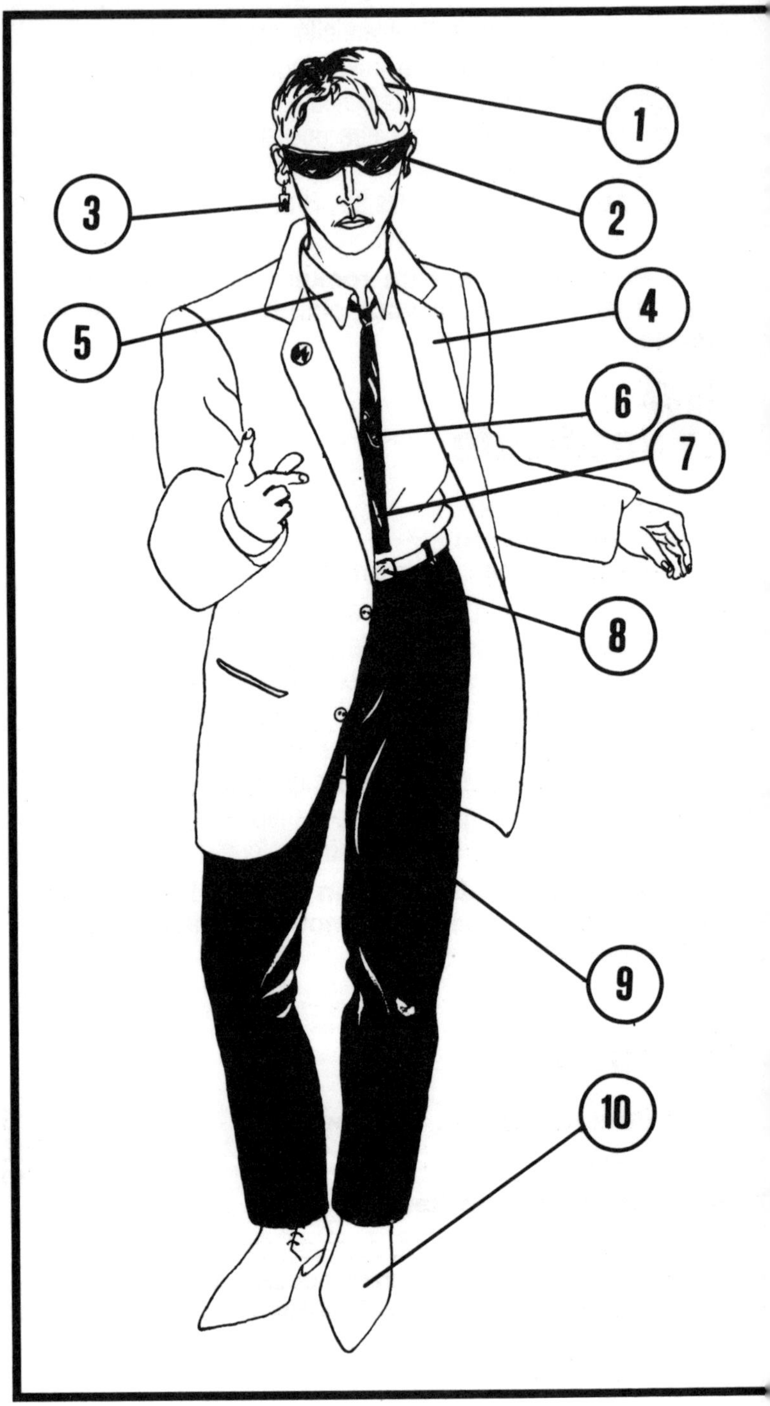
1
2
3
4
5
6
7
8
9
10

Le Punk-diffusion

1. Cheveux courts et propres.
2. Lunettes futuristes en plastique.
3. Boucle d'oreille/lame de rasoir vendue en boutique (la lame ne coupe plus).
4. Veste claire en laine, version prêt-à-porter de la veste américaine 50 qu'on trouve aux Puces.
5. Chemise unie en coton rouge à très petit col, version prêt-à-porter de la chemise 50 qu'on trouve aux Puces.
6. Épingle à nourrice en guise d'épingle de cravate. Discret et de bon ton.
7. Cravate très fine en cuir jaune pour faire punk, bien que les Punks n'en aient jamais porté.
8. Petite ceinture en cuir ou skaï blanc verni à petite boucle d'acier, version prêt-à-porter de la ceinture américaine 50 qu'on trouve aux Puces.
9. Pantalon de cuir noir pour faire punk bien que les Punks n'en aient jamais porté.
10. Chaussures pointues en daim, version prêt-à-porter des fameuses « gégènes » de rockies qu'on trouve aux Puces ; pour faire punk bien que les Punks n'en aient jamais porté.

Ce look est parfaitement synthétique. Il n'a aucune histoire. C'est une simple panoplie offerte par le prêt-à-porter sur une idée revisitée du Punk. Sorte de confusion entre le Minet, le New-Wave et le Punk, il permet simplement aux gentils garçons de montrer pour une soirée combien ils sont dans le coup. Le Punk-diffusion n'est pas un Punk, seuls les Ringards le prennent pour tel. Pour le Punk orthodoxe, c'est un Minet ; pour le Minet, c'est un Ringard. En fait, c'est une imitation de quelque chose qui n'existe pas : une création.

1. Il est déguisé en Punk.

La précision maniaque de son uniforme et de son discours faussement enfantin met la puce à l'oreille. Il n'est pas Punk par conviction mais par jeu, jeu qu'il a choisi pour ses vertus déconnatoires : on joue au Punk comme on joue aux cow-boys et aux Indiens.

2. Ou alors il est beaucoup plus con que le Punk.

Il croit, plus de cinq ans après, à des choses auxquelles les premiers Punks n'avaient jamais vraiment cru.

Le Néo-Punk est un nostalgique, il est très jeune ou très bête.

Position de jambes du Néo-Punk

Élucubrations-Punk autonome

La scène se déroule dans un appartement du XIVe arrondissement. Caroline y a organisé une soirée. Vers minuit, je retrouve Bernard dans la cuisine. Il a gardé son jean et ses Gardians mais a troqué pour l'occasion son blouson de cuir contre une veste de coton blanc.

— Dans notre livre sur les modes...

— On est pas dans les modes, nous...

— Mouvements de jeunes si tu préfères...

— Autonome, c'est un truc de vieux.

— Bref, quoi qu'il en soit, on vous a présentés comme des anarchistes individualistes. Ça te convient ?

— Pas du tout, on est des léninistes !

— *? ? ?*

— Ouais léninistes, marxistes orthodoxes quoi ! Les trotskos (trotskistes) par exemple, ils sont *has-been* (dépassés) encore plus que nous, parce que, nous aussi, on est has-been hein ? Nous, notre truc c'est d'insister sur la finalité, l'utopie quoi ! C'est-à-dire l'individu autonome par rapport à l'État.

— Tu veux dire que vous vous distinguez de la gauche traditionnelle en ce que vous ne vous préoccupez pas des moyens, de la transition, bref du socialisme. Ce qui vous intéresse c'est la finalité, le but, bref le communisme : une société sans État avec des individus libres. En bien, c'est ce que je disais, par rapport aux autres vous êtes des anarchistes individualistes !

— Écoute, d'abord depuis 79 des anars (anarchistes) y'en a plus ! Ils ont été foutus dehors...

— Quand, comment ?

— Pourquoi tu me demandes tout ça au fait, pour ton bouquin ?

— Ben oui...

— Non parce que, méfie-toi, un jour tu pourrais avoir des surprises (il illustre sa phrase en passant son index d'une oreille à l'autre. Malgré tout, le ton reste enjoué et cordial. Il reprend) : Si tu veux, en 78, il y a ceux qui acceptaient de rentrer dans l'Organisation, les autres, pffft... A l'époque j'étais anar, j'étais contre, je suis pas rentré...

— Mais c'était quoi, l'Organisation ?

— Eh ben, c'était la « Coordination », « Autonomie » quoi ! Pourquoi t'en parles, de toute façon, des autonomes, faut pas, et puis c'est pas intéressant.

— Tu sais bien que les « autonomes », c'est un mythe chez les jeunes !

— Pfff...

— Et en plus on voudrait que les parents vous comprennent, que vous soyez aimés...

— Alors il faut que tu dises que nous autres, on aide les vieilles à traverser la rue... c'est vrai d'ailleurs. Mais je vais te dire un truc, mon pote (il me prend par l'épaule) : les autonomes ils ont tous vingt ans, ils dépassent jamais vingt ans, après c'est la taule ou alors ils meurent.

— Pourquoi, quelle est la cause de mortalité la plus importante ?

— Le tiercé.

— Quoi ?

— Ouais, on gagne jamais.

— Bon, dernière question : depuis le 10 mai ?

— C'est bien, ça va. Tu vois, je me suis embourgeoisé... Je vais te dire : globalement positif !

Il s'éloigne, dans un rock endiablé avec Pascale. Brusquement, on entend des bruits fracassants.

Tout le monde se précipite dans la cuisine. Il est au milieu, en posture de karatéka et enchaîne les mouvements en donnant de temps à autre des coups dans les armoires comme dans la scène finale de *Pont du Nord* : « N'oublie pas que ton ennemi est imaginaire... »

Les Punks, vu par Tardi

Ouverture du Punk sur le monde

Contrairement aux Hippies, les Punks n'ignorent pas allégrement le monde, ils le méprisent. Ils sont donc :

antijeunes,
antivieux,
antiprolos,
antibourgeois,
antilibéraux,
anticommunautaires,
anti-Hippies,
anti-Babas,
anti-Minets,

et ne supportent pas d'être taxés de « Punks ».

Se tenir au courant

Quelques groupes punks à connaître [1]

ANGLETERRE :
Sex Pistols
Clash
Jam
London S.S.

U.S.A. :
Richard Hell
The Ramones

FRANCE :
Asphalt jungle
Metal urbain
Gilty razors
Starshooter

Quelques expressions punks à retenir [1]

Fuck
No future
No feeling
No sex
Anarchie (in the U.K.)
Vivre de haine et de bière
Destroy
C'est tout

Quelques points théoriques à ne pas oublier [1]

Nihilisme lyrique
Hystérie anglaise
Esthétique de la surenchère
Maladresse hard
Laideur salée
Violence immobile

1. *Liste incomplète et arbitraire.*

La vie amoureuse du Punk

La vie amoureuse du Punk est fumeuse et infernale. Phase de désillusion : l'amour n'échappera pas à cette règle. Tout rapport (au sens large du mot) est impossible, toute communication est vaine. Les Sex Pistols chantent *No feeling* (Pas de sentiment) tandis qu'une Punkette mondaine déclare à qui veut l'entendre : « L'amour physique ne m'intéresse pas. » Cette absence de sentiment amoureux est outrée par la mise en avant d'une imagerie sadomasochiste (cuirs noirs, laisses de chien, brûlures de cigarettes, etc.).

Il faut remarquer à ce propos :

— qu'il s'agit d'un sadomasochisme presque toujours simulé : le but ultime restant la provocation ;

— qu'il s'agit d'un sadomasochisme sans sadique : les sévices sont auto-infligés. Le Punk n'a même pas le désir de faire souffrir l'autre (qui lui est indifférent). Il se fait souffrir lui-même, portant ainsi sur son corps les horreurs du monde : être Punk, c'est être ce qu'aurait été le Christ s'il avait perdu son Père avant sa Passion. Le Punk est un Christ infernal, un peu.

Les rares exactions sexuelles qu'il se permettra devront être minables : se faire coincer dans une pissotière par un routier aviné, consentir aux dernières bassesses contre une part supplémentaire de drogue, etc.

Il faut préciser toutefois que ces attitudes sordides relèvent de la politique de prestige du Punk, la réalité amoureuse au jour le jour est plus proche de la « normalité ». Le Punk reste un être humain.

La vie professionnelle du Punk

Les Punks sont sans activité définie. Un Punk digne de ce nom se doit d'être chômeur.

En Angleterre, les Punks célèbres ont un passé professionnel sympathique : Dave Vanian, chanteur des « Damned », est fossoyeur ; le leader des Clash était chargé de l'ouverture du courrier au ministère de l'Intérieur, son poste ayant été créé pour sauvegarder les hauts fonctionnaires des conséquences d'éventuelles lettres piégées en provenance d'Irlande ; tel autre était préposé à l'entretien des toilettes à la gare routière de Glasgow, etc.

L'avenir qu'aime envisager le Punk est celui de cadavre.

En France, ce tableau doit être nuancé. Souvent fils de bourgeois, le Punk se reconvertira sans difficulté. Il rentabilisera intelligemment son désespoir. Aujourd'hui certains d'entre eux ont acquis une place stratégique. Comme le mouvement de Mai 68, le mouvement punk s'est révélé être un véritable bouillon de culture, une serre, d'où sortiront les futures élites : comme les mai-soixante-huitards sont maintenant de hauts fonctionnaires, les ex-Punks régneront sur la chanson, le graphisme, le stylisme et surtout la mondanité : bref, une avant-garde chasse l'autre, assure la relève intellectuelle et, accessoirement, relance le marché.

En revanche, certains se sont enfoncés inexorablement dans cette « punkitude ». Les plus militants en sont morts ou en gardent à jamais les stigmates : chute vertigineuse des facultés intellectuelles, clochardisation par « effet de style », puis clochardisation réelle, etc.

Remarque sur le « désespoir-punk »

« Je suis celui qui n'est rien car la société n'a pas de place pour moi. Voilà. »

Un intellectuel punk.

Hippie fut la mode de la contestation.

Punk est la mode de la consternation. Consternation face à l'échec de la contestation, face au conformisme de l'anticonformisme. En ce sens, le Punk est la relève du Hippie. C'est le dernier modèle d'identification sociale créé pour une jeunesse qui attendait un nouveau rôle, par une partie de cette jeunesse qui ne pouvait plus attendre.

« Ceux qui ne pouvaient plus attendre » sont les vrais « désespérés » ; ils inventent la mode punk par l'impatience de leur désespoir.

« Ceux qui attendaient » ne font qu'adhérer à la mode : « désespoir-punk ».

En 1975, « n'être rien », c'était encore être Hippie, car être Hippie ne voulait plus rien dire.

En 1976, grâce au Punk, le jeune héritier du Hippie peut « être à nouveau » ; pour cela, il lui suffit de dire « je ne suis rien », c'est-à-dire « je suis Punk ».

Yves Tanguy, 1936

Conclusion

Les exégètes du mouvement punk croyaient, au moment de son apparition, que rien ne pourrait un jour le surpasser — sinon une réplique à usage rural, un retour réactionnaire aux comportements soixante-huitards, ou alors le chaos : « un monde déshumanisé » dans lequel, de toute façon, « demain tout le monde serait punk [1] ».

Moins de deux ans pourtant suffiront à prouver le contraire... on pouvait « faire plus fort » encore que le Punk : en portant le deux-pièces-cravate des parents, mais cette fois ni retourné ni déchiré, sans badges et sans épingles... exactement comme eux.

Face à cette ironie nouvelle et froide, le lyrisme des Punks a tout de suite paru ringard, leur engagement désuet, leur saleté hippie et leur agressivité inutile.

On appelle cette nouvelle mode la NEW-WAVE.

1. Cf. *Patrick Eudeline,* L'Aventure punk, *éd. du Sagittaire.*

LA NEW-W

Sommaire

AVE HARD

Introduction

Face à la léthargie prétentieuse des Babas-cools,

- les B.C.B.G. opposaient leur « classicisme éternel » ;
- les Minets : leur qualité d'adaptation ;
- les Punks : leur nihilisme tous azimuts.

Mais voilà qu'une nouvelle génération de jeunes gens sans complexes ni scrupules, dits « New-Waves [1] », viennent cruellement mettre fin :

1. *Prononcer simplement « niou-ouève », en deux syllabes et à la française.*

• à la discrétion terne et trop prudente des B.C.B.G. (manque de virilité) ;

• au réformisme bourgeois des Minets (vulgarité) ;

• au marginalisme sacrificiel des Babas (puis des Punks) ;

• enfin au lyrisme suicidaire des Punks (désuétude).

En prônant dès 1978 la NORMALITÉ comme subversion paradoxale de toutes les modes précédentes, ils mettent au point un look ambigu dont l'originalité révolutionnaire est d'être le moins fantaisiste possible.

Il s'agira donc, pour eux, de se faire remarquer en étant :

1. normal

2. anonyme

3. fonctionnel

4. neutre

5. et net.

Or, s'il était suivi à la lettre, ce look donnerait des New-Waves l'image de jeunes gens réellement neutres, discrets, voire ternes.

Précisons qu'avec la New-Wave, toute attitude vestimentaire est, plus que jamais, le fruit d'une stratégie consciente, non pas contre la société mais contre les autres modes et les autres jeunes.

En se réduisant ainsi aux cinq caractéristiques énoncées ci-dessus, cette « stratégie » serait à coup sûr suffisamment originale et subversive pour permettre aux New-Waves de se démarquer des Babas et des Minets. Mais elle s'avérerait en revanche impuissante, parce que trop subtile, face à la provocation dévastatrice des Punks, qui fait la une des journaux à cette époque.

C'est pourquoi, dès ses premières manifestations, la New-Wave devra, pour l'emporter aussi sur la « punkitude », montrer sa neutralité ***comme un***

***extrémisme :* en apparaissant non plus simplement, mais *exagérément* normale, anonyme, fonctionnelle, neutre et nette.**

A la recherche des figures les plus outrancières de l'IMPERSONNEL, la première phase, très violente, de la New-Wave consiste donc à se montrer :

1 bis hypernormal

2 bis standardisé

3 bis artificiel

4 bis froid, sans couleurs

5 bis et hyperclean.

Nous appellerons cette première époque : la NEW-WAVE HARD [1].

1. *Cet emploi de mots anglais dans une syntaxe française peut gêner le lecteur. Nous aurions pu appeler ce mouvement la NEW-WAVE DURE, mais ce serait restreindre le sens avec lequel les Français emploient l'adjectif* hard. *En français,* hard *signifie exactement le contraire de* cool *(défini dans le premier chapitre). En anglais* hard *est le contraire de* soft.
Aussi hard *se prononce-t-il à la française : « arde ».*

Ce qui est très « hyperclean »

Porter des gants en toute occasion

La logique, l'ordre, l'évidence

S'habiller en chirurgien et transformer sa chambre en bloc opératoire

La texture des films de Jacques Tati depuis *Mon oncle*

Les matériaux synthétiques

L'algèbre linéaire

Les déclarations d'amour enregistrées sur cassettes, passées au synthétiseur et envoyées par la poste

La faïence blanche, le carrelage blanc, les cuisines et les salles de bains modèles

Les lunettes de vue « 60 » très sobres

Danser comme un robot

Le clonage [1]

Éplucher les oignons avec des gants de chirurgien et un masque de plongée

Les combinaisons blanches de protection nucléaire

Les portes à ouverture photo-électrique

L'image numérique [2]

La Suisse

1. *Obtention, par voie de culture, d'une quantité de cellules vivantes rigoureusement identiques à partir d'une cellule unique* (Petit Larousse, *1980).*
2. *Images « vidéo » entièrement artificielles et réalisées sans caméra (Ex : certaines séquences du film* Tron*).*

Ce qui n'est pas « hyperclean »

Les cheveux longs
L'improvisation poétique
Les années 70
Les Punks
Les poils
L'agriculture
Le doute
Les tenues débraillées
La transpiration
La compagnie des animaux
La psychothérapie de groupe
La contestation
La vie dans les bois
Le sexe

Les années 50 vue par les New-Wave

Enfant ou adolescent pendant la guerre, l'homme des années 50-65 participe à la reconstruction économique de son pays. Il porte un deux-pièces fonctionnel et sombre. Évoquant la solidité, son costume est largement épaulé. Évoquant la rigueur, le revers de sa veste et la largeur de sa cravate sont minimums — ne laissant aucune place à la fantaisie et à la perte de temps car rien ne doit entraver sa marche vers la modernité. Tout son mobilier est déjà bizarroïde, inspiré par un imaginaire « robot » et « futuriste ».

Comme il est fier d'appartenir à la première génération qui a des chances de vivre au XXIe siècle, la Vie a pour lui un Sens indiscutable. S'il a une femme, c'est qu'il croit à la vie conjugale ; s'il travaille, c'est qu'il croit à la société ; s'il a des enfants, c'est qu'il croit en l'homme ; s'il veut vivre, c'est pour être digne de l'an 2000, dont il se sent si proche. Que ce soit en observant le visage des membres de la N.A.S.A., des mannequins de mode ou encore des pompistes de l'époque, on voit briller dans les yeux de tous les citoyens des années 50 une lumière étrangement identique, où se conjuguent l'espoir de la réussite personnelle, l'épanouissement de la famille, l'avenir de la société — ainsi qu'un peu de connerie.

Artisan du nouveau monde, l'homme des années 50 n'imagine pas d'autres raisons à son bonheur il est ainsi, dans l'esprit des jeunes New-Waves de la fin des années 70, le prototype de l'hypernormalité.

Aussi les New-Waves sont-ils fascinés par cette époque.

Astronautes de la N.A.S.A., fin 50

La stratégie new-wave

Ainsi, à tort ou à raison, les jeunes d'aujourd'hui ont des années 50 une image extrêmement homogène, où l'homme se confond exactement avec son rôle dans la société ou dans sa famille.

Souvenons-nous que l'homme des années 50, scandaleusement épanoui de n'être ni plus ni moins que ce que manifeste sa condition sociale, est pour les Babas le prototype obscène et exemplaire de « l'aliénation des êtres dans une société bourgeoise ».

Les New-Waves décident alors, avec une innocence provocatrice, d'adopter le profil exact des années 50 — cible n° 1 de la contestation hippie et baba. Imiter ainsi toutes les apparences de cette société « bourgeoise » et « aliénée » est pour les New-Waves l'occasion de jouer à fond leur fantasme d'« hypernormalité ». Il ne s'agit pourtant pas d'une provocation ouverte et brutale. Plus perfidement, ils poussent leur simulation des années 50 jusqu'à afficher la naïveté, l'enthousiasme et l'absence totale de sens critique qui caractérisaient cette époque.

Ce faisant, les New-Waves voudraient faire croire avec une feinte candeur qu'ils ignorent jusqu'à l'existence du discours baba — puisqu'en simulant les années 50, ils simulent une époque où ni Hippies ni Babas n'avaient encore vu le jour.

On pourrait décrire en d'autres termes l'attitude des New-Waves : 1) l'idéologie gauchiste des Babas a bercé leur prime adolescence ; 2) elle leur est donc parfaitement connue ; 3) en bons New-Waves, ils feindront de ne jamais en avoir entendu parler.

Les plus fins d'entre eux iront même jusqu'à faire les yeux ronds pour faire montre d'une grande bonne volonté mais d'une égale incompréhension, face à cette idéologie dite de la « Préhistoire ».

Nous avons décrit là l'essentiel de la stratégie new-wave. Les New-Waves n'ont pas peur de la qualifier de « troisième degré ».

Le graphisme, très new-wave hard, du groupe Bazooka *a été très imité dès 1978*

Du trip au plan

Le trip

Nom masculin, appartient au vocabulaire baba. Petit voyage (évasion). Effet dû à la prise d'acide (drogue), censée délivrer le Hippie des contingences petites-bourgeoises de la société hiérarchisée dans laquelle il vit. Par extension, *trip* signifie aussi le nom de cette drogue. « Georges est dans un trip hindou » signifie qu'il va tenter de raisonner comme les Hindous, ou encore de les imiter en leur empruntant quelques attitudes et quelques vêtements, d'utiliser quelques objets et meubles comme des « citations » pour décorer son intérieur, ou enfin qu'il va lire quelques livres sur le sujet.

Mais cette expression signifie plus fondamentalement : « Georges a décidé qu'en réalité l'hindouïsme a depuis toujours été sa vocation première, l'appel de son âme, le sens de sa Vie... mais il aimerait ne pas avoir à le prouver. »

Dans un vrai trip, l'aventure se confond avec le délire, ce dernier étant considéré comme une aventure intérieure.

Le plan

Nom masculin, appartient au vocabulaire new-wave. Le plan consiste en un look + un comportement précis destiné à simuler une situation, une époque, une catégorie sociale ou professionnelle précise. « Robert se fait un plan 50 » ne signifie pas, contrairement au trip du Hippie, que Robert voudrait montrer combien il connaît et admire cette époque multipliant alors les citations. Cette expression signifie que Robert s'amuse à faire croire qu'il est aussi pur et borné que ses prédécesseurs des années 50. Le plan n'est pas une citation, c'est une simulation.

Ainsi, le *trip* consiste à se duper soi-même pour échapper à la société aliénante.

En revanche, le *plan* consiste à duper les autres par le biais d'une simulation d'autant plus précise qu'elle se sait inauthentique.

Les plans de la New-Wave hard

« **Se faire un plan ciné** » = aller au cinéma.

« **Être dans un plan love** » = être en pleine histoire d'amour ou désirer y être.

« **Avoir un plan pour ce soir** » = connaître une adresse de fête, pour ce soir.

« **Faire un plan à quelqu'un** » = le mener en bateau.

« **Être dans un plan fleurs** » = s'intéresser soudainement aux fleurs, sous-entendu : à la stupéfaction de tous.

« **Être dans un plan Ibiza** » = avoir l'air de quelqu'un qui fréquente Ibiza (station balnéaire très prisée à une certaine époque), c'est-à-dire avoir l'air d'un Hippie Jet-Set.

« **Se faire un plan** » (sous-entendu new-wave, mais cette précision est inutile) = adopter un look +

un comportement, dans le but de simuler un personnage précis : un robot, un corsaire, un Hippie Jet-Set, un « ringard », un aide-comptable, un officier allemand, un Français moyen sur la plage pendant les périodes de congés payés, etc.

« Se faire un plan hard » = pratiquer un plan de la New-Wave hard, c'est-à-dire un plan évoquant de la façon la plus outrancière possible un personnage impersonnel, comme par exemple un robot (plan « hyperclean »), un touriste japonais perdu dans un car de touristes japonais (plan « hyperhard ») ou encore un bureaucrate étriqué des années 60 (plan « hypernormal »).

« Hypernormal », « hyperclean » et « hyperhard » sont les trois catégories des plans de la New-Wave hard que nous avons créées *a posteriori* pour y mettre un peu d'ordre.

Ces plans ont été le plus souvent pratiqués au hasard des activités de loisir des « jeunes dans le coup » à la veille des années 80 — en particulier lors d'événements mondains. La liste de ceux que nous présentons ci-dessous ne prétend donc pas à l'exhaustivité. Elle voudrait présenter, d'une façon inévitablement subjective, « le meilleur » de cette mode ou du moins ses figures les plus typiques.

Il est sûr que la fantaisie formidable dont les New-Waves hards ont dû faire preuve pour parvenir à créer ces attitudes (les « plans ») *d'autant plus violentes qu'elles sont impersonnelles,* n'a rien à envier à « l'imagination au pouvoir » beaucoup plus grégaire et laborieuse des Hippies.

Les manifestes, les déclarations d'intentions et les « grands rassemblements » étant incompatibles avec l'individualisme new-wave, on comprend qu'il reste aujourd'hui davantage de traces historiques du délire hippie que de celui, plus élitiste mais aussi plus maniéré, des New-Waves.

Le plan « hypernormal »

Plan « 50 futuriste »

Look 1950 coloré.

En retournant aux joies simples de l'homme des années 50 qui prépare avec un optimiste enjoué le bonheur « moderne » et l'an 2000, sautons par-dessus la conscience douloureuse des années 70.

Plan « employé de bureau 60 »

Look début des années 60, noir et blanc, dit aussi plan « Clark Kent ».

Gris, étriqué, timide, discret, le journaliste sans ambition Clark Kent est en réalité, dans la bande dessinée américaine bien connue, Superman. Faisant fi de son image de marque déplorable, il affiche stoïquement les qualités inverses du super-héros qu'il est en vérité. Si tous les excités des années 70 (Hippies, Minets-pops, gauchistes, Punks...) contemplent effarés la nullité absolue de ce petit New-Wave à la tenue insipide et démodée de bureaucrate, appuyé silencieusement sur le mur d'une boîte à la mode, c'est qu'ils n'entendent pas le message implacable propagé par son look : « Je suis Superman, mais je me retiens. »

Plan « technocrate »

Affinement du plan précédent : look début 60 noir et blanc avec manteau et cartable.

A la discrétion ascétique du plan « Clark Kent » et à son message maximal, le New-Wave technocrate oppose une discrétion plus volubile. En fouillant constamment dans son cartable, en surveillant sa montre et en compulsant ses dossiers, il semble vouloir dire : « Je n'ai l'air de rien mais je livre dans les affaires des luttes sans merci et d'immenses responsabilités reposent sur mes fines épaules. »

En s'habillant comme un vieil homme respectable, en n'ôtant jamais son manteau dans les discothèques, en s'installant dans les bars américains pour y rédiger des notes, le New-Wave technocrate voudrait persuader ses compagnons de nuit que, s'il ne soigne pas mondainement son allure, contrairement à eux, c'est que son activité principale consiste avant tout à être « très occupé ».

Plan « technocrate »

Soirée « 50 », au printemps 80

La New-Wave n'est pas vraiment rétro

Attention, il est sûr que la mentalité trop naïve des années 50 n'avait rien de spécialement new-wave. En revanche, ce qui est indubitablement new-wave, c'est la stratégie du plan « 50 » — telle que nous l'avons décrite.

D'ailleurs, si les années 50 avaient été new-waves, la New-Wave ne serait simplement qu'un mouvement rétro, la nostalgie d'une époque révolue. On pouvait parler de nostalgie pour caractériser par exemple l'engouement pour les mœurs de la fin du XIXe siècle de certaines jeunes filles qui retournaient voir sept à huit fois le film *Raphaël ou le débauché*. Cette mode « baba-rétro-romantique » leur permettait de plonger hors de notre monde industriel où les gratte-ciel détruisent le paysage, l'argent avilit les rapports humains, les plages sont polluées, et où le mobilier fabriqué en série est si toc, etc, etc.

Or la mentalité de nos jeunes New-Waves ne tient absolument pas à supprimer de leur univers les atouts de leur époque : pilule, ordinateurs, charters, space-opéras, magnétoscopes, MacDonald, etc.

Le plan « 50 » ne sert donc pas essentiellement à se sortir d'une époque de crise douloureusement ressentie : c'est en cela qu'il est « new-wave » et non pas simplement « rétro ».

Loin d'être en révolte réelle contre leur époque, c'est par la plus gratuite et artificielle dialectique de la Mode que ces jeunes de la fin des années « 70 » ont été « 50 ».

Les New-Waves épouseront avec d'autant plus de précision et de détails l'esthétique des années 50 et même les apparences de leur idéologie que cette époque n'a profondément aucun rapport avec eux.

Il y va d'un plan new-wave comme d'un régime amaigrissant qu'on réussit souvent d'autant mieux qu'il a été décidé comme une gageure et qu'on n'a aucun complexe à grossir.

C'est parce qu'ils ne croient pas vraiment au paradis 50 (ni d'ailleurs en celui des autres plans passés en revue dans ce chapitre) que les New-Waves en réussissent la simulation complète.

C'est ainsi qu'ils dépassent en insolence les gauchistes et même les Punks empêtrés dans la précarité de leurs convictions, qu'elles soient contestataires ou nihilistes, sur le Monde et sur la Vie.

A la fois capables d'une grande efficacité spectaculaire et d'une profonde indifférence vis-à-vis du sens, les New-Waves hards pensent que la modernité, c'est eux.

Le plan « hyperclean »

Plan « I am a robot »

Look futuriste 50-60.

Échappé d'un feuilleton de *Star Treck,* couvert de vêtements synthétiques aux formes violemment géométriques, ce New-Wave androïde danse, obstinément seul sur une piste bondée, un « jerk » mécanique, inlassablement répétitif. Aux gentils couples étonnés qui s'interrogent sur les raisons d'une telle rigueur, il répond : « I am a machine. »

Ainsi ce petit frère du Hippie un peu flippé a-t-il résolu ses angoisses adolescentes : en se débarrassant de son humanité, il espère se débarrasser de tous les problèmes qui lui sont conjoints.

Lala, chanteur de charme new-wave

Plan « Troisième Guerre mondiale »

Un New-Wave affirme : « J'aime la bombe. » Qu'il ait été précédemment connu comme militant gauchiste n'est pas dû au hasard. Ce New-Wave fraîchement converti a trouvé un moyen plus radical d'exprimer son malaise : il ne dénonce plus l'avènement de l'ère nucléaire, il la parodie. Combinaison antiradiations à toute heure, masque à gaz accroché à la ceinture, il joue à être dans cet univers bientôt radioactif comme un poisson dans l'eau. Sa prise de position sans nuance, l'inscrivant déjà dans la tradition absolutiste de l'extrémisme gauchiste, lui interdit le moindre commentaire de dénonciation. Seul son silence pincé le différencie d'un Baba antinucléaire militant.

Cinq New-Waves en tenue de fête

Plan « Narcisse »

« Clean parce que clone » (look : voir panoplie du « New-Wave maniéré »).

Ayant constaté que le vinyle fait transpirer et qu'à danser comme une mécanique on se bousille les rotules, ce New-Wave « robot » repenti a trouvé le moyen de rester hyperclean tout en ménageant son physique : il est maintenant New-Wave Narcisse.

Sa « cleanitude » en est devenue plus métaphorique et plus profonde à la fois. Se rappelant la phrase du gourou des gauchistes : « L'enfer, c'est les autres », il a résolu ce problème fondamental en ne faisant plus appel qu'à lui-même. Pleinement satisfait de sa propre compagnie, s'il sort encore, c'est pour exhiber son autarcie. Loin de lui la saleté du sexe, la confusion des rapports humains. Et s'il est vrai qu'en s'aimant il aime un homme, il reste malgré lui plus asexué qu'homosexuel.

Plan chirurgien

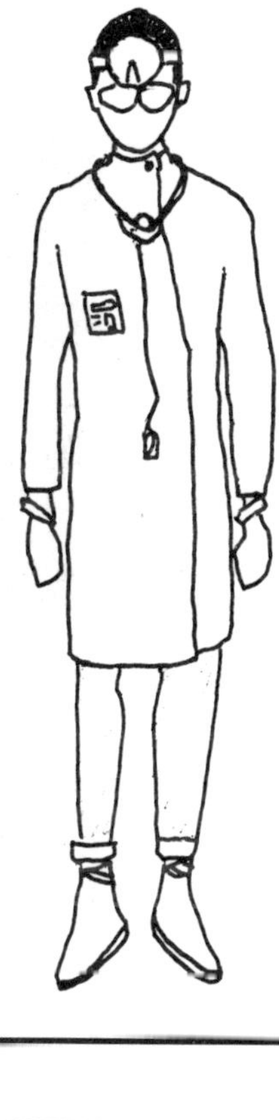

Plan « chirurgien »

(Existe surtout en vidéo-clips.)

De nombreuses bandes vidéo dites « vidéo-clips », ont été réalisées, mettant en scène par exemple les six musiciens d'un même groupe, habillés dans la tenue complète du chirurgien, se dandinant au son de leur « tube », autour de la table d'un bloc opératoire entièrement recouvert de carrelage blanc... Inspirés de la spontanéité réelle des plans très éphémères qu'ont pratiqués les New-Waves hards, les canevas habituels de ces « vidéo-clips » perdent dans la plupart des cas la finesse des plans au profit d'un spectacle laborieux, surfait et complaisant : la vulgarité new-wave.

Le plan « hyperhard »

Les New-Waves de la tendance « hypernormale » voudraient *ressembler à tout le monde* tandis que ceux de la tendance dite « hyperhard » voudraient *ressembler à tous ceux qui volontairement se ressemblent.* Alors que les premiers sont attirés, par perversion, par les modèles les plus insipides et théoriquement les plus anodins qui soient (le fonctionnaire sans fantaisie des années 50), ces derniers adopteront des tenues spectaculaires et excentriques à condition qu'elles soient uniformes : celles des pays totalitaires (Chine populaire), des corps de métier (postier) ; celles des prêtres à col blanc ou même le look si uniforme, à nos yeux, des Japonais.

« Hitler est un ami des bêtes » : comble de l'image hyperhard

Qu'il s'inspire du folklore stalinien, du IIIe Reich ou de la Chine populaire, le New-Wave hyperhard n'est ni un fasciste, ni un communiste : c'est un New-Wave. S'il s'habille en commissaire du peuple, en nazi ou en gardien de la révolution, sa manipulation des clichés se veut strictement spectaculaire. Pour rompre avec la tradition 70 de la conscience et du doute, il feint de participer à l'enthousiasme artificiel et crédule des masses fascinées par le stalinisme, l'hitlérisme et le maoïsme. Mais cette provocation reste encore l'expression extrémiste et paradoxale d'une pensée gauchiste poussée à son paroxysme : la dénonciation par l'adoption.

Plan « IIIe Reich »

Alors qu'il y a une certaine douceur dans le look « mao » et un certain exotisme dans le plan « stal » (manteau et toque en astrakan, style « soviet suprême ») le « plan IIIe Reich » beaucoup plus hard n'est pas pour autant plus new-wave. Consistant uniquement à arborer l'uniforme nazi lors de fêtes privées, les très rares jeunes à pratiquer ce plan y exacerbèrent, à la façon des Punks, leur paranoïa jusqu'à l'hystérie. Dans la crainte de se faire agresser à tous les coins de couloir, ils passaient à cette époque toute leur soirée à se justifier ridiculement par un discours gauchiste sur la liberté d'expression et de fantasme ou encore, à court d'arguments, par une prétendue dénonciation, très punk, de la Laideur du Monde.

plan « prêtre »

Plan « prêtre en civil »

Fanatique et totalitaire, ce plan consiste aussi à porter un uniforme : petit costume deux-pièces 60 anthracite, petit col blanc style « ecclésiastique », pull ras du cou noir ; une croix de métal au revers lui tient lieu d'insigne et une Bible à la main, de livre rouge. Mais là où, chez le faux nazi comme chez les autres, la redondance du look par le dicours qui lui est généralement accolé n'est pas loin de friser la lourdeur, le New-Wave « prêtre » introduit une ambiguïté intéressante : malgré un look inquiétant, son message est : « Aimez-vous les uns les autres. »

Plan « touriste japonais »

Look 60 noir et blanc + appareil photo + (au besoin) grimage.

En se passant un appareil photo autour du cou, ce New-Wave « hypernormal », fasciné par l'uniformité très new-wave du Japon moderne, se paye un peu d'exotisme : il n'est plus bureaucrate mais touriste japonais et peut aller photographier la tour Eiffel le samedi avec cinq ou six camarades, New-Waves japonais comme lui.

Rigolo s'il est pratiqué comme un « plan », ce canevas japonais (très utilisé dans les affiches, les vidéos et les pochettes de disques new-waves) tient néanmoins de la New-Wave hyperhard : l'uniformité des êtres humains y est encore plus puissante que dans les autres plans, puisque même leurs visages, tellement identiques à nos yeux, semblent en respecter la loi.

Plans « néo-psychédélique et « néo-ringard »

« Le patte d'eph [1] est au New-Wave ce que le crucifix est au vampire. »

Le jeune New-Wave, pour prouver qu'il est vraiment

très new-wave, ne craint pas, à l'occasion d'une soirée, de se faire un plan « néo-psychédélique » ou « néo-ringard » en portant un pantalon à pattes d'éléphant. Par ce plan, il montre aux autres qu'il est tellement profondément new-wave qu'il peut se permettre de revêtir les « vêtements du diable », sans en être affecté (comme le dompteur prouve sa maîtrise en mettant sa tête dans la gueule du lion).

Le plan « néo-psychédélique » ou « néo-ringard » est pour le New-Wave le plan le plus hard qui soit : il joue avec l'horreur. C'est aussi une démonstration de force épuisante : le New-Wave, au moyen de signes entendus, doit sans cesse faire comprendre aux inconnus qu'il est un New-Wave déguisé et non pas un ringard égaré.

Pour afficher sa maîtrise, le New-Wave trouvera par la suite une solution plus cool et moins épuisante dans le « démodé de saison ».

Look « néo-psychédélique » : reconstituer la panoplie intégrale du Hippie. Pour les cheveux, emprunter une perruque de maman.

Look « néo-ringard » : reconstituer la panoplie intégrale du Minet-pop. Pour les cheveux, emprunter une vieille perruque pop de maman.

Violence punk et violence new-wave

Le spectacle qu'offre la New-Wave semble, en dernière analyse, être né sur une idée du « comble », à savoir :

- que le comble de la dégaine est dans l'anonymat japonais (New-Wave « hyperhard ») et non dans la panoplie du Rocker, faite de cuir, de clous et de lames ;

1. Patte d'eph. : pantalon à pattes d'éléphant.

- que le comble de l'expressionnisme tient davantage du corps parfait d'un androïde sans nombril (New-Wave « hyperclean ») que du spectre punk, décoloré, maladif et haineux ;
- que le comble de la subversion est dans la distance « métaphysique » ou dans l'indifférence passive et non dans l'agressivité. N'y a-t-il pas en effet une ironie puissante pour un jeune de 20 ans à vouloir s'habiller comme ses parents quand ils avaient son âge, au moment même où ceux-ci adoptent l'esthétique vestimentaire pop pour rester jeunes et se rapprocher ainsi de leurs enfants ?

En résumé : avoir 20 ans, jouer au clochard hystérique et se complaire dans le misérable : voilà qui est fort punk.

Avoir 20 ans, jouer à l'employé de bureau étriqué et se complaire dans l'anodin : voilà qui est très new-wave.

La violence des Punks consistait à se montrer dans la pire condition physique et mentale, en arborant les marques du plus bas degré de l'échelle sociale et de la respectabilité.

La violence des New-Waves hards consiste, plus subtilement encore, à adopter le mode de vie le plus moyen, le plus « normal » et le plus insipide qui soit : celui des fonctionnaires, des aides-comptables et des secrétaires de direction *d'avant l'époque pop.*

En effet, les stéréotypes « antipops » du Français moyen (baguette et béret basque) ou de l'employé de bureau « square » (vie ultra-monotone, costume trois-pièces étriqué et sombre) n'ont plus cours aujourd'hui. La fantaisie «pop », « hippie » et « disco » a rendu la vendeuse de Prisunic « disco », le postier « baba » et l'administrateur « cool », dans une administration « design ».

Ainsi pour mieux s'opposer au marginalisme hippie ou punk, les New-Waves ont donc été obligés de se référer à l'époque des années 50, où « l'hypernormalité » n'avait pas encore été érodée par l'anticonformisme pop.

Un sourire new-wave peut être plus effrayant qu'une grimace punk

Le New-Wave cheap

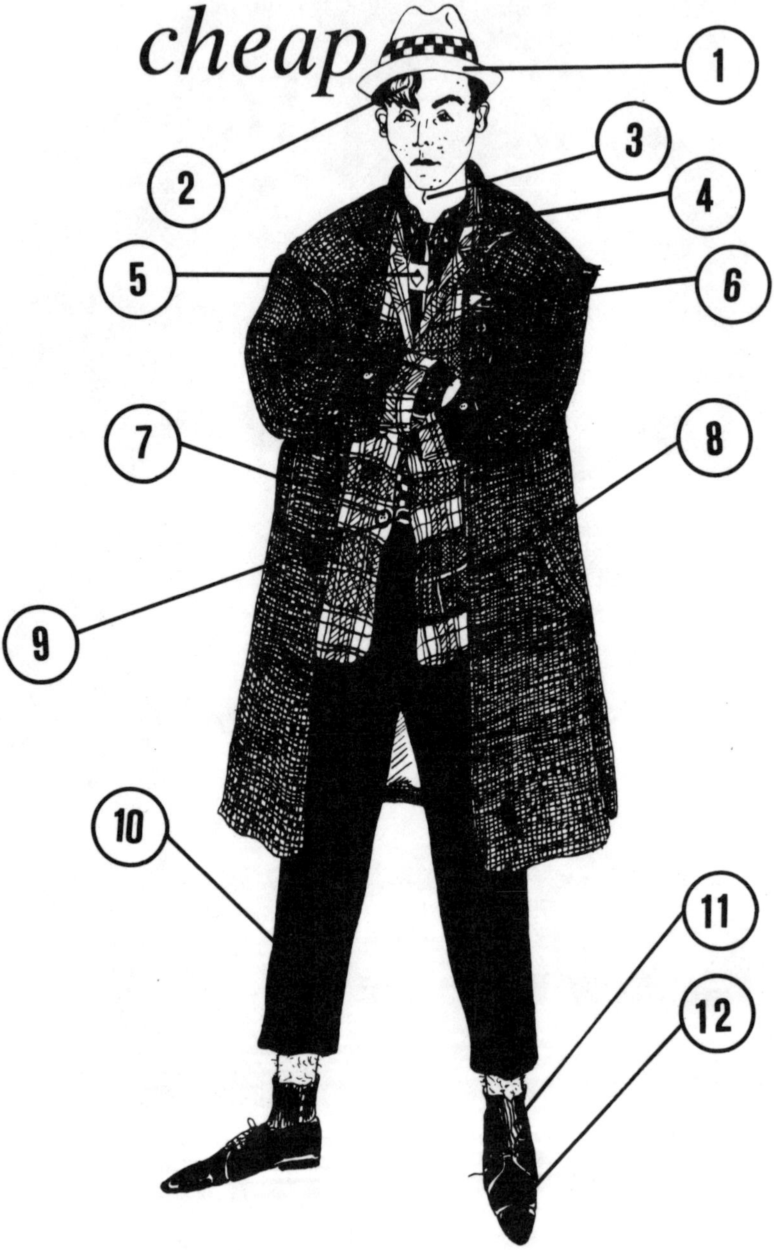

1. Petit chapeau 60 : **pour faire un peu « ska ».**
2. Cheveux courts, nuque rase, coupe 50. Mèche décolorée laissée plus longue sur le devant : **pour faire un peu punk.**
3. Point commun avec le Baba : pomme d'Adam saillante, cou malingre et long sur une colonne vertébrale un peu voûtée.
4. Chemise 60 à carreaux avec petit col ; trop grande.
5. Cravate 60 en nylon avec motif triste ; très étroite (3-4 cm).
6. Badge de groupe new-wave : **pour faire un peu branché.**
7. Veste d'un costume 60 dépareillé, en nylon et trop large.
8. Manteau 60 noir et blanc en laine mouchetée, auquel il manque un bouton.
9. Ceinture 60, fine, en plastique marron imitation cuir. Peut aussi porter, en plus de la ceinture, des bretelles 60 fines : **pour faire encore plus 60, donc encore plus new-wave.**
10. Pantalon d'un autre costume 60, également dépareillé, en nylon et trop court.
11. Chaussettes 60 en nylon, à motif triste et trop courtes.
12. Chaussures 60, très pointues, bon marché, et à semelles fines en élastomère. Peut aussi porter des *creepers* Go West : **pour faire un peu « teddy ».**

Le New-Wave cheap :

D'origine baba, Pascal est un gentil lycéen qui voudrait être dans le coup. Touché tardivement par la fièvre new-wave, il ne s'habille qu'avec des vêtements dépareillés trouvés aux Puces, à l'Armée du Salut ou dans la penderie des habits que son père ne porte plus. Rien ne lui va vraiment mais il ne s'en rend pas compte : mettre un costume relève à ses

yeux d'un exotisme suffisamment insensé, et ce serait trop lui demander s'il lui fallait, en plus, songer à la possible élégance de cette tenue d'adulte. Pour lui, l'important, c'est que ça fasse 60, parce que le 60, ça fait new-wave.

S'il se coiffe d'un chapeau « ska », porte des badges « rock », se décolore la mèche et met des *creepers* aux pieds, c'est que ce sont, d'après lui, autant de signes new-waves patentés qui viennent accréditer une panoplie qui, sans ça, ne serait que 60 et que les braves gens pourraient confondre avec une tenue d'enfant de pauvres — habillés, eux aussi, de vieux vêtements achetés aux Puces ou à l'Armée du Salut.

Ses parents sont d'ailleurs consternés qu'il préfère la vieille veste élimée, trouvée dans le placard de son père, au beau blouson moderne et confortable qu'ils lui ont offert à Noël et pour lequel il n'a eu qu'un mot : « ringard ».

Encore plus cheap : le Baba new-wave ou New-Wave sale

C'est un Baba qui, forte gueule à l'époque gauchiste, ne supporte pas de ne plus être craint dans les dîners mondains pour sa véhémence sarcastique à dénoncer, par exemple, « l'hypocrisie de la bourgeoisie P.S. ».

Dans le but inavoué de fréquenter les lieux à la mode, dans une compromission totale avec les modes new-waves et dans l'espoir d'y être considéré comme l'intello qui sait « perturber finement le confort bourgeois de ces modes installées », il adoptera un look clean tout en conservant l'idéologie anticlean qui est la sienne. Son vœu se résout le plus souvent par un déplacement de saleté : vêtements 60 mal assortis, taches diverses.

On appelle ce transfuge de Baba passé sans contrition à la New-Wave et poussant ainsi à leur comble les contradictions de l'intellectuel de gauche : Baba new-wave ou New-Wave sale.

L'IRONIE DU DOUBLE EXACT

Prologue

La New-Wave participe en définitive d'une attitude intellectuelle relativement élaborée que l'on peut à présent caractériser d'une façon plus complète en disant qu'elle relève de :

— la simulation ;
— l'« indifférence métaphysique » ;
— la gratuité ;
— le ludisme ;
— le « troisième degré » ;
— et l'Ironie du Double Exact.

Qu'est-ce que l'Ironie du Double Exact ?

Introduction

Inventée vers la fin des années 70, l'Ironie du Double Exact est une forme d'humour, une figure rhétorique et peut-être un nouveau mode d'expression dont nous pensons qu'il a inspiré récemment la presse, l'art, la publicité, le cinéma, le monde intellectuel et même la politique.

Pour la définir, nous nous servirons de deux exemples tout à fait différents l'un de l'autre — espérant montrer ainsi l'étendue de ses applications : le premier exemple appartient au monde très élitiste de l'art contemporain, c'est-à-dire à l'avant-garde internationale ; le second appartient à la mode à proprement parler : il concerne les choix vestimentaires des jeunes dans le vent à la veille des années 80.

Il n'est pas question pour nous de laisser entendre

que la production artistique contemporaine n'est plus qu'un effet de mode. Mais il peut être intéressant de montrer comment l'Art et la Mode paraissent parfois animés au même moment par de semblables préoccupations.

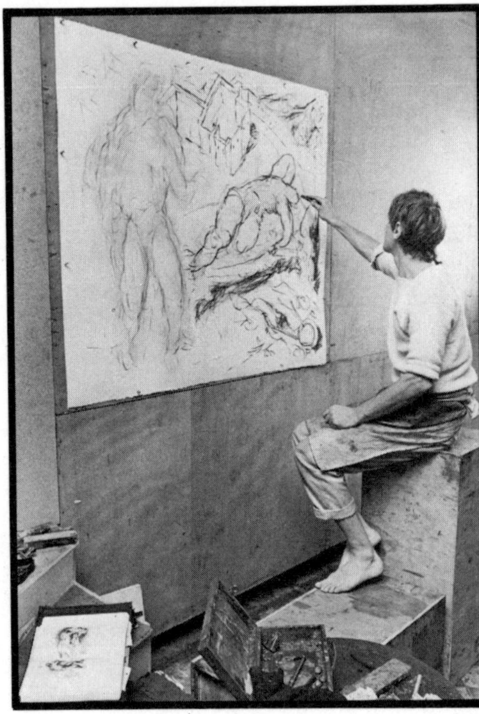

Gérard Garouste, dans un plan « peintre d'atelier d'époque »

La peinture de Gérard Garouste

1. Dans un souci de contestation, les artistes de l'avant-garde se refusent à faire de la peinture car ce n'est, à leurs yeux, qu'une recherche formelle de

page 268 ▶

Ainsi, la peinture d'un artiste contemporain tel que Gérard Garouste et le costume des premiers New-Waves, s'ignorant mutuellement, résultent en fait de démarches en tous points parallèles.

Jeune New-Wave, dans un plan « haut fonctionnaire »

Le costume des New-Waves hards

1. Dans un souci de contestation, Pops, Hippies et Babas se refusent à porter le costume et la cravate, car ce sont, à leurs yeux, les signes haïssables de la page 269 ►

couleurs, de lumière et de composition. Qu'elle soit abstraite ou figurative, cette peinture au « lyrisme vécu » est, à leur sens, « ringarde », en ceci qu'elle ne manifeste pas suffisamment une « remise en question » du langage et du statut de l'art.

2. Dans un but de provocation radicale, Gérard Garouste, artiste français né en 1946, décide, quant à lui, de peindre des tableaux à la manière des anciens. La tradition picturale qu'il voudrait simuler, précédant bien entendu toutes les révolutions artistiques dites d'avant-garde du XXe siècle, se situe à l'apogée de la Renaissance italo-espagnole, c'est-à-dire au XVIe siècle. Non que Garouste, par nostalgie, regrette particulièrement le « génie » de cette époque révolue, mais parce que cette époque est populairement considérée comme le siècle d'or de la peinture occidentale.

3. Aux peintres inspirés, dits « ringards », que l'avant-garde a voulu larguer, Gérard Garouste s'amuse à faire croire qu'il est un des leurs.

4. Vis-à-vis des tenants de l'avant-garde, Gérard Garouste voudrait :

a) — être taxé par ces derniers soit de taré anachronique, soit d'artiste réactionnaire et jouir de voir ainsi les critiques de l'avant-garde tomber dans son piège ;

b) — donner une leçon d'avant-garde aux artistes conceptuels en leur montrant comment on peut être plus conceptuel encore si l'on fignole une peinture mythologique de facture maniériste à laquelle on n'a jamais cru.

5. La peinture hyperréaliste d'une scène religieuse (Erró) ou l'introduction d'un gag visuel, même discret, dans un tableau de facture ancienne (Magritte) ou encore l'autoportrait du peintre habillé de façon moderne, représenté sur sa propre toile en train de peindre un tableau mythologique de style Renaissance

page 270 ▶

respectabilité bourgeoise et des ambitions bornées.

2. Dans un souci de provocation et en réaction contre les Pops, les Hippies et les Babas, les New-Waves hards décident de porter le costume et la cravate, non plus selon la modernité 70 (costume dépareillé, cravate large et colorée, pochette cool, formes rondes) mais selon l'usage de l'époque précédant les fantaisies contestataires du Pop : l'âge d'or de la consommation que furent les années 50.

3. Aux parents, les New-Waves hards s'amusent à faire croire qu'ils sont devenus « convenables », sérieux et raisonnables, bref qu'ils sont des leurs, en empruntant la conception vestimentaire de leur jeunesse.

4. Par leur façon de s'habiller, les New-Waves hards aimeraient :

a) — être considérés par les Babas comme des tarés totalement soumis au Système. Rien n'est en effet plus jouissif pour un New-Wave hard que de provoquer dans un même geste la consternation des Babas et des Punks et de les savoir incapables de lire dans son jeu ;

b) — donner ainsi une leçon de subversion aux Babas dont les stratégies contestataires *trop manifestes* avaient perdu de leur vigueur.

5. La cravate portée sans chemise à même le cou (provocation du Punk), la veste trop étroite sur un pantalon trop large (caricature du clown), le gilet porté sur une chemise sans col, un chapeau melon sur des cheveux longs (« ironie » du Hippie rétro grand-père), enfin un costume strict impeccablement porté, les

page 271 ►

(de Chirico) sont des clins d'œil que refuse catégoriquement Gérard Garouste. Toute manifestation d'une distance entre lui et l'anachronisme à prétention mythologique de ses tableaux abolirait, en effet, l'ambiguïté de l'effet produit en révélant trop clairement ses intentions malicieuses.

Ainsi les toiles de Gérard Garouste ne comportent aucun détail qui les tournerait en ridicule, car c'est l'œuvre tout entière (y compris l'artiste lui-même, s'habillant en « peintre d'atelier » d'époque) qui se voudrait une dérision totale dont rien, pourtant, ne signalerait l'existence.

6. Renvoyant dos à dos l'avant-garde expérimentale qu'il nargue et une peinture révolue qu'il feint d'aduler point par point, comme si l'Histoire de l'art s'était arrêtée au XVIe siècle, Gérard Garouste est donc contraint de ne pas décrisper sa simulation, estimant que la dérision est d'autant plus fine qu'elle n'est pas révélée.

7. Hautement pince-sans-rire, cette stratégie lui permet de ne pas choisir entre « avant-garde » et « peinture traditionnelle », sans pour autant passer pour un tiède. Toute son entreprise est donc une ironie dont aucun trait ne serait caricatural puisqu'elle consiste à reproduire exactement ce qu'il est censé ridiculiser. Nous appellerons cette pratique perverse et ambiguë : **Ironie du Double Exact.**

8. La peinture de Gérard Garouste est donc considérer comme une ultime et paradoxale proposition d'avant-garde. On peut toutefois suppose que sur son instigation involontaire, d'autres artistes plus jeunes que lui se sont mis à la peinture mais cette fois sans le moindre artifice de justification, aussi subtil soit-il — donnant alors naissance une peinture vraiment nouvelle qui, nullemen préoccupée de « remettre en question la fonction d peintre », ne s'attache qu'à décrire à sa manière l sincérité du sujet, sa « vision du monde », ou, plu simplement, l'âme humaine [1].

Mais peut-être est-ce déjà présager de l'avenir.

cheveux coupés en brosse, avec un numéro d'immatriculation marqué en noir au beau milieu du front (dénonciation gauchiste du caractère carcéral de notre société bourgeoise), sont des clins d'œil que les New-Waves hards refusent catégoriquement.

Révélant trop clairement les intentions malicieuses du New-Wave hard, toute exagération, toute caricature, toute manifestation d'une distance introduite entre lui et le personnage hyperclean et hyperstraight qu'il simule abolirait l'ambiguïté virulente de l'effet produit.

6. Renvoyant dos à dos l'insolence des tenues débraillées qu'ils narguent et la rigueur d'une tenue hyperstricte qu'ils font semblant d'adopter comme si ç'avait toujours été la leur, les New-Waves se contraignent à ne jamais décrisper leur simulation — estimant que le gag est d'autant plus drôle qu'on se retient d'en rire.

7. Hautement pince-sans-rire, cette stratégie permet au New-Wave hard de ne pas choisir entre provocation baba et soumission aux convenances sociales sans pour autant passer pour un tiède. De cette dérision tous azimuts, aucun détail n'est caricatural. En reproduisant exactement les gestes de ceux qu'ils sont censés tourner en ridicule, ils injurient aussi, du même coup, les Babas. Nous appellerons cette pratique ambiguë, érigée en nouvelle arme de combat : **Ironie du Double Exact.**

8. Mais il est sûr qu'à force d'observer les règles estimentaires les plus strictes, la finalité subver-ive de l'opération disparaîtra d'elle-même pour onner naissance à un réel goût des New-Waves ard pour les vêtements de bonne qualité soigneu-ement portés.

Mais nous débordons déjà sur le chapitre sui-nt.

Parmi ces nouveaux artistes français dont la Création ne s'est jamais limitée à un cours sur l'Art, citons, pêle-mêle : les peintres Rémi Blanchard, François Boisrond, ilippe Cognée ou encore le photographe Jacques Minassian.

Conclusion

En définitive ce n'est pas tant l'*intelligence* de l'Ironie du Double Exact qui nous intéresse (paragraphes 1 à 7) mais plutôt les possibilités insoupçonnées d'éveil qu'elle offre à qui l'a pratiquée *pour l'abandonner par la suite* (8e et dernier point) : disparition des préjugés, ouverture au monde et même, n'ayons pas peur des mots, innocence retrouvée.

Épilogue

A sa façon, le titre de ce livre, *Les Mouvements de mode expliqués aux parents*, relève aussi de l'Ironie du Double Exact. En effet cette attention à l'égard des parents pourrait être ressentie par les jeunes, dits « révoltés », comme une provocation « réactionnaire » à leur endroit tandis que les parents peuvent y voir une ironie charmante et collégiale de jeunes qui savent ne pas se prendre au sérieux. Quant à nous, nous faisons semblant de nous moquer de nous-mêmes car nous sommes en fait profondément persuadés que ce livre, radicalement pédagogique, est destiné aux parents, et sans doute aussi à leurs enfants, qui ont tout à y apprendre. Voilà.

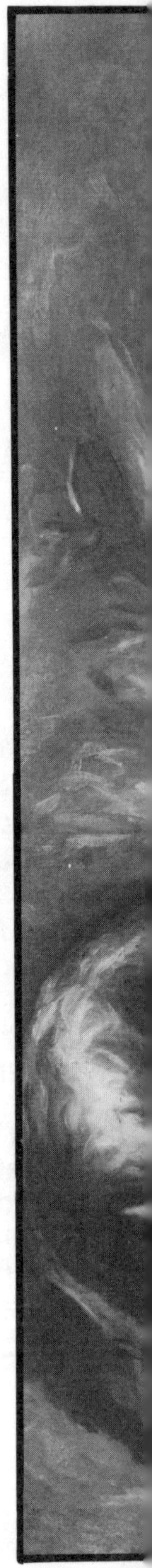

Tableau de Gérard Garouste, mars 81

Jean Baudrillard, précurseur

On reprochait aux Hippies, aux Babas et aux jeunes gauchistes des années 70 de ne croire en aucune « valeur » et c'était faux puisqu'ils procédaient à un renversement, en définitive assez grossier, des valeurs traditionnelles. Ils prenaient, en effet, systématiquement parti, comme on le sait, *pour* les régions *contre* Paris, *pour* le tiers monde *contre* l'Europe, *pour* les hors-la-loi *contre* les « honnêtes gens », *pour* les fous *contre* les gens « normaux », enfin *pour* les prolos et même *pour* les aristos *contre* la petite-bourgeoisie : c'est-à-dire *pour* tout ce qu'ils n'étaient pas *contre* tout ce qu'ils étaient.

En revanche, les New-Waves opèrent une destruction des valeurs, peut-être plus efficace encore, en témoignant à leur égard d'une indifférence ludique. Il n'y a qu'à observer, pour s'en convaincre, la multiplicité des « plans » adoptés en un seul mois par un même New-Wave.

L'essayiste Jean Baudrillard, pourtant né en 1929, a parfaitement décrit cette annulation des valeurs en découvrant, sans le savoir, les principes premiers de la New-Wave : l'indifférenciation, le neutre, la simulation, l'hyperconformisme, etc.

Dans le cadre d'une recherche sociologique, il a fait œuvre de précurseur et, plutôt que de décrire la réalité sociale, il a prêté aux « masses » le plus pur rêve de la New-Wave :

« [Les masses] *savent qu'on ne se libère de rien* [vouloir " se libérer du système " est typique de l'idéologie baba] *et qu'on n'abolit un système qu'en le poussant dans l'hyperlogique, en le poussant à un usage excessif et hyperconformiste* [proprement new-wave] *qui équivaut à un amortissement brutal : « Vous voulez qu'on consomme — eh bien, consommons toujours plus, et n'importe quoi ; à toutes fins inutiles et absurdes. " »*

Identiquement, les New-Waves disent aux parents : « Vous voulez qu'on soit sérieux — eh bien soyons hypernormal et hyperclean... jusqu'à ressembler à un faux bureaucrate ou à un mutant et même jusqu'à s'habiller exactement comme vous lorsque vous aviez 20 ans et que vous étudiiez pour réussir... ; le spectacle en sera d'autant plus provocateur. »

Et Baudrillard d'expliquer avec la même gaieté du paradoxe new-wave que, selon lui, *le succès de Beaubourg* [1] n'est plus un mystère car si *« les gens se ruent sur cet édifice* [c'est] *dans le seul but de le faire plier »*. La masse est, selon lui, plus subversive que ceux qui voudraient incendier ou, plus archaïquement encore, « contester » le Centre Pompidou.

Que le public se presse en rangs serrés dans Beaubourg, cela n'est pour Baudrillard ni la marque de la passivité des masses ni l'indice du succès de Beaubourg. La masse riposterait au défi d'acculturation massive qui lui est lancé par le simple poids de sa présence physique, c'est-à-dire *« par son aspect le plus dénué de sens, le plus stupide et le moins culturel »*. Et c'est, pour Baudrillard, la preuve même d'une insolence inouïe.

En poursuivant son analyse de la « masse », Jean Baudrillard en arrive alors à formuler en réalité une remarquable explication de la stratégie new-wave : *« Sa ruse, qui est de répondre dans les termes mêmes où on la sollicite, mais au-delà, de répondre à la simulation où on l'enferme par un processus social enthousiaste qui en dépasse les objectifs et joue comme hypersimulation destructrice. »*

Enfin, son souci de ne se montrer mystifié ni par l'enthousiasme naïf, ni par le dénigrement gauchiste, pousse Jean Baudrillard à conclure dans une sorte de délire :

1. *Centre National d'Art et de Culture Georges-Pompidou.*

« Beaubourg aurait pu ou dû disparaître le lendemain de son inauguration, démonté et kidnappé par la foule, dont ç'aurait été la seule réponse possible au défi absurde de transparence et de démocratie — chacun emportant un boulon fétiche de cette culture elle-même fétichisée. »

Bébé Cadum

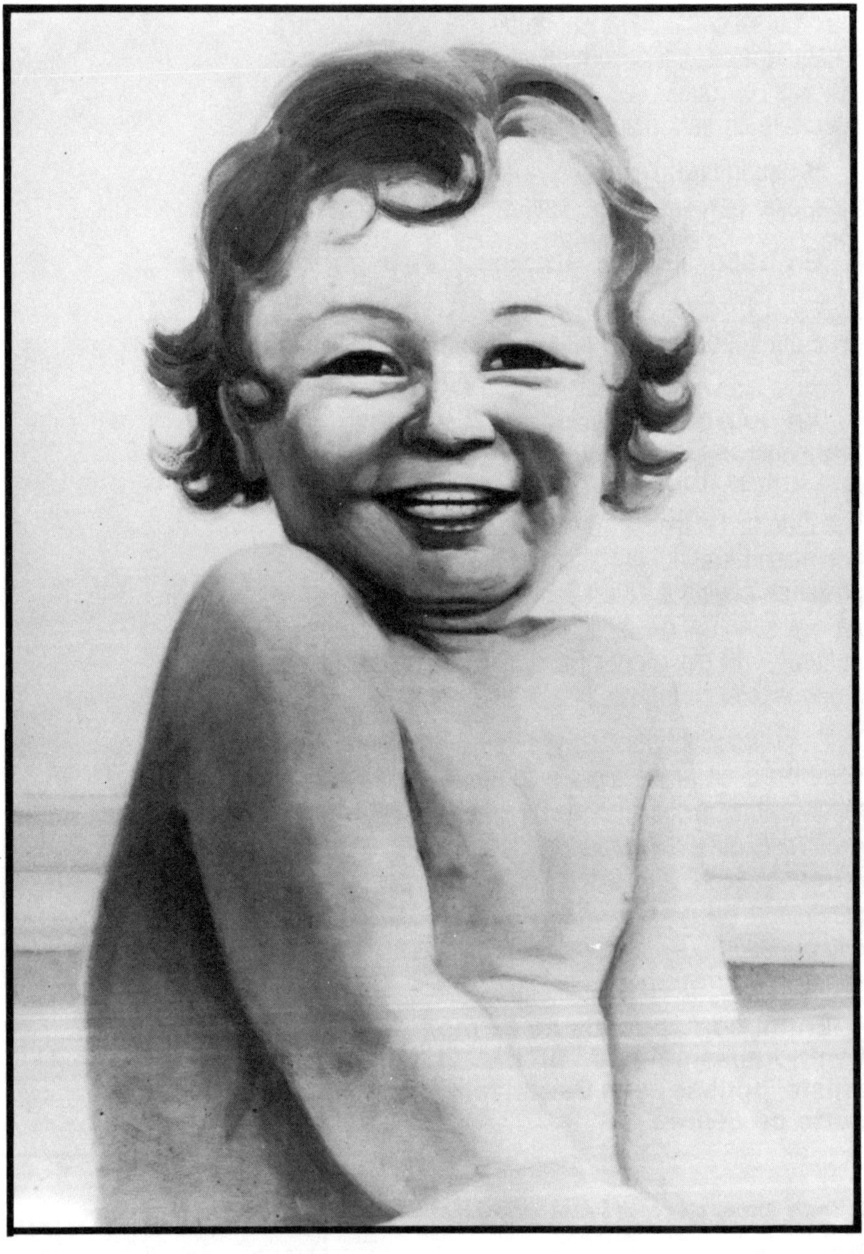

Le sourire du bébé Cadum [1]

Regardez bien ce bébé au sourire gentil, c'est le « bébé Cadum », une affiche publicitaire des années 50.

En 1970, le gauchiste décide qu'il est temps de dénoncer la bonne conscience du bébé Cadum.

En 1950, le bébé Cadum n'était pourtant qu'un gentil bébé souriant pour un savon. Mais pour le gauchiste, il est révoltant, car son sourire contient et cache toutes les laideurs commises au nom de la bonne conscience 50-60 qui l'a conçu et qu'il abrite. C'est pourquoi il le déchire d'une main moraliste et vengeresse en disant : « Il y a, dans son sourire satanique, tous les morts de la guerre du Viêt-nam. » Puis il le remplace par un poster de Che Guevara.

Nous passons sur le Punk à qui la prestation hystérique interdit tout regard attentif, et qui peut-être déchirera l'affiche très machinalement.

1978. Le New-Wave hard arrive. Il balance le Che dont la parka, la barbe et les cheveux longs de Baba lui sont insupportables et raccroche le bébé Cadum. Il contemple, complaisamment fasciné, la violence contenue de son message ambivalent : ce bébé qui cache tant d'horreurs (la vision 70) et qui est pourtant si gentil (la vision originale 50). Il n'a pas d'idée quant au choix à faire (vision 70 ou vision 50), et le spectacle en est pour lui d'autant plus intense.

Plus tard, le New-Wave devenu cool — enfin remis de la fascination que lui procurait la vision double du bébé au sourire si doux et au sens si dur — opposera aux visions un peu délirantes du New-Wave hard et du gauchiste un regard plus calme. Sans revenir à la

1. *Par Alain Soral exclusivement.*

naïveté brute des années 50, il dira : « Il n'y a pas seulement dans le sourire du bébé Cadum toutes les horreurs commises sournoisement par l'Occident moderne, il n'y a pas seulement l'effet pervers d'un bébé qui sourit gentiment aux horreurs du monde, et dont le sourire pourtant reste pur. Il y a plus que ça : toute la confusion naturelle du monde. » Et certains pourront même ajouter : « Nous ne voulons plus en dénoncer prétentieusement la laideur pour nous en extraire, nous ne pouvons plus en savourer le spectacle temporaire, nous décidons maintenant de nous en instruire. »

Mais pourquoi, me direz-vous, le bébé Lotus ne provoque-t-il pas cet effet ?

C'est que, bébé d'aujourd'hui, son image toute fraîche de bébé gentil n'a pas été encore recouverte par les regards des générations suivantes et par les crimes, dont peut-être elles le rendront responsable, et que nous, comme lui, ignorons aujourd'hui.

Ranxerox, héros new-wave

Héros d'une bande dessinée italienne, le robot Ranxerox est un androïde peu intellectuel, violent et très musclé.

Au beau milieu du récit, les auteurs, Liberatore et Tamburini, prennent la peine de résumer dans une vignette l'action en cours par quelques lignes dont on trouvera ci-dessous trois extraits.

Le premier indique comment fonctionne le robot Ranxerox : *« Trois types de stimuli primaires (une couleur, un timbre de voix et une odeur) peuvent déclencher trois relais déterminant dans le cerveau de Ranxerox trois PHOTOCOPIES DE PASSION : haine, amour, indifférence.* »

Cela explique certains comportements du robot, mais, ajoutent les auteurs : « *Le seul mystère reste l'incroyable amour que Ranx nourrit pour Lubna (une jeune héroïnomane de 13 ans), probablement dû à un coup sur la tête qui a provoqué la déstabilisation en cycle continu d'un programme.* »

Enfin, à la suite de quelques péripéties, le héros, complètement déconnecté, repose inerte sur le macadam. Il est, de plus, séparé de sa Lubna adorée. Et : « *Quand Ranxerox est soudain remis en route, sa conscience électronique fonctionne à nouveau... dans le registre " haine féroce ".* »

Jolie métaphore d'un plan new-wave, ce fonctionnement de Ranxerox sur différents registres de sa

Ranxerox, dans le plan « haine féroce »

conscience électronique lui permet d'être un héros subtilement new-wave, sans avoir à se montrer neutre, froid, hyperclean, etc. Au contraire, semblable à la violence des westerns de Sergio Leone ou du film *Mad Max 2,* son expressionnisme a quelque chose d'extrême, de gratuit, d'irréel, qui réussit à le faire apparaître comme un personnage suffisamment new-wave, c'est-à-dire tout à fait impersonnel.

Cette bande dessinée prend encore une autre dimension par les interrogations qu'elle suscite : les « photocopies de passion » de Ranxerox sont-elles des photocopies ou des passions ? Ranx est-il amoureux à cause de Lubna ou à cause d'un coup reçu sur la tête ? Plus finement, est-ce une coïncidence si, d'une part, Ranx est programmé dans le registre « haine féroce » et si, d'autre part, il a toutes les raisons d'être furieux contre ceux qui l'ont déconnecté et qui l'ont éloigné de sa belle... ?

Enfin, si l'androïde Ranxerox est une machine ultra-perfectionnée, il reste une machine et il ne peut, tout au plus, que se rapprocher d'un homme supérieurement doué et maître de lui-même. Comment expliquer alors ses surprenantes pulsions animales ?

La dimension new-wave de cette B.D. parvient à couper les effets de son extrême brutalité mais sans toutefois l'amollir — hissant par intermittence le récit dans le domaine de l'abstraction pure. Comme du froid versé à l'improviste sur du chaud, ces effets new-waves de ludisme, d'indifférence et d'inhumanité désorientent radicalement le sens des scènes d'infamie ou de bravoure, c'est-à-dire de chaude humanité, dans ce récit haut en couleur.

La qualité de cette bande dessinée réside ainsi dans la puissante coexistence du lyrisme et de sa démystification par l'électronique, sans qu'à aucun moment le lyrisme ou sa démystification ne prennent le dessus.

Ranxerox est donc un héros new-wave de haute qualité.

Pour se prouver qu'ils ne sont vraiment plus ni babas, ni flippés, ni cools, les anciens Babas devenus New-Waves se croient tous obligés de se prendre pour J.R.

Honte aux New-Waves

Si le fantasme de l'androïde-en-sursis-chez-les-humains est si réussi chez Ranxerox, ce n'est hélas presque jamais le cas chez la plupart des New-Waves. Leur volonté systématique d'évacuer le Sens de toutes leurs actions est en effet moins la preuve d'une grande subtilité que celle d'une grande fermeture d'esprit.

Aussi le mutisme de leur « indifférence métaphysique » peut-il rapidement servir de refuge à ceux qui n'ont réellement rien à dire et qui voudraient tant pouvoir s'affirmer. Aussi, leur plan « I am a robot » est-t-il souvent le lot de ceux qui n'ont rien dans le ventre. Enfin, quant à leur procédé dit d'Ironie du Double Exact, il est sûr qu'à force de se retenir de rire, le pince-sans-rire oublie lui-même ce qu'il pouvait y avoir là de drôle.

Ajoutons que :

1. peaufiner son hyperconformisme ;

2. se prétendre indifférent aux sentiments comme à la violence ;

3. se situer au-delà de l'enthousiasme ou du désespoir ;

4. considérer tous ses agissements comme des plans superficiels exclusivement destinés au regard d'autrui ;

5. et ne mener par contre, à terme, que des actions auxquelles ils n'ont jamais cru...

...condamnait les New-Waves à devenir :

1 *bis*. maniérés ;

2 *bis*. cyniques ;

3 *bis*. blasés ;

4 *bis*. narcissiques ;

5 *bis*. et pervers.

Récapitulons pour conclure

Les Babas

Ils ont horreur de tout ce qui est normal, raisonnable et « bourgeoisement » présentable.

Appelons cela, pour les besoins de notre démonstration, la vie CLEAN.

Les Babas ont en horreur tout ce qui est réglementé, formalisé et utilement structuré.

Appelons cela la vie STRAIGHT.

Si cette vie CLEAN et STRAIGHT incarne, selon les Babas, le mal absolu, c'est qu'elle est, à leurs yeux : insipide, inhumaine, récupérée, aliénée, abêtissante et inauthentique.

En d'autres termes, cette vie CLEAN et STRAIGHT les fait « flipper ».

Les New-Waves

Ils reprochent aux Babas quelques menus défauts : la léthargie, la paranoïa, la culpabilité, la médiocrité complaisante, la démagogie et surtout leur attitude de « perdants ».

Pour s'opposer alors violemment à eux, les premiers New-Waves, dits « hard », n'ont pas trouvé mieux que de se montrer le plus CLEAN et le plus STRAIGHT possible.

Ainsi chaque New-Wave hard, impersonnel jusqu'au délire, n'hésitera pas à tout faire pour ressembler à un idiot, à un androïde, à un mouton de la

société de consommation, à une machine, au produit d'une moyenne statistique, etc.

QUESTION. — L'idéologie des New-Waves hards est-elle alors pour autant aux antipodes de celle des Babas ?

RÉPONSE. — Non, car s'ils avaient voulu prendre le contrepied absolu de l'idéologie baba, ils auraient tenté de faire la défense et l'illustration de la vie CLEAN et STRAIGHT en démontrant que, contrairement à ce que cette idéologie baba affirmait, la vie CLEAN et STRAIGHT n'était justement en rien insipide, inhumaine, récupérée, aliénée, abêtissante et inauthentique. Et ils ne l'ont pas fait.

Les Q.J.S.

Quadragénaires journalistes à prétentions sociologiques, les Q.J.S. [1] assimilent toute la New-Wave à un mouvement conservateur, si ce n'est réactionnaire, de jeunes gens bien « rangés », c'est-à-dire peu intéressants à leur sens car n'ayant jamais posé aucun problème à leurs familles ni à la société.

Pour les Q.J.S., il s'agit d'un retour à l'ordre et au raisonnable, c'est-à-dire de la triste retombée de leur folle époque, persuadés qu'ils sont d'y avoir placé l'« imagination au pouvoir ». Ils appellent « jeunes gens modernes » ceux que nous appelons « New-Waves hards », et les définissent comme arrivistes, marchant avec le pouvoir, « tenant le couteau par le manche »...

Ainsi, l'erreur des Q.J.S. est totale puisque la New-Wave hard est, comme nous l'avons vu, un mouvement hautement pervers et subversif, que des

1. Le Q.J.S. type serait de la génération des journalistes de la rubrique « Société » du Nouvel Observateur, *journal pourtant sérieux. Mais la sensibilité « Q.J.S. » s'est aujourd'hui répandue dans toutes les couches intellectualisantes de la société : du lycéen baba à l'éditeur de livres d'art, de la secrétaire un peu cultivée au « présentateur » de télévision.*

« marginaux » ont mis en œuvre en sacrifiant leur vie et leurs études au spectacle de la contestation (même si celle-ci était basée sur le principe ambigu de l'Ironie du Double Exact).

En effet, comment peut-on être arriviste quand on a 20 ans et que l'on passe ses nuits à danser dans des boîtes comme un robot et ses journées à parader dans le quartier des Halles en simulant, les fesses serrées, la fausse humilité de l'employé de bureau Clark Kent ?

Conclusion

Ainsi, d'une part,

à force de simuler la vie CLEAN et STRAIGHT jusqu'à un abêtissement artificiel, le New-Wave prouve aux Babas qu'il n'a pas peur de jouer avec tous les signes de dégénérescence humaine dénoncés par ces derniers et qu'il n'en est pas affecté pour autant.

Pour les New-Waves hards, les Babas ne sont que des « flippés ».

Mais, d'autre part,

à force de simuler la vie CLEAN et STRAIGHT jusqu'à un abêtissement artificiel, le New-Wave hard prouve malgré lui que cette conception anti-baba de la vie constitue à ses yeux un problème considérablement « flippant ». En effet : s'il éprouve le besoin de monter tout ce « cirque » de simulations spectaculaires et de « plans » méticuleux, le New-Wave hard, espérant prouver coûte que coûte qu'il est vraiment au-dessus de la problématique baba, n'est peut-être pas si indifférent qu'il l'espère aux aspects CLEAN et STRAIGHT de la vie moderne, pour les outrer si laborieusement.

Ainsi les New-Waves hards restent aussi des « flippés ».

Le New-Wave maniéré

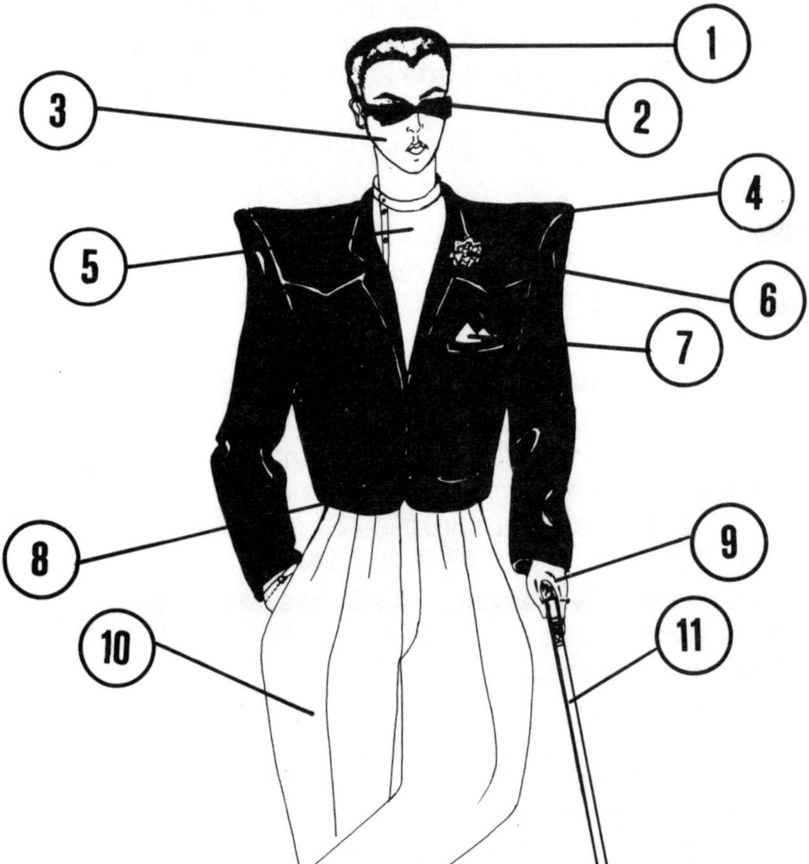

1. Cheveux gominés, plaqués et tirés en arrière. Coupe à la Valentino ou encore avec catogan (très courte natte rassemblant les cheveux sur la nuque).
2. Lunettes noires futuristes portées en permanence.
3. Visage émacié, moue molle, regard dédaigneux : imaginez celui d'un bovin qui se prendrait soudain pour un aigle.
4. Veste spencer à paddings, c'est-à-dire très épaulée (style Thierry Mugler), de couleur noire, crème ou rose.
5. Chemise à col russe ou cassé, de couleur unie, très vive ou très foncée.
6. Œillet synthétique à la boutonnière.
7. Pochette rigide de couleur unie : rose, rouge, noire...
8. Large ceinture de smoking en soie ou velours, assortie à la pochette.
9. Gants d'habits en coton blanc avec boutons nacrés.
10. Pantalon à pinces, assorti au spencer, très étroit en bas et à petit revers. Très fin liséré rouge tout le long de la jambe.
11. Canne empruntée à la collection de papi.
12. Très fines chaussettes blanches.
13. Ballerines de smoking noires et vernies, à nœuds également noirs.

Parfois de bonne famille, le New-Wave maniéré a cru trouver, vers 1980, le summum du raffinement et de la subversion esthétique dans un « Dandysme total ». Aussi se veut-il résolument mondain, aussi se croit-il très branché.

Secrètement poète (ses idoles sont Lord Byron et Oscar Wilde, dont il a lu *Salomé* en anglais), passionné de haute couture, il est fier d'appartenir au cercle tacite mais fermé des mondains-profession-

nels-à-prétention-artistique. Avec eux, des nuits entières, d'une voix aiguë et désabusée, il déplore la misère esthétique du monde et déblatère sur les absents.

Dans la journée, il est, suivant les cas : chez sa mère, étudiant absentéiste, vendeur de prêt-à-porter à Saint-Germain ou shampouineur chez un coiffeur cher. Mais il peut aussi être élève d'une école privée de couture (on dit *stylisme*), de décoration (on dit *architecture d'intérieur*) ou encore d'attachés de presse (on dit *public relation*).

Finalement moins homosexuel qu'il ne s'évertue à le laisser paraître, il soigne son image de marque en ne se déplaçant jamais en public sans ses égéries — une à deux filles un peu boulottes mais braves, secrètement amoureuses de lui et travaillant dans la même branche.

Satisfait d'effleurer quotidiennement le « parfait », enorgueilli d'avoir découvert une morale à la vie, il n'aspire qu'à durer. Pourtant sa concierge ne voit en lui qu'un feignant qui joue les fils de famille dégénérés. La pauvre ne sait pas qu'elle lui fait là le suprême compliment.

La fin de la New-Wave hard

On sait que les New-Waves hards n'hésitaient pas à taxer de « baba » l'hystérie provocatrice des Punks qui, bien que révolutionnaire, n'était, selon eux, qu'un délire de marginaux et de « losers ».

Mais voilà que pour une nouvelle génération new-wave, de deux ans plus jeune, les New-Waves hards sont à leur tour pris pour des Babas qui, en prônant une « hypernormalité » pénible et finalement contestataire, prouvent par là que la vraie « normalité » les a aussi toujours fait « flipper ».

Les Q.J.S., toujours à côté de la plaque, reprochaient aux premiers New-Waves d'être trop cleans, c'est-à-dire rangés, sans ambition ni lucidité révolutionnaire. C'est, au contraire, de ne pas être assez clean que ces nouveaux New-Waves leur reprochent à présent, lassés par leur provocation paradoxale qu'ils qualifient de gauchiste, leur perte de temps, consacré au spectacle de la contestation et leur mauvaise conscience face au travail, au lyrisme, au vrai confort bourgeois et aux gens « normaux ».

Ainsi une nouvelle vague de la New-Wave prend naissance, dont le mode de vie se voudrait plus naturel et moins militant et qui considère enfin la vie CLEAN et STRAIGHT sans la culpabilité des Babas ni le délire des premiers New-Waves.

Survivra-t-elle au marginalisme provocateur propre aux modes précédentes ? Saura-t-elle redécouvrir la normalité perdue depuis la révolution du Pop, après l'échec des Babas, des Punks et des New-Waves hards ? Enfin réussira-t-elle à instaurer un mode de vie « clean » qui sache rester « cool », sans pour autant retomber dans la léthargie des atmosphères babas ?

C'est ce que nous apprendrons en lisant le chapitre suivant, intitulé : La NEW-WAVE COOL.

LA NEW-W

Sommaire

AVE COOL

Pour démoder la New-Wave hard, les jeunes n'ont plus peur de parler d'amour... en écoutant Charles Trénet et Lio

Punk

QUESTION : — **Quand t'étais jeune, t'étais punk ?**

RÉPONSE : — Ouais, pas longtemps.

New-Wave

— **Pourquoi pas longtemps ?**

— J'ai tout de suite voulu faire plus fort que les Punks, alors je suis devenu curé.

Plan curé

— **En soutane ?**

— Non, curé moderne, en petit costard avec p'tit col blanc qui sort du pull et la p'tite croix discrète. C'était un peu pour provoquer les Punks : pour eux c'était réactionnaire... et puis c'était déjà réactionnaire par le côté clean du look... alors c'était assez fort parce que ça les faisait passer pour des Babas.

Hypernormal

— Et après, qu'est-ce que t'as fait ?

— Attends, j'essaye de me souvenir... Après, je suis passé New-Wave hard : costume gris, chemise blanche, cravate noire, coupe 60. Très, très discret ; avec des lunettes de soleil pour la nuit. New-Wave genre hypernormal... vraiment clean.

Au début, on faisait des plans assez hard enfin, moi pas spécialement, mais les autres, ils faisaient genre officier ou chirurgien : un peu angoissant, comme ça.

Hyperclean

— Si tu te fais un plan « robot » par exemple... eh ben, tu vas aux B.D. [1], tu danses mécaniquement, t'adresses la parole à personne, tu restes debout, tu dragues pas. Tu pousses le truc jusqu'au bout. Tu vois, ça, c'est un plan.

Plans « affinés »

— Mais, y'en avait d'autres : sportif russe, militant syndicaliste C.G.T., euh... intellectuel suisse dissident, tyrolien, marin en permission : des trucs comme ça, quoi... des plans.

— Et c'était encore la New-Wave pas très cool.

— C'était encore la New-Wave pas très très cool encore. Mais après on était plus cool.

1. B.D. : Bains-Douches, club-discothèque du quartier des Halles.

New-Wave cool

— Donc après tout ça, c'était beaucoup plus cool. Pourquoi ?

— D'abord, pour faire chier les New-Waves hards. On s'habillait « 60 » mais exprès avec des erreurs pour faire soi-disant ringards, ça les effrayait : cravate, col de chemise et revers de veste exprès trop larges, chemises à fleurs, etc., on disait que c'était encore plus new-wave.

Plans folkloriques

— Et puis aussi on voulait faire foklorique parce qu'on en avait marre des plans « robot » et « technocrate », insupportables à jouer très longtemps : on s'habillait en montagnard, en paysan endimanché ou en psychanalyste canadien par exemple, tu vois c'était plus sympa, c'étaient des plans cools, quoi ! Pendant une journée, tu fais comme si t'étais quelque chose — complètement.

On faisait aussi « les touristes à la con » : on allait ramer au bois de Boulogne, on se prenait en photo en train de pique-niquer et puis on montrait les photos le soir aux copains en se marrant.

— Vous alliez quand même pas travailler à l'usine, sous prétexte d'un plan « prolétaire », par exemple ?

— Non, si t'es dans un plan « prolo », tu vas dans un restau de prol, style routier, tu vas te faire une pétanque avec les copains, tu sors dans une Simca 1100 et tu te fais un plan « Montpar » comme si t'étais un ringard de banlieue et tu cries « la quille » par la fenêtre et des vannes de cul : tu te fais un plan « beauf », un plan « prol ». T'as un début et une fin, tout va bien jusqu'au soir. Le lendemain, tu changes.

— Ils ne m'ont pas l'air si cool, vos plans !

— Si, peut-être qu'ils étaient pas très doux mais c'était un retour à la fantaisie et à la spontanéité hippie, sans l'idéologie, bien sûr...

Plan « néo-B.C.B.G. »

— De toute façon, on s'est très vite dit que ce qui est encore plus subversif, c'était de faire le plan « discret », c'est-à-dire un plan très, très doux. Et alors surtout le plan : « Le meilleur moyen d'être hypra-à-la-mode, c'est d'être comme ceux qui se démodent soi-disant pas. » C'est-à-dire néo-B.C.B.G. : veste en tweed, chemise Brook's brothers, cravate en soie, pantalon de velours, chaussures Weston aux pieds, etc.

Plan « néo-minet »

— Et de temps en temps, pour faire un peu plus aigu, toujours dans le paradoxe, on se faisait un plan « néo-minet », minet 67 : col roulé, veste en daim, jean, chaussures légères en veau retourné. Ou alors « New-Wave indienne », « gentleman farmer »... des trucs plus doux et plus luxueux à la fois.

Fin de la mode ?

— Et maintenant ?

— Maintenant, on en a tous tellement fait, un peu, des plans, que c'est pratiquement fini. En ce moment, le plan, c'est la réalité. Les plans, même les plus « fins », les plus paradoxaux, c'est devenu vulgaire. Alors maintenant, on est normal : bien élevé, élégant, pas trop strict... normal, quoi. D'ailleurs, c'est le plan absolu.

Pêcheur sur les quais de la Seine dans le vieux Paris : un plan très très cool...

Les principes de la New-Wave cool

Notre informateur, monsieur Z, est né en 1958 à Aix-les-Bains dans un milieu aisé. Il a vécu à Grenoble une partie de son adolescence puis est retourné seul vivre à Paris à l'âge de 17 ans dans des conditions matérielles cette fois plus difficiles. Son interview, au début de ce chapitre, constituera le corpus principal de notre étude sur la New-Wave cool

Les tribulations infatigables de monsieur Z témoignent de la brillante imagination des New-Waves tout en laissant peut-être une première impression d'inconsistance, d'efforts inutiles, de personnalités vides.

Pourtant, cet entretien révèle un fait historique non négligeable, puisqu'il annonce le premier mouvement de mode de jeunes dont le principe spectaculaire ne repose pas sur l'argument traditionnel des « jeunesses révoltées ».

Nous retiendrons de cette interview que la New-Wave cool consiste à réintroduire artificiellement les notions bannies par la révolution du clean : la

couleur, l'incontrôlé, le luxe, le désordre, le naturel, le cool — toutes choses dont les New-Waves cools découvrent qu'elles sont finalement tout à fait compatibles avec la « cleanitude ».

Un « plan » de la New-Wave cool se prétendra donc d'autant plus new-wave qu'il est capable d'introduire des éléments anti-new-waves.

Exemples de plans cools : éléments new-waves + éléments anti-new-waves ;

— Plan « Négligé italien » : N.W. + minet 67

— Plan « Gentleman farmer » : N.W. + campagne

— Plan « Neo-B.C.B.G. » : N.-W. + B.C.B.G.

— Plan « Démodé de saison » : N.-W. + ringard

— Plan « New-Wave indienne » : N.-W. + hippie

Plan « gentleman-farmer »

Voici donc les trois préoccupations fondamentales des New-Waves cool :

1) poursuivre cette recherche, si new-wave, de la « NORMALITÉ » — mais cette fois d'une façon plus précise et réaliste que les New-Waves hards, constipés par le fantasme caricatural de « l'hypernormalité » ;

2) donner ainsi une leçon de FINESSE à leurs prédécesseurs en prétendant manier plus subtilement qu'eux le paradoxe new-wave ;

3) proposer alors, même s'il s'agit d'une ultime « subversion », un ADOUCISSEMENT inévitable des plans, de l'allure et des activités new-waves.

Disons pour nous résumer que la New-Wave cool est animée par trois tendances distinctes dans la théorie mais souvent confondues dans la réalité :

1) La tendance FIN DE MODE : « Être plus normal que les New-Waves hards. »

2) La tendance NEW-WAVE FINE : « Être plus new-wave que les New-Waves hards. »

3) La tendance NEW-WAVE DOUCE : « Être plus cool que les New-Waves hards. »

Ce qui est très « new-wave hard » [1]

Dire que l'on n'a ni parents, ni amis, ni semblables, car on est un « mutant »

L'hypernormal, l'hyperclean et les cheveux très courts

Penser que les Punks sont aussi des ringards

Être en costard gris de jour comme de nuit

Lire *L'Humanité* aux Bains-Douches (boîte de nuit « branchée »)

Dire qu'on est de droite

Avoir la carte de tous les partis

Aimer regarder la télé ; surtout les programmes pénibles : débats parlementaires, feuilletons insipides, variétés ringardes

Décorer son appartement avec des carreaux de salle de bains, des télévisions noir et blanc, des meubles de chirurgien-dentiste et des tubes de néon

Ne pas draguer, ne pas aimer, faire croire qu'on ne baise pas

S'identifier, par perversion, à la bourgeoisie la plus moyenne

Le vinyle et le nylon

Les costumes stricts

L'époque de années 50 car son image de marque est la plus proche de l'an 2000

Fréquenter les festivals de films noirs américains

Les centrales nucléaires

Le groupe Kraftwerk

Aller, par vice, dans les salons de thé fréquentés par les vieilles dames

Clark Kent

1. *Chacun des articles (disposés en face à face) de cette liste sont à lire en parallèle.*

Ce qui est très « new-wave cool »[1]

Être gentil avec ses parents et habiter chez eux

Le normal, le clean et les cheveux assez courts, mais toujours en arrière

Penser que les New-Waves hards sont aussi des ringards

Changer de tenue plusieurs fois par jour

Lire tranquillement, chez soi, *Paris-Match*, pour « le choc des photos »

Ne pas être de gauche

Réfléchir à ce qu'il est juste de voter pour, peut-être, s'abstenir

Aimer regarder la télé ; surtout les programmes divertissants : émissions sur le cinéma, matchs spectaculaires, publicités

Décorer son appartement avec du parquet ciré, une télé couleurs, des plantes luxuriantes et des meubles en bois blanc

Pratiquer encore pudiquement la drague, prétextant qu'il ne s'agit que d'un « exercice de style »

Penser que la bourgeoisie libérale est finalement la classe sociale la moins désagréable à vivre

Le tweed et le velours

Les tenues habillées, seyantes et de bonne qualité

Les années 65-67 car elles sont à la limite de l'époque psychédélique (anti-new-wave) sans toutefois y tomber

Aller à la première des films de James Bond et de Godard

Les muséums d'histoire naturelle (Jardin des plantes)

La chanteuse Lio

Aller, par plaisir, dans les salons de thé fréquentés par les vieilles dames

Tintin

Les demoiselles de Rochefort *: Catherine Deneuve dans un look pré-pop*

Les plans cools

On sait que pour « dépasser » les années 70, la mode new-wave consiste à simuler les années 50 ou 60. Or, dans le « temps new-wave », la limite entre années 60 et années 70, c'est 68. Avant 68, on est « 60 » ou même « 50 », c'est-à-dire new-wave ; après 68, on est « 70 », c'est-à-dire pop et anti-new-wave.

Espérant toujours faire « plus fort » que ses congénères, le New-Wave se rapproche exprès du style 70 après avoir pratiqué les styles 50 et 60 — comme on s'approche du feu pour montrer qu'on ne le craint pas.

Du plan « 60 » strict, dit « Clark Kent », il passe alors au plan « yéyé » (63), puis « Français moyen » (64) pour s'attaquer enfin au plan ultime, le dernier avant les impossibles années 70 : le plan « pré-pop », dit aussi « néo-minet 67 » (65-67 dans la réalité) — d'inspiration Cardin et Courrèges (surtout pour les filles).

Très ambigu, donc très new-wave, il est à la fois l'aboutissement du « 60 » (sobriété des lignes) et ce qui va donner le « 70 » (éclat des couleurs). Juste entre les deux, il permet de jouer avec le feu (fantaisie outrancière) sans toutefois se brûler (allure clean et élégante).

Le plan « néo-Minet 67 » est donc plus fin que celui qui consiste à « se jeter dans le feu », le plan « ringard » ou « néo-psychédélique », qui reste du domaine de la New-Wave hard.

Plus naturel aussi, ce plan « pré-pop », comme tous ceux de la New-Wave cool, demande en définitive un comportement beaucoup moins spécifique que celui d'un plan « robot », par exemple.

C'est pourquoi nous pourrons parfois appeler les plans de la New-Wave cool : des looks, tout simplement.

Le look « pré-pop » ou « minet 67 »

Ce look abandonne les noirceurs de 60 sans tomber dans l'orgie de couleurs du plein Pop. Il a donc pris un peu de largeur (dans la cravate, les revers de veste, les bas de pantalon, les cols et les bouts de chaussure) sans toutefois sombrer dans l'énormité 70 (pattes d'éléphant, ceinturons, cols « pelle à tarte », talons compensés).

Plan « négligé italien »

Plan affiné du « pré-pop ».

Comme il n'est pas possible de devancer le « pré-Pop » sans tomber dans le Pop, c'est-à-dire sortir alors totalement du champ de la New-Wave, certains « snobs » se sont dit que ce plan ultime sur l'axe du temps pouvait encore être dépassé sur un autre axe : celui du comportement. Ils surpassent alors la prétendue vulgarité minet en la poussant à sa forme hyper-raffinée qu'est la « minetterie à l'italienne ». On appelle ce plan, néo-Minet par le look, rendu encore plus minet par l'outrance du comportement : le « négligé italien ».

Plan « négligé italien »

Le look « New-Wave indienne » ou « hippie clean »

Ce look se développe concurrentiellement avec le « négligé italien » d'influence minet. Dans un même but d'opposition à la vulgarité des plans trop hard, la New-Wave indienne reprend aux Hippies certains éléments artisanaux, exotiques et colorés : vestes et jupes en daim avec franges, mocassins en daim, ceintures en perles de couleurs, bandeaux dans les cheveux...

Plan « hippie clean »

Et s'il choisit plus particulièrement, parmi ces éléments, ceux venus d'Amérique (Sioux, Peaux-Rouges... et non hindous), c'est pour perpétuer sur un mode cool l'opposition traditionnelle du cow-boy minet et de l'Indien hippie.

Le « démodé de saison »

« Être à la mode, c'est démodé. »

Au moment où tout le monde « se branche » (on est new-wave jusque dans les campagnes
premiers New-Waves sentent la nécessité, pour préserver leur position d'élite, de prendre leurs distances avec une mode devenue populaire. Pour eux, il est une évidence : être à la mode aujourd'hui, c'est démodé. Dans le but pernicieux de prendre les New-Waves « de masse » à contre-pied, ils adoptent volontairement un look un peu raté au regard des canons new-waves, un look à la limite de la ringardise — pour faire passer le New-Wave à la tenue impeccable pour un militant, un tardif, un ringard.

Pour ce, ils n'hésiteront pas à porter une petite pochette pop, une chemise à col trop grand, une cravate trop large ou même la cravate desserrée sur le col ouvert : toutes choses insupportables pour un New-Wave strict.

On appelle ce look si pervers un « démodé de saison » : look quasi ringard ; les New-Waves de stricte obédience se sentent pourtant ringards devant lui.

Mais cette fois encore, les intentions perverses de ce look disparaîtront très vite d'elles-mêmes pour laisser place à un réel goût pour les tenues décontractées et à une réelle lassitude de toute attitude artificielle — aussi subtile soit-elle.

A l'époque de la New-Wave cool, on pouvait penser à juste titre que la fin des mouvements de mode, au sens où nous l'entendons, commencés avec le Pop, était imminente.

Quelques Néo-B.C.B.G. en plein plan néo-B.C.B.G.

New-Wave + B.C.B.G.

Le B.C.B.G. est considéré par tous comme le champion du classicisme, et le classicisme comme le contraire d'une mode.

Le New-Wave, dont la manière de vivre repose sur une compréhension précise des autres modes, se devait de s'intéresser aux B.C.B.G. — ne serait-ce que pour jouer à ceux qui ont toujours été indifférents à la mode.

Si leurs motivations respectives diffèrent radicalement, New-Waves et B.C.B.G. se rapprochent néanmoins sur des notions générales telles que : la bonne tenue, l'éducation, la pudeur et même l'élégance (cravate, cheveux courts, etc.).

Ils sont en tout cas d'accord sur deux points : rejeter la vulgarité indéniable du Minet (aisance désinvolte, décontraction lascive, goûts sans nuances), mais aussi la saleté incurable du Baba.

Le New-Wave néo-B.C.B.G.

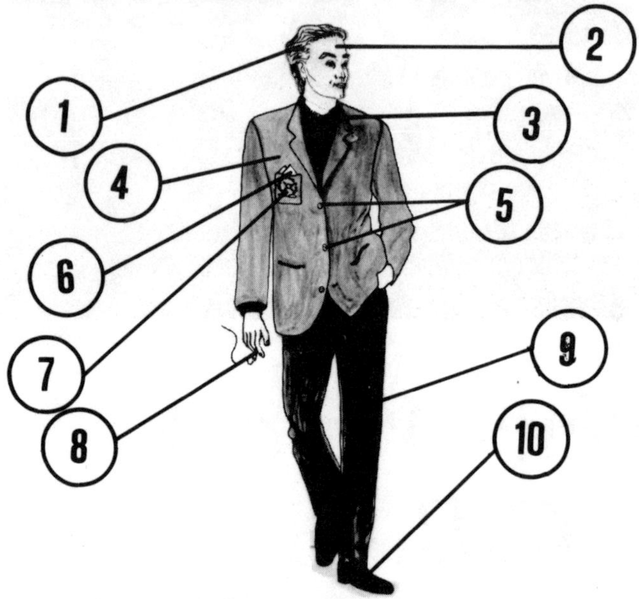

1er cas : le New-Wave néo-B.C.B

C'est d'abord un New-Wave : il a été gauchiste à l'époque des Babas, puis Punk, puis New-Wave « robot » à l'époque des Bains-Douches. Parce qu'il choisit très soigneusement ses vêtements au marché aux Puces, la panoplie B.C.B.G. est pour lui le moyen très subversif de se faire un dernier « plan », pour s'opposer à la raideur démodée du costard sombre-cravate fine.

Ainsi, à cheval entre B.C.B.G. et new-wave, est né un look, encore très répandu aujourd'hui, dont voici la panoplie :

1. Cheveux mi-longs et flous, coiffés en arrière (plus courts pour le New-Wave que pour le B.C.B.G.).
2. Air supérieur.
3. Pull-over à col roulé en cachemire beige, bordeaux ou marine.
4. Veste beige en cachemire ou en chameau ; ou blaser bleu marine croisé.
5. Les deux boutons du haut sont fermés et celui du bas toujours ouvert, signe de bon goût absolu.
6. Pochette unie en soie de couleur vive : jaune d'or, rouge, ou pochette indienne.
7. Écusson fantaisie, genre collège anglais.
8. Cigarette blonde d'élite, genre Craven A pour son *cork tipped.*
9. Jean Levi's 501, non délavé et rétréci en bas.
10. Boots anglaises « Jodhpurs » à élastiques, bordeaux ou marron.

2e cas : le B.C.B.G. branché

C'est d'abord un B.C.B.G. Flatté par l'hommage que lui rend la New-Wave, il en vient à son tour à « new-waviser » imperceptiblement son look : bas de pantalons plus étroits, chaussures plus pointues, revers et cols plus petits, pantalons plus seyants et veste plus épaulée... trahissant en fin de compte les principaux commandements B.C.B.G. : discrétion et retenue.

Cette « new-wavisation » qui se prolonge jusque dans la fréquentation des lieux de sortie (bars branchés, boîtes...) fait que nous l'appelons « B.C.B.G. branché », bien qu'il ne soit pas « visuellement » très différent du New-Wave devenu B.C.B.G.

Blake et Mortimer, modèles vestimentaires des New-Waves cools

Retour général au classicisme

A l'instigation des précurseurs new-waves, d'autres catégories de jeunes et de moins jeunes participent à leur tour à ce mouvement général de retour au classicisme.

B.C.B.G. « par adoption », Minets et Babas révisent ainsi totalement leur look pour des raisons pourtant très différentes :

— Les MINETS voient dans la panoplie B.C.B.G. un accomplissement de leur goût pour les musts, cet absolu vestimentaire qui identifie chaque objet à une marque unique censée donner de cet objet sa forme essentielle. L'imperméable Burberries, les chaussures Weston, le stylo Montblanc, l'agenda Hermès... remplacent les musts trop spécifiquement minets : la montre Rolex, les lunettes Ray-Ban, les tee-shirts Fruit of the loom ou le salon de coiffure Jean-Louis David.

Ajoutons qu'il est dans l'esprit minet de s'intéresser à la nouveauté. Et puisque depuis 1978, la nouveauté, c'est la New-Wave, les Minets ont toujours suivi de près, sur un mode plus décontracté, ce que faisaient les New-Waves.

— Quant aux BABAS, et notamment les intellectuels de gauche, ils ont vu dans la sobriété B.C.B.G. le moyen de donner une leçon de bon goût à la nouvelle bourgeoisie pop et sympa qu'ils ont toujours détestée. Être B.C.B.G., c'était pour eux battre la bourgeoisie traditionnelle sur son propre terrain, et non plus seulement dans le domaine intellectuel.

Quoi qu'il en soit, il est sûr que cette vague B.C.B.G., d'inspiration new-wave, a donné naissance à un look *preppie* en définitive plus frime que B.C.B.G. : veste à chevrons épaulée et neuve, pantalon étroit à revers, maniérisme dans la mèche de cheveux rejetée en arrière, lunettes en écaille rondes un peu rétro, chaussures Richelieu en daim...

Le tweed et le cachemire à outrance remplacent le velours côtelé et la laine écossaise des vrais B.C.B.G.

(Suite de la page 102) ...Caroline a maintenant 21 ans : la voilà néo-B.C.B.G.

Une branchée

Un branché

Les branchés

Un branché est à l'origine celui qui fréquente les boîtes de nuit à la mode sans avoir à payer l'entrée. C'est aussi celui qui chaque soir est au courant des meilleures adresses de fêtes privées sans pour autant y être directement invité.

Les branchés ne constituent pas une classe sociale précise : le serveur d'un restau du quartier des Halles peut être aussi « branché » que le patron du journal *Actuel*.

Plus généralement, sera dit « branché » celui qui s'habille new-wave, quelle qu'en soit la tendance, et dont l'activité lui permet de circuler dans les milieux les plus en vue : chroniqueur mondain, « créatif » dans la pub, attaché de presse d'une école de stylisme, *dealer* de cocaïne dans la *gay-society*, décorateur pour un émir arabe ou perchman dans le dernier Truffaut.

Devenu aujourd'hui nettement péjoratif, ce terme qualifie toute personne de moins de 40 ans qui porte le costume sombre-cravate fine, se meuble en style « 50 », porte la nuit des lunettes noires, parle en verlan, et pense que croire intensément à quelque chose, c'est ringard.

Les 24 heures de la vie d'un branché

12 heures. Le radio-réveil de Basile pétarade dans son studio, un « loft » de 15 mètres carrés, rue de Montempoivre.

14 heures. Basile émerge et murmure, culpabilisé : « Désormais je me lèverai à 10 heures tous les matins. » Ce pacte solennel entre Basile et Basile sera rompu quelques jours plus tard à la suite d'un malaise hypoglycémique dû à la sévérité de sa résolution.

16 heures. Choisir sa tenue et notamment la largeur de sa cravate relève chez Basile d'une réflexion intellectuelle réellement sophistiquée. Après avoir déambulé quelques heures entre son armoire et sa salle de bains, il descend prendre un petit déjeuner au café-tabac qui jouxte son immeuble (c'est un habitué, le garçon l'a surnommé Batman). De retour vers 17 heures, il donnera une première série de coups de téléphone : une dizaine.

18 heures. Quartier des Halles. Basile y rencontre Patrice, qui lui offre un verre. Patrice est vendeur dans une « boutique de fringues » l'après-midi et travesti la nuit. Ensemble, ils commentent la tenue des passants (« des ringards »). Lorsque, d'aventure, vient à passer un de leurs congénères noctambules, ils feignent de l'ignorer, tout en débitant à mi-voix son curriculum vitae, principalement constitué d'indiscrétions concernant sa vie sexuelle.

19 heures. Basile et Patrice descendent au sous-sol d'une boutique *high-tech* de prêt-à-porter, où se déroule le vernissage d'une expo de peinture avec des vidéos de la guerre du Liban trafiquées au synthétiseur. Ils profitent de l'événement culturel pour noter toutes les adresses de fêtes qui se préparent. Gigi, une Anglaise installée à Paris, les branche sur une fête *Nuit de la création* qu'organiserait le journal *Actuel* au château de Moulinsard.

21 heures. Dans le but de dîner dans une ambiance très *cosy*, Basile fait une « incruste » (se fait inviter) chez le père de Gigi, ambassadeur constamment en voyage ; il en profite pour donner coup de téléphone sur coup de téléphone.

22 h 20. Ils décident à la dernière minute d'aller voir un vieux James Bond qui ressort en exclusivité, mais à cette heure, ils ont très peur de rater les pubs. A la sortie du film, Basile explique à sa compagne : « Tu sais, j'ai bien réfléchi, aimer James Bond aujourd'hui, c'est quarante mille fois plus branché qu'aimer Godard. » Le monologue dure vingt minutes.

01 heure. Ils font un saut à la fête d'*Actuel.* Munis de leur « invite », ils doivent malgré tout faire une heure de queue pour entrer. A l'intérieur, Basile perd de vue Gigi, auprès de qui il se vantera plus tard de n'être resté que cinq minutes : « It was so baba ! »

02 h 30. Discothèque des Bains-Douches. Basile offre un verre à Gustavio (l'ex-préposé au vestiaire) car il espère bien voir sa photo publiée dans *Plexiglass.* Gustavio y est bénévolement responsable de la rubrique mondaine (il vit avec Bernard, le rédacteur en chef, qui l'entretient).

04 heures. Club Privilège. A la porte, il feint de ne pas reconnaître deux vieilles amies qui le supplient de les faire entrer *(être tricard pour deux boudins, Craignôs !).* A l'intérieur il serre la main d'un maximum de personnes aux mines les plus finement décadentes, note quelques nouveaux numéros de téléphone et évoque le temps révolu où l'on pouvait vraiment s'amuser la nuit.

05 heures. Basile donne un dernier coup de téléphone : un taxi l'emmène à Pantin où le copain de la copine d'un copain disposerait d'une dreupou d'enfer (héroïne de très bonne qualité).

05 h 30. Basile prend le premier métro. Le wagon est plein de travailleurs immigrés qui vont au turbin. Basile s'interroge : « Comment peut-on avoir une vie aussi misérable ? »

06 heures-12 heures. Sommeil, solitude.

Le high-tech

Définition : utilisation à des fins de décoration intérieure de matériaux, objets et structures de provenance industrielle.

Il faut distinguer le terme *high-tech* (contraction des mots *high-style* et *technology*) du terme *high-technicity* qui désigne n'importe quel objet industriel ou domestique comportant une technologie avancée : outil de précision, robot ménager, gadget électronique.

Contrairement à l'objet de haute technicité *(high-technicity)*, l'objet high-tech ne recèle aucun secret : sa fonction est évidente, tout au plus mécanique.

De l'attrait pour le high-tech, on peut retenir :

Le rappel d'une virilité perdue

Le high-tech représente pour les artistes, stylistes ou photographes branchés qui s'y intéressent la nostalgie d'un monde lointain, celui du travail en usine. Métallurgie, cimenterie, manutention : la virilité du high-tech émoustille les mondains.

Le professionnalisme

L'homme moderne n'a que faire d'une commode de style fragile, peu fonctionnelle, indigeste et onéreuse. Et puisque le mobilier à l'usage des particuliers est de la camelote, il s'adressera aux fournisseurs des hôpitaux, des laboratoires de physique et de chimie, du métropolitain ou de l'administration des P.T.T.

Le charme du paradoxe

Plus que le dépouillement de matériaux bruts, la pureté de lignes vraiment fonctionnelles, la force tranquille du high-tech réside dans un contraste chaud-froid : la rudesse des matériaux industriels adaptée au confort du petit chez-soi.

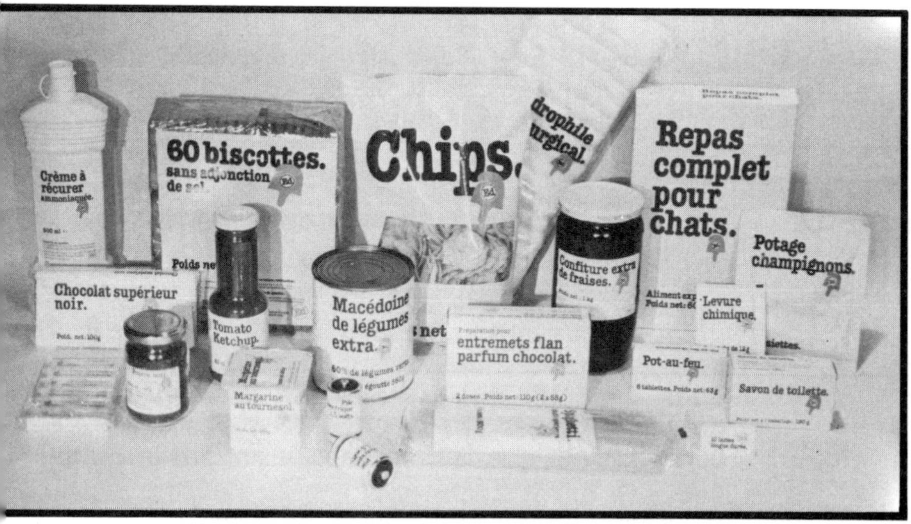

Socialisme et New-Wave se rejoignent dans l'esthétique calculée de l'uniformité typographique des produits de la coopérative Ed. : qu'il s'agisse d'une crème à récurer, d'un camembert ou d'une pile de six volts

Exemples

Quand le high-tech est maniéré :

Une penderie faite de crocs de boucher.

Pour servir l'apéritif : un pont de chargement en tôle striée d'une capacité de 3 000 kg.

Une bétonnière de chantier pour laver son linge.

Une centrale nucléaire comme plus beau paysage.

Quand le high-tech est utilitaire ou économique :

Une moquette industrielle (sobre et inusable).

Deux parpaings entre le sol et votre télévision.

Des étagères en cornières perforées (10-20 francs le mètre).

Une vraie machine à Espresso au lieu d'un four à raclette.

Quand le high-tech est poétique :

Un tableau noir d'école communale en guise de porte.

Un néon peut avoir la forme d'un chandelier.
Un pavé de grès en guise de presse-papiers.
Et les couverts des compagnies d'aviation, les cendriers des grands hôtels ou les coussins de l'Orient-Express.

On retiendra du high-tech, nouvelle offensive contre l'esthétique petite-bourgeoise, qu'un modernisme peut en cacher un autre.

En repoussant l'ameublement de style au profit de fournitures industrielles tout au plus mécaniques, il signifie que la modernité est ailleurs. Lorsqu'on range ses chaussettes dans des casiers de bureau, c'est que la comptabilité est sur informatique.

Le high-tech est un style rustique.

Les plans rétros de la New-Wave

Les plans « rockabilly », « cat », « teddy », « mod », « ska » et « skin » sont ceux auxquels les médias font le plus souvent allusion pour évoquer la New-Wave.

Ce sont pourtant les moins new-waves de tous car, réellement nostalgiques des années 50 et 60, ils s'apparentent au rétro pur et simple.

Un « fifties » dira : « Je suis fifties car depuis 1958, on ne fait plus que de la m... »

Contrairement aux autres plans de la New-Wave, les plans rétros ne sont pas interchangeables. En adopter un, c'est exclure et mépriser tous les autres.

Alors que les adeptes du plan « robot » et du plan « curé » se respectent mutuellement, conscients de participer à une même aventure, pour un New-Wave

« skin », un New-Wave « mod », « c'est de la m... » et réciproquement.

Les plans rétros n'autorisent aucun mélange. Contrairement au plan « tyrolien », par exemple, qui est un panaché habile de deux plans (« gentleman farmer » et « montagnard »), celui qui voudrait se faire un plan « rockabilly + ska » serait immédiatement raillé par les deux communautés, et pis, se verrait traité de ringard.

Enfin, si la mode originale des années 50 ou 60 (notamment « teddy », « mod » et « ska ») recelait à l'origine une idée directrice intéressante, elle s'est totalement perdue en devenant, dans les années 80, un plan rétro. Car un plan rétro n'est jamais adopté pour son idée mais seulement parce qu'il offre une panoplie typique et complète à reconstituer.

L'homme des années 50 tirait sa force de sa confiance en l'avenir, le « fifties », en aimant le « 50 », s'accroche au passé.

Michel Serrault, dans un plan « Teddy » approximatif

Rockabilly

Plan « rétro américain, début 50 »

Pour le New-Wave Rockabilly, le top c'est : « Les années 50 américaines (dont on affiche une maîtrise docte) bercées par un rhythm and blues rare. »

Le look

Vêtements des années 50, plutôt campagnards et discrets ; chemise de laine à grands carreaux, foulard, pantalon de velours sombre à pinces et revers, tenu par des bretelles fines. Grosses chaussures en daim. Cheveux assez courts, coupe discrète.

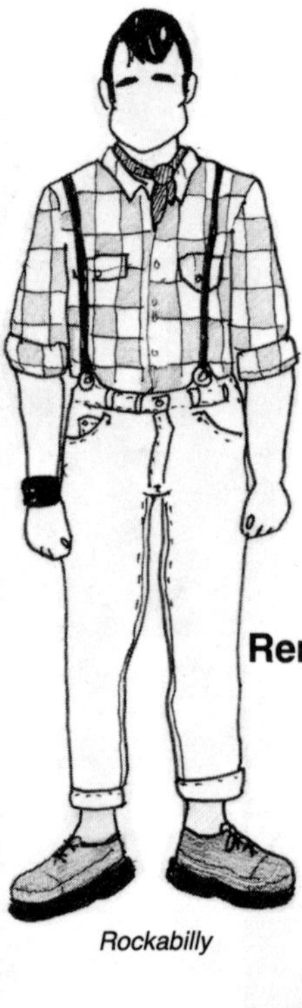
Rockabilly

La musique rockabilly est l'origine du rock-and-roll (avant Elvis Presley).

Le plan « rockabilly » est un plan d'élite ; pour les puristes du rétro 50 américain, il représente le retour aux sources absolu.

Plus porté sur la musique que sur les vêtements, qui reste le domaine d'érudition des Cats, le plan « rockabilly » n'est pas un plan violent.

Remarque

Le Rockabilly a indirectement accédé à la grande mode, à travers le courant « Punkabilly », propagé par le groupe Stray Cats en 1981. Le Punkabilly est un Punk musicien qui s'intéresse à la musique rockabilly. Ce mélange a donné naissance à un look original.

Cat

Plan « rétro américain, fin 50 »

Pour le New-Wave cat, le top c'est : « Les années

50 américaines (dont on affiche une maîtrise frime) portées par un rock-and-roll endiablé. »

Le look

Vêtements des années 50, plutôt voyants ; grande veste claire épaulée, à un bouton (deux à la rigueur, mais pas trois), chemise foncée, portée col grand ouvert par-dessus le col de la veste, pantalon ample à pinces et à revers. Chaussures rondes à grosses semelles. Cheveux courts et gominés. Casquette.

Filles : jupe large et jupon, taille serrée par une ceinture large, chaussettes, ballerines et queue de cheval.

L'attitude type du Cat :

— Mains dans les poches, veste fermée et cigarette aux lèvres ;

— son plus grand rêve : posséder une voiture américaine des années 50 (Cadillac, Buick) ou, faute d'américaine, une Simca « Chambord ».

Le Cat (*cat* veut dire « mec » en argot américain) est le plan type des New-Waves rétro 50. Rien de ce qui n'est pas 50, et plus précisément 55-58, n'est tolérable à ses yeux. Contrairement au Rockabilly, le Cat attache une très grande importance au look.

Pour la musique, seul le rock-and-roll est écoutable (le top, c'est Gene Vincent, Elvis Presley étant suspecté de compromission). Tandis que le Rockabilly écoute chez lui avec quelques amis initiés ses disques précieux, les Cats préfèrent sortir en bande et aller dans les fêtes new-waves, pour s'amuser, imposer leur musique et danser le rock-and-roll. Les Cats sont plutôt enjoués et rarement violents, ce ne sont pas des « rockers ».

Cat

Remarque :

Certains Fifties, devant l'extension grandissante du look 50 chez les New-Waves, sont passés au plan « fourties » (années quarante) afin de préserver leur élite.

Teddy-Boy ou Teddy ou Ted

Plan « rétro anglais 60 »

Pour le New-Wave Teddy, le top c'est : « Les années 60 anglaises sur des *creepers.* »

Le look

Vêtements des années 60, excentriques ; costume deux-pièces ample et voyant (rouge avec empiècement de velours noir) ou smoking fantaisie, chemise à jabot assortie, nœud de Teddy (bollo-tie) en guise de cravate, creepers aux pieds. Coiffure : banane et rouflaquettes gominées.

Remarque :

La creeper, chaussure exclusivement teddy à l'origine, a été très largement adoptée par les New-Waves de tout genre et les Punks.

Teddy

Idées intéressante à retenir :

Le Teddy, fils de tout petit-bourgeois, crée, à partir d'une caricature de la tenue de son père, discrète et étriquée, une élégance parodique, agressive ou outrancière, menaçant ainsi et la classe défavorisée dont il est issu, en la caricaturant, et la classe supérieure, censée détenir l'apanage de l'élégance.

Le Teddy anglais est un Londonien banlieusard pauvre (moins pauvre que le rocker) et violent.

Les bandes de Teddies organisent des batailles rangées le samedi soir, contre les Mods, et plus récemment contre les Punks.

En France, le plan « teddy » se résume à l'adoption du look, il est plus frime que violent.

Mod

Plan « rétro anglais 60 »

Pour le New-Wave mod, le top c'est : « Les années 60 anglaises sur un *scooter.* »

Le look

Vêtements des années 60, chics et classiques ; costume deux-pièces élégant (veste à trois boutons), chemise blanche, cravate club, pull en V, mocassins Oxford ou Clarks. Cheveux courts, soignés, avec une raie.

Pour les filles : tenue « collège », jupe plissée, chemisier blanc, chaussettes blanches, mocassins, cheveux mi-longs et serre-tête.

Remarque :

Un Mod n'est rien, s'il ne possède pas en plus un parka vert orné de badges, et un scooter enrichi de nombreux rétroviseurs et phares inutiles.

Idée intéressante à retenir :

Un Mod est un fils de petit-bourgeois anglais qui joue à s'habiller en aristocrate français, créant ainsi le trouble chez ses parents, qui ne comprennent pas cette trahison de classe, et dans la classe privilégiée, qui trouve cette dévotion suspecte.

La mode « mod » (abréviation de moderne) a pris son envol vers 1963 dans Londres et sa banlieue.

Si, à l'époque, les Mods se battaient contre les Teddies, le Mod est aujourd'hui en France un plan peu violent qui permet à celui qui l'adopte de déambuler à longueur de temps sur un scooter. Il propose une idée de l'élégance en concurrence avec celle du Teddy.

Ska

Plan « rétro anglais 60 »

Pour le Ska, le top de la New-Wave c'est : « Danser le ska, un chapeau à damier sur la tête. »

Le look

Vêtements des années 60, pauvres ; petit costume sombre et étriqué sur un pull-over de laine sombre également, à col roulé et fermeture Éclair. Creepers ou Doc Martin's (chaussures d'ouvriers anglais) aux pieds, petit chapeau noir à damier noir et blanc *(pork pie hat)* sur la tête en permanence.

Idée intéressante à retenir :

Ska

Les enfants de deux prolétariats racistes (anglais et immigrés jamaïcains) font une mode unique et commune du rapprochement cordial de leurs deux cultures.

Le Ska, musique et mode apparues au début des années 60, est le résultat d'un mélange de prolétaires londoniens blancs et d'immigrés jamaïcains noirs. Voilà pourquoi le sigle ska est un damier noir et blanc *(two tones)*.

La musique ska est l'ancêtre du reggae (même *beat* mais plus rapide), elle a permis notamment, à sa réapparition en 1979, la réintroduction du saxophone dans la musique new-wave.

Le Ska n'est pas violent.

Contrairement aux autres plans stricts, le Ska a été une mode à part entière ; durant six mois, en 1979, tous les New-Waves ont été ska. C'est, du coup, un plan démodé aujourd'hui.

Skin-Head ou Skin

Plan « rétro anglais 60 »

Pour le New-Wave skin, le top c'est : « Une bonne

tête rasée pour avoir l'air méchant et faire peur. »

Le look

Vêtements 60, sales et inquiétants ; blouson en nylon vert de l'armée, chemise noire, jean trop court, droit, à larges revers. Chaussures militaires (rangers) ou « Doc Martin's ». Tête rasée ou coupe iroquois (survivance punk).

Le Skin, quoique rétro, n'est pas très cool

Remarque :

Le cri de ralliement du Skin-Head est : « oï ».

Le Skin-Head (« crâne rasé ») est un jeune loubard londonien affichant souvent par provocation des idées d'extrême droite et un certain racisme. Apparue dans les années 60, cette mode a peu à voir avec la musique (elle apprécie paradoxalement le reggae) et se singularise surtout par son goût de la violence gratuite.

En France, aujourd'hui, le plan « skin » est surtout adopté par de jeunes New-Waves nostalgiques de l'ambiance punk (violence, exubérance). Le passage du Punk au Skin se traduit par la perte de la dimension métaphorique de la violence punk pour une violence réelle, donc dérisoire et sans charme ; perte qui va de pair avec celle des cheveux.

Le Skin est un néo-Punk bête et méchant ; ajoutons qu'il se fait plus souvent corriger qu'il ne corrige. Les Punks aujourd'hui sont divisés en deux clans : les Punks violents « skin », et les Punks babas, larmoyants.

Conclusion

Les plans « rétros » de la New-Wave marquent donc une décadence de l'Idée new-wave vers l'objet rétro. Il ne se conçoit pas comme un jeu dialectique supposant une compréhension précise du processus de la mode, mais comme un refuge dans l'univers fermé, formel et passionnel de la collection.

Composition, à la fois artificielle et sentimentale, de François Boisrond, 24 ans

L'ironie douce

Souvenons-nous du New-Wave hard qui, prétendant à l'Ironie du Double Exact, déclarait à qui voulait l'entendre : *« Vivement l'ère nucléaire pour qu'on puisse être enfin tous habillés d'une combinaison antiradiations avec le masque et les gants dans la rue à toute heure et non plus seulement dans les boîtes de nuit branchées.* » Nous savons à présent que ces propos mondains et « provocateurs » sont tout à fait typiques d'un Baba que la modernité fait flipper et qui joue les cyniques pour s'effrayer lui-même.

En revanche, à chanter les vraies paroles de *La Marseillaise* sur un air de reggae, Serge Gainsbourg n'était pas aussi subversif qu'ont pu le croire les parachutistes français venus à son concert pour protester et le menacer. Il est sûr que ces derniers auraient été moins scandalisés par une interprétation plus franchement travestie de leur hymne national du style : « Allons enfants de ma grosse b... » Mais on aurait tort de croire que Gainsbourg, en proposant une version dont les paroles sont inchangées, veuille par un effet pince-sans-rire humilier plus férocement encore le patriotisme français. En effet l'Ironie du Double Exact pratiquée par lui était en réalité le moyen de retrouver habilement le goût des hymnes lyriques après dix ans d'antinationalisme baba particulièrement buté, mais sans user pour autant des figures trop désuètes aujourd'hui de l'enthousiasme militaire.

Le malentendu était alors total lorsque s'est déclenché contre lui le tollé général des paras de Strasbourg et que l'extrême gauche a vu en Gainsbourg un de ses héros.

C'est d'ailleurs le plus sincèrement du monde qu'il répétera aux journalistes qu'il adore La Marseillaise parce que c'est un chant révolutionnaire, tout comme le reggae est la musique révolutionnaire de la Jamaïque. L'Ironie du Double Exact est alors dans ce cas une IRONIE DOUCE : elle célèbre bien davantage qu'elle ne dénigre.

Après la New-Wave cool

A force de subtilités, de « subversions » internes, de paradoxes, on peut se demander si la New-Wave a encore un sens, étant donné l'étendue des valeurs et des esthétiques qu'elle recouvre à présent.

Nous en sommes d'ailleurs arrivés au stade où les définitions qui suivent, aussi variées soient-elles, sont, en toute logique, plus ou moins équivalentes :

- **La New-Wave est la mode de ceux dont la dernière fantaisie est d'être « normal ».**
- **La New-Wave est la mode de ceux qui ont compris la mode.**
- **La New-Wave consiste à snober la New-Wave.**
- **La New-Wave consiste à pratiquer l'Ironie du Double Exact avec tout ce qui existe.**

Et de là à conclure :

- **La New-Wave cool est la dernière mode,**

il n'y avait qu'un pas.

En effet tout semble indiquer qu'après la *contestation* des Babas, le *nihilisme* des Punks, *l'Ironie du Double Exact* des New-Waves hards et *l'Ironie douce* des New-Waves cools, le moment est enfin venu, pour les jeunes, d'étudier pour travailler et de travailler pour vivre — comme si tous les scénarios, c'est-à-dire toutes les modes, manifestant les qualités corrosives de leur jeunesse, avaient été épuisés.

Logique utopique que celle-là où l'on remarque une fois de plus à quel point la théorie est en dessous de la réalité.

Même musclés et bardés de cuir, les Gays [1] trouveront le moyen d'exprimer leur subtile féminité.

Même vêtus des attributs les plus typiquement

B.C.B.G., les Minets parviendront toujours à faire « briller » les objets les plus sobres.

On peut faire confiance à l'imagination des jeunes comme à celle des Gays ou des Minets.

En effet, pour mettre fin aux subtilités de la New-Wave cool, trop inoffensive à leurs yeux, les jeunes générations ont su trouver la nouvelle mode capable de démoder l'intelligence des modes précédentes : LE FUN.

1. *Homosexuels (terme de mode).*

LE

Sommaire

FUN

La femme et l'homme dans l'imagerie « fun »

Introduction

En ce début des années 80, il devient très à la mode de parler de la mode et de contempler comme un spectacle les différents looks « de la jeunesse [1] ».

Cette nouvelle érudition du look conduit à donner un sens à tous les vêtements à tel point qu'il devient très difficile pour un jeune d'échapper « à la mode », c'est-à-dire à toutes ces modes qui se font concurrence.

1. En fait, la grande presse se borne le plus souvent à l'étude comparée des groupuscules marginaux : Skas, Mods, Punks, ou Skin-Heads (ignorant tout des Minets, des New-Waves, des B.C.B.G. ou du Fun).

Par exemple : ne jamais porter de cravate, ça fait baba ; porter une cravate trop fine, ça fait punk ; trop « 50 », ça fait new-wave ; trop large, ça fait ringard, etc.

Ajoutons qu'à cette époque il est résolument démodé d'être baba, punk, new-wave hard ou disco, mais il est en revanche à la mode d'être new-wave cool, minet ou B.C.B.G.

Voulant toujours montrer qu'ils sont les plus fins, ces jeunes sont à la recherche de la cravate qui, à équidistance entre tous les modèles existants, serait à coup sûr inclassable donc incritiquable et indémodable.

La mode FUN voudrait mettre fin à ces concours de finesse et d'intelligence que provoquerait par exemple ce douloureux problème de la largeur idéale de la cravate.

Indifférente aux dialectiques de la mode, la cravate fun se veut avant tout voyante et spectaculaire : large, chaude et colorée, elle peut même représenter un cabaret mexicain, un paysage de ski ou l'arrivée au port d'un paquebot de grand tourisme.

A travers la mode fun, c'est aussi la redécouverte de l'exotisme qui est mise au goût du jour et plus particulièrement :

- **l'Afrique et son ambiance « jungle », sa sensualité fauve, sa magie, son enthousiasme et son primitivisme ;**
- **l'Amérique du Sud, les ambiances « tango », les races métissées, les carnavals et les révolutions fréquentes ;**
- **les îles tropicales et leur ambiance « coloniale », les ventilateurs au plafond, les couleurs vives, la danse et la paresse.**

Sans l'anticonformisme du Pop, sans l'ironie du Kitsch, sans la vulgarité du Disco, le Fun se propose donc de remettre à la mode l'excentricité, l'exotisme et le premier degré — mais sans la moindre conviction idéologique : *just for fun.*

Précurseur de la peinture « fun », Robert Combas intitule sa toile : « Le Général Mantchamèque entouré de deux béguines qui veulent le tuer parce qu'elles sont jalouses de sa braguette, (d'ailleurs dans la pose, il se la touche) quand il se la touche, il crie : Et viva Ben Bella ! »

Le Fin et le Fun

L'esprit fin

C'est celui qui choisit de s'exprimer sur le mode mineur, le *less is more,* le « juste ce qu'il faut pour que ce soit ».

C'est ainsi qu'un B.C.B.G. de pure souche, devant s'habiller avec discrétion et modestie, portera l'élément minimum de haute qualité utile à sa reconnaissance : soit une paire de chaussures Church's, soit une chemise Brook's Brothers, soit un imperméable Burberries, soit un stylo Mont Blanc...

Il pourra jouir en silence de n'être reconnaissable que par les gens attentifs et fins et se délectera de l'erreur d'appréciation des individus méprisants à son endroit.

Pour l'esprit fin l'excentricité est un mal et l'idéal de l'esprit de finesse est de n'être reconnu que par ceux de son espèce.

Le Fin est dialectique : il réagit au contexte et ne peut se contenter d'être fin *in abstracto*. Il doit donc, pour survivre, être toujours le plus fin. Par cette surenchère continuelle, il est parfois si fin qu'il en devient imperceptible et disparaît.

L'esprit fun

C'est celui qui choisit de s'exprimer sur le mode majeur, le *more is better,* le « plus il y en a, mieux c'est ».

C'est ainsi qu'un Minet peut soudain trouver très fun de revêtir la panoplie maximum des B.C.B.G. : et une paire de chaussures Church's, et une chemise Brook's Brothers, et un imperméable Burberries, et un stylo Mont Blanc, ... n'hésitant d'ailleurs pas à porter par-dessus le tout une toque en léopard, rapportée de voyage par un ami, simplement parce qu'il trouve ça rigolo.

Espérant sans arrière-pensée communiquer son enthousiasme et susciter l'admiration, il jouira sans retenue de la quantité des vêtements luxueux qu'il arbore à la fois.

Pour l'esprit fun, l'excentricité est un bien et l'idéal est d'être reconnu par tous.

Le Fun n'est pas dialectique : il reste fun quel que soit son entourage. Aussi l'esprit fin est-il généralement excédé par l'esprit fun qui ne cherche pas à rivaliser de finesse avec lui et, pis, se fout totalement d'être moins fin que lui.

C'est ainsi que certains New-Waves, pour mettre un terme aux concours de finesse de la New-Wave cool, choisiront soudain le Fun — par lassitude de la dureté de l'esprit fin ou par suprême finesse — et le Fin n'y pourra rien.

Ephèbe grec, IVe siècle av. J.-C.

Ce qui est très « fin »

Un combat d'aïkido dans le Japon ancien
Mettre une carrosserie de 2 CV sur un moteur de Porsche
Collectionner les timbres rares
Le goût du paradoxe
Aller voir avec le même sérieux les films à thèse et les superproductions

Se faire remarquer par sa discrétion
La sublimation du plaisir
La New-Wave et les B.C.B.G.
Humphrey Bogart dans *Casablanca*
Hegel
L'art grec au siècle de Périclès
Trouver le Fun intéressant mais vulgaire
La musique des chansons de Georges Brassens
L'ironie pince-sans-rire, les mots d'esprit, les *private jokes*
L'art conceptuel, l'art minimal, le land art

Les églises suisses protestantes
Faire l'apologie de son entourage par un commentaire nuancé et discret
Les logotypes

Masque Bamoun du Cameroun

Ce qui est très « fun »

Un match de catch en banlieue
Mettre une carrosserie de Porsche sur un moteur de 2 CV
Collectionner les Mickeys en plastique
Le goût de l'évidence
Aller voir indifféremment films à thèse et superproductions et les juger sur le même critère du spectaculaire
Se faire remarquer par son enthousiasme
Le plaisir
Le Disco et les Minets
Richard Gere dans *Breathless* [1]
Nietzsche
L'art africain
Trouver le Fin intelligent mais prétentieux
La funky music
Rire, dire « oh yeah ! » et se trémousser à longueur de journée
La nouvelle peinture, la transavant-garde, la figuration libre
Les églises mexicaines catholiques
Trouver tout le monde très sympa et très cool

Les enseignes de coiffeur arabe ou indien

1. A bout de souffle made in USA, *version américaine 1983 du célèbre film de Godard.*

Jolie soirée « pirate »

Le fun est-il baba ?

1982. Tandis que la vague néo-B.C.B.G. contamine progressivement l'ensemble des Minets, des New-Waves et même des Babas « branchés », la mode *Pirate* débarque d'Angleterre et vient menacer, par son retour à un certain délire vestimentaire, les trésors de finesse accumulés par deux ans de New-Wave cool.

Au *trip* hippie succédait le *plan* new-wave. A ce dernier, le Pirate oppose à présent un déguisement fun qui n'est pas sans rappeler les panoplies offertes aux enfants pour Noël : panoplies de pirate mais aussi de roi, de Zorro, de prince charmant, de dragon... Avec la mode pirate c'est tout un catalogue de déguisements empruntés à l'imaginaire de l'enfance qui est mis à la disposition des New-Waves en quête de Fun.

Mais ce retour au déguisement pourrait être interprété comme une régression de la subtilité des plans vers un délire puéril finalement proche de celui d'un Baba se déguisant pour une fête.

Il n'en est rien.

Se référant le plus souvent aux fêtes populaires du Moyen Age, l'éventuel déguisement des Babas était avant tout pratiqué pour des raisons idéologiques : transgression des normes ; « revival » des fêtes purement populaires (vierges de toute récupération bourgeoise) ; mise en scène de « l'Éros enfin libéré des conventions sociales », etc. Ainsi, même sous son déguisement médiéval, le Baba gardait son apparence baba : jean rapiécé, badges multiples, allure sale, etc., n'hésitant d'ailleurs pas à se maquiller le visage comme un clown pour intensifier la portée dramatique de son déguisement ni à se soûler pour « retrouver sa nature profonde » *(in vino veritas).*

Si le Pirate reste en revanche un New-Wave, c'est qu'il vise essentiellement, par le truchement de son déguisement, le faste abstrait des reconstitutions historiques au mépris de toutes autres considérations — qu'elles soient d'ordre littéraire ou idéologique.

Les fêtes pirates ressemblent d'ailleurs beaucoup à des défilés de mode : chacun déambule calmement non sans un certain narcissisme pour voir et montrer son déguisement, prenant bien soin de ne pas trop boire pour ne pas risquer de se tacher.

Les modes pirates

Obéissant à une démarche toujours très fun, le Pirate ajoute à son voyage dans l'univers imaginaire de l'enfance (celui où il était tour à tour pirate, roi, chevalier...) un petit voyage dans le temps. Remontant le passé, il élabore à chacune de ses stations une mode éphémère et amusante qui possède l'exotisme des choses anciennes.

Il est très « fun » d'aller voir les vieux films américains de série B. à la condition, bie qu'ils soient projetés en version française, italienne, espagnole ou portugaise mais s pas en version originale sous-titrée. La mode fun mène parfois à un anti-intellectua complaisant et démagogique. il fallait le dire.

XIXe siècle : mode « New Romantic [1] »

On s'habille en Lord Byron, ou en Chateaubriand, et l'on s'irrite fort dans les salons d'être parfois confondu avec les émules de Gonzague Saint-Bris.

XVIIIe siècle : mode « Thermidor »

On s'habille en « incroyable », en « merveilleuse » et l'on est content de s'amuser un peu, après la terreur de ce « New-Wave hard » de Robespierre.

Renaissance : mode « néo-classique »

On s'habille en courtisane, en artiste du début du XVIe et l'on est fier de vivre aux frais du prince, dans une cité italienne belle comme un night-club (le club « Privilège »).

Mode « Conquistador »

On s'habille en Christophe Colomb, en infante et l'on a hâte d'aller découvrir le Nouveau Monde et New York.

Moyen Age : mode « Chevaliers de la Table ronde »

On s'habille en Lancelot du Lac, en reine Guenièvre, en

1. On appelle aussi les Pirates, notamment en Grande-Bretagne, les New Romantics.

La Pirate

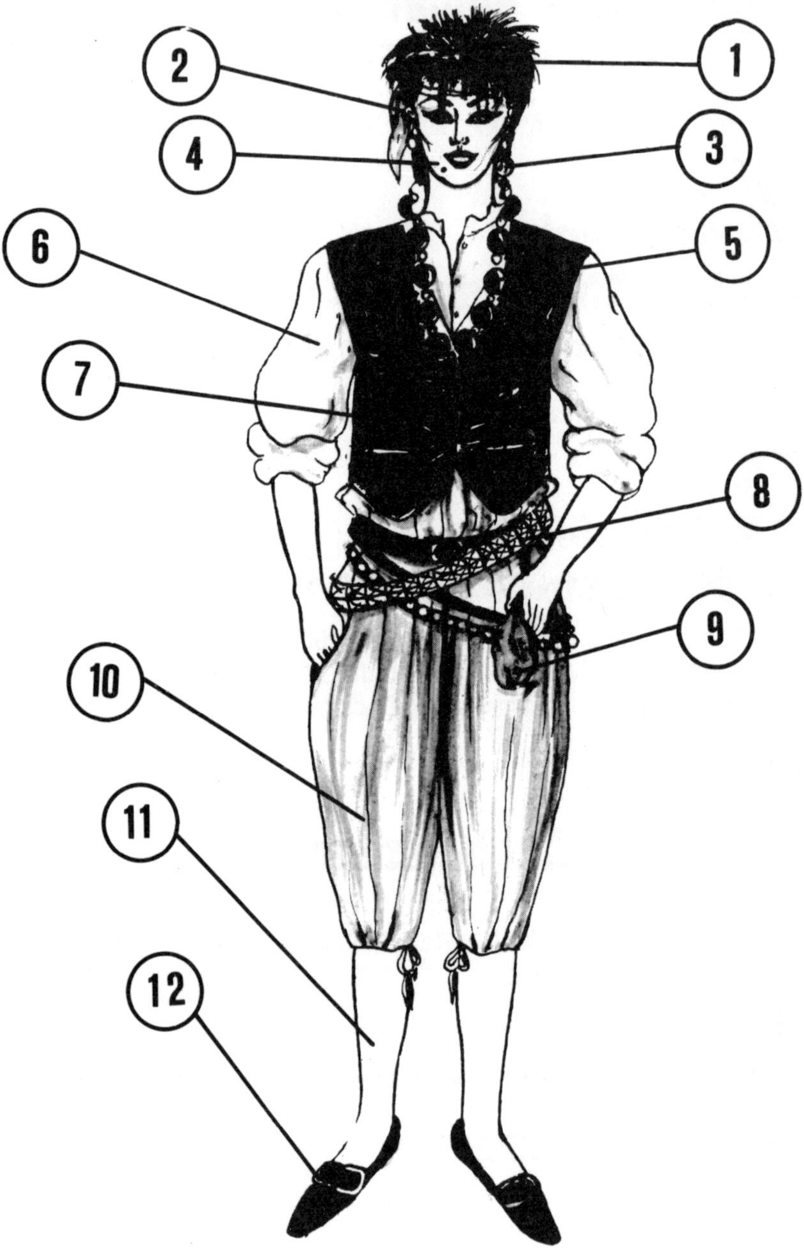

1. Cheveux ébouriffés sur le dessus, longs derrière, et réunis en natte.

2. Bandeau de couleur vive noué sur le côté.

3. Boucles d'oreilles fantaisie, différentes l'une de l'autre.

4. Maquillage appuyé et mouche au bord des lèvres.

5. Collier fantaisie fait de grosses perles de couleur en bois.

6. Chemise en coton blanc bouffante et à col de dentelle.

7. Gilet en cuir noir, rouge ou beige.

8. Multiples ceintures de styles différents (cuir et clous, exotique, en perles) : à usage strictement décoratif.

9. Bourse en peau servant de sac à main.

10. Knickers en coton bouffants lacés sous le genou.

11. Bas blancs.

12. Chaussures noires vernies à boucle dorée.

Enchanteur Merlin et l'on n'hésite pas à sortir jusqu'à très tard le soir pour trouver le Graal.

Antiquité : mode « Rome antique »

On s'habille en Messaline, en Néron et l'on compose de petits poèmes rocks en espérant voir brûler Rome ou le quartier des Halles.

Mode « Terre promise »

On s'habille en Moïse, en Aaron et l'on invite tous les New-Waves perdus dans le désert à chercher la terre promise qu'on sait n'être plus le rétro 50 américain (collection MacLaren 83).

Mode Moïse

Préhistoire : mode « Neanderthal »

On s'habille de peaux de bêtes et l'on se réfugie, la nuit venue, dans des grottes-discothèques car la musique protège des animaux féroces.

Ni « hyperclean », ni « straight », ni « 50 », ni « 60 », la mode fun marque un peu la fin de la New-Wave

La haute couture fun

Après s'être inspirée des années 50 (New-Wave hard) puis des années 60 (New-Wave cool), la New-Wave inaugure, par le truchement de la mode pirate, un certain retour aux principes vestimentaires des années 70 — sans toutefois revenir à l'idéologie baba.

On peut donc repérer dans cette nouvelle mode une certaine « esthétique 70 » :

- par la réintroduction des vêtements bouffants et mous (de nombreux plis et pas de structure) ;

• par la redécouverte de l'accumulation comme principe vestimentaire (s'habiller en mettant des vêtements très différents les uns par-dessus les autres) ;

• par un retour aux matériaux chauds, chatoyants et aux couleurs bigarrées (cuir ouvragé, velours, laines sauvages) ;

• par un goût retrouvé pour les habits de cirque et les créations excentriques (costume de dompteur, créations à base de tissus d'ameublement, etc.).

C'est dans la mode « clochard » née vers 1982 que cette haute couture fun voit sans doute son apothéose.

Mode « clochard »

La New-Wave B.D.

Les New-Waves traditionnels fondaient comme on le sait leur image de marque sur l'aspect sérieux et hypernormal des années 50-60. A l'inverse les New-Waves B.D. [1] voudraient reprendre à cette époque tout ce qu'elle a de rigolo, de désuet ou de ridicule pour l'homme d'aujourd'hui :

1. *B.D. : bande dessinée.*

• les chaussures longues et très pointues, ou encore à grosses semelles qui font penser à des chaussures de clown ;

• les pantalons « tuyau de poêle » trop courts qui laissent voir les chaussettes et un bout de la jambe blanche et poilue ;

• les costumes trop épaulés qui, portés avec une casquette, donnent l'air un peu ridicule d'un marlou des grands boulevards qui veut faire chic ;

• les cheveux courts et gominés avec la raie au milieu qui, associés à une bonne paire de lunettes et à un nœud papillon de couleur vive, rappellent la présence définitivement désuète des présentateurs de shows télévisés pendant les années 50.

Prenant ainsi la New-Wave traditionnelle à contre-pied (en lui jetant sans méchanceté sa vision irrespectueuse du rétro 50-60 à la figure), la New-Wave B.D. sera 50-60 et rigolote là où la mode pirate avait été néo-70 et sérieuse. La New-Wave B.D., c'est l'autre façon d'être fun.

Jerry Lewis

Look « chic africain »

Trois petites variantes funs

Le chic africain

Vers le printemps 82, certains néo-B.C.B.G. se rendirent compte que la mode fun était en train de faire d'eux des démodés. Pour rattraper le fun sans toutefois abandonner l'élégance et le classicisme chers à leur cœur, ils décidèrent d'adopter le « chic africain ».

Conception africaine, donc paradoxale, du chic occidental, ce look, inventé dans les années 30 par les musiciens de jazz noirs américains, est à la fois classique et haut en couleur : chapeau melon gris souris, gants beurre frais, chemise à col cassé, gilet rayé rouge et or, épingle à cravate fantaisie, bagues, chaînes en or autour du cou et au poignet, œillet à la boutonnière, bretelles à boutons, pantalon rayé en soie brillante, bottines bicolores à boutons nacrés, guêtres...

Le Zoot suit

Vers le printemps 1982, certains New-Waves, tendance « rétro 50 américain », se rendirent compte que la New-Wave fun était en train de faire d'eux des démodés. Pour rattraper le Fun sans toutefois abandonner l'élégance à l'américaine si chère à leur cœur, ils décidèrent d'adopter le *Zoot suit.*

Conception mexicaine, donc paradoxale du chic américain, ce look, inventé dans les années 40 par les Chicanos mexicains travaillant sur les plantations d'oranges en Californie, est à la fois habillé et extravagant : costume croisé crème, trop grand et caricatural ; pantalon bouffant étroit en bas, à larges revers et montant sous la poitrine ; veste aux revers énormes descendant jusqu'aux genoux ; cravate fantaisie très large et colorée sur une chemise foncée à grand col ; pochette assortie dégoulinant de la poche ; chaîne de montre extravagante descendant jusqu'aux genoux, grand chapeau mou assorti au costume ; chaussures blanches à semelles épaisses...

Zoot suit

Le New-Punk

La New-Wave fun, toujours enjouée et généreuse, ne craint pas de reprendre à la panoplie punk certains éléments spectaculaires, qu'elle dénue de leur dimension subversive et agressive pour n'en garder que l'aspect baroque et amusant.

La saleté et l'hystérie du Punk ont été remplacées par une fantaisie si bien dosée qu'elle frise l'élégance. Nous appellerons ce nouveau look : *New-Punk.* C'est un look fun : cheveux courts et propres dont quelques mèches sont décolorées en blanc ; gants noirs ; vêtements en cuir et tissus fantaisie mais bien coupés ; chaussures montantes noires fines et à lacets ; nombreux accessoires cloutés et métalliques : ceintures, bracelets, boucles...

Un New-Punk préférerait encore se voir traité de « hippie » plutôt que de « punk »

Musique et New-Wave (résumé)

Le choix des groupes ou des musiciens, cités à titre d'exemples dans ce petit résumé, n'est pas fonction de leur éventuelle qualité musicale mais plutôt du caractère évident de leur appartenance à telle ou telle catégorie de la New-Wave.

Ajoutons qu'en matière de modes musicales, le titre du groupe, le thème des morceaux, le choix des instruments, le look des musiciens, la scénographie des concerts ou l'esthétique des pochettes de disques ont autant d'importance que la musique elle-même.

Précurseurs

David Bowie (G.B.)
Ian Dury (G.B.)
Kraftwerk (R.F.A.)
Roxy Music (G.B.)
Talking Heads (U.S.)

After-Punk

Absent de la musique punk, le synthétiseur fait son apparition, apportant un peu de « froideur » à une musique encore sous l'influence du Punk : interprétation hachée, caisse tonitruante, textes arrogants et provocateurs.

Quelques exemples :

Nina Hagen (originaire de R.D.A.)
Siouxie and the Banshees (G.-B.)
Starshooter (F.)

New-Wave hard

Si elle reste le plus souvent violente, la musique devient encore plus froide et électronique qu'auparavant. Les textes sont : soit arrogants (mais littéraires et construits de telle sorte qu'ils donnent l'impression d'une agressivité froide), soit volontairement anodins (pour montrer une absence totale de sens, de lyrisme et d'humanité).

Quelques exemples :

Rétro 50 : Elvis Costello (U.S.A.)

N.W. « hypernormal » (look Clark Kent) : James Chance (N.Y.)

N.W. « hyperclean » (robot) : Devo (U.S.)

N.W. « hyperhard » (uniforme) : Kraftwerk (R.F.A.)

N.W. « avant-garde » : Laurie Anderson (G.-B.)

Variété N.W. : Plastic Bertrand (F.)

N.W. baba : Téléphone (F.)

Quelques plans « musique » :

- Écouter les vieux disques de rock « pur » : Elvis, Vince, Gene, etc. (plans rétro 50).
- Collectionner des enregistrements de musique militaire allemande (plan « hyperhard »).
- Assister aux concerts du troisième âge patronnés par Mireille Mathieu ou Guy Maxence (plan néo-ringard).

New-Wave cool

La New-Wave cool marque le retour, parfois ironique, à la chansonnette et la réintroduction des instruments « chauds » tels que les cuivres. Renouant presque avec la tradition des Beatles, la mélodie cherche, à nouveau, à être agréable et les textes n'ont pas peur de parler d'amour : c'est la New-Wave douce.

Parallèlement, une autre tendance, dite « New-Wave fine », joue sur le paradoxe : les instruments utilisés sont très froids et la musique, souvent mélodique, n'hésite pas à reprendre, sans prévenir, des traditions musicales considérées comme anti-new-waves : rythmes africains, jazz, disco, etc.

Quelques exemples :

Rétro 60 : B'52

N.W. douce (sentimentale) : Elli, Lio et Jacno (F.)

Blondie (G.-B.)

N.W. fine (paradoxale) : The Flying Lizards (G.-B.)

Human League (G.-B.)

N.W. « Narcisse » : Klaus Nomi (chanteur d'opéra)

Grace Jones (mannequin de mode)

Quelques plans « musique » :

- Acheter aux Puces de vieux 45 tours yéyés (Rétro 60).
- Connaître toutes les chansons de Charles Trénet (N.W. douce).
- Écouter un morceau de musique classique ou d'Opéra entre deux tubes discos (New-Wave fine).

New-Wave fun

Le Fun marque le retour de la chanson débile, de la musique noire, de l'exotisme chaud et des textes très « romantiques » mais cette fois sans aucune distance ironique.

Deux tendances du Fun ont fini par s'affronter : la tendance romantico-excentrique venue d'Angleterre (le groupe Culture Club) et la tendance sensuélo-effrénée venue des quartiers noirs de New York (le Rap).

Le New-Wave

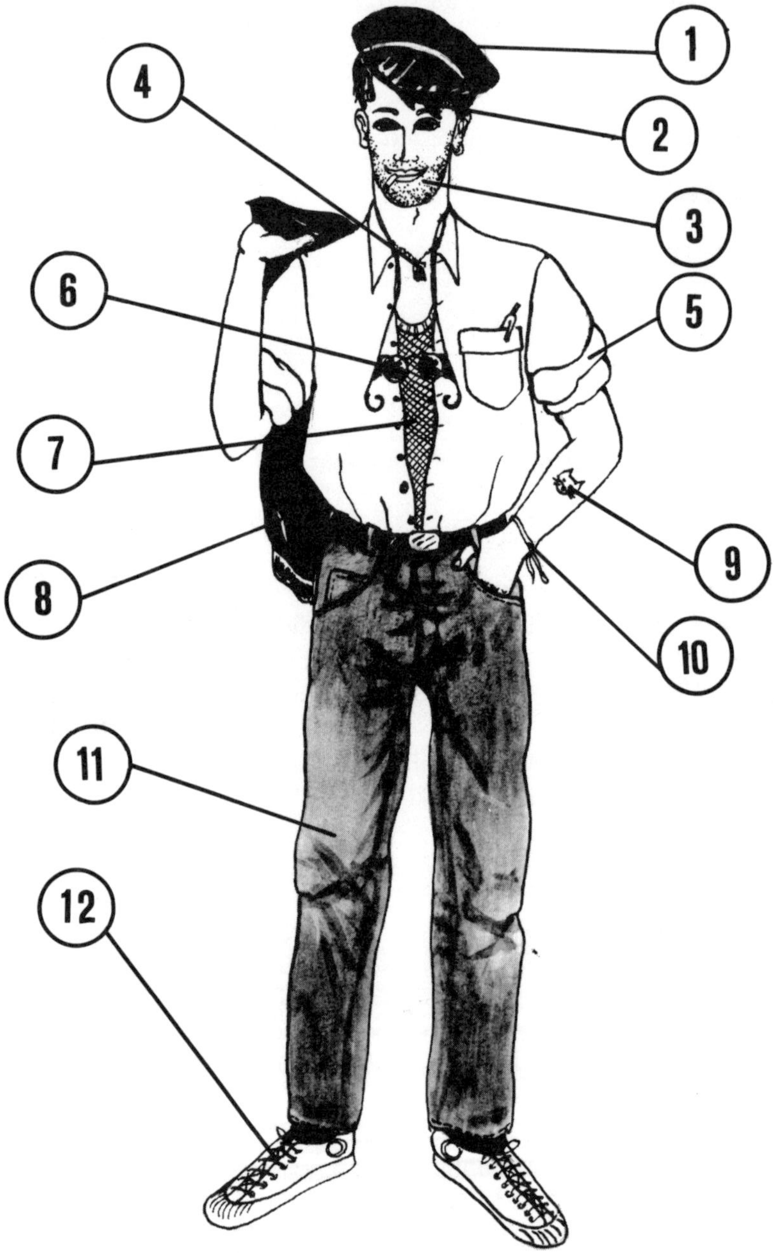

funky

1. Casquette de yachtman déformée et portée nonchalamment (la casquette en cuir peut faire « gay »).

2. Cheveux courts derrière, mèche longue et désordonnée devant.

3. Barbe naissante, genre Harrison Ford dans *Blade Runner.*

4. Plaque d'identification de soldat américain.

5. Chemise 50 américaine blanche, bleu ciel, rose ou jaune pâle ; portée ouverte, froissée et manches relevées.

6. Lunettes de glacier à verres au mercure avec œillères latérales.

7. « Marcel » (maillot de corps à trous) blanc, bleu marine, rouge ou jaune.

8. Blouson américain en toile de coton et à « bords côtes » (style MacGregor), blanc cassé ou bleu.

9. Gentil petit tatouage en couleurs (bleu, rouge et jaune).

10. Bracelet porte-bonheur fait d'un petit bout de tissu roulé.

11. Jean (style Levi's 501) porté très « sexe », un peu râpé et délavé.

12. Tennis de style 50, blanches et bleues, usées et confortables.

Quelques exemples :

New-romantic : Spandau Ballet (G.-B.)
Pirate : Adam and the Ants (G.-B.)
Afrique-Fun : Bow Wow Wow (G.-B.)
Îles tropicales-Fun : Kid Creole and the Coconuts (U.S.)
Reggae-Fun : Culture Club (G.-B.)
Japon-Fun : L.R.L. on a bonsaï (B.)
Variété Fun : Richard Gotainer (F.)

Groupes « Funky » :

Imagination (G.-B.)
Kool and the Gang (U.S.)

Groupes « rap » :

Grand Master Flash (U.S.)
Sugar hill Gang (U.S.)
Chagrin d'amour (F.)

Quelques plans « musique » :

- Écouter de la salsa, de la chanson antillaise, de la musique andine et du tango.
- Aller en famille aux concerts privés d'Enrico Macias (Variété française + musique arabe version disco).
- Chanter des tubes de rap new-yorkais avec l'accent du Midi en se dandinant dans l'autobus.

Boy George, chanteur du groupe Culture club, *dans un look « piou-piou »*

Les « plans » de la New-Wave (hard, cool et fun)

Précurseur	Mode After-Punk			
1978				
La New-Wave HARD	« HYPERNORMAL » plan Clark Kent plan technocrate	« HYPERCLEAN » plan robot ou chirurgien plan IIIe Guerre mondiale	« HYPERHARD » plan IIIe Reich, Mao ou Stalinien plan néo-ringard	PLAN STRICTEMENT RÉTRO rockabilly teddy cat ska mod skin
1980				
La New-Wave COOL	N.W. + B.C.B.G. plan gentleman farmer plan néo-B.C.B.G.	N.W. + MINET plan néo-minet 67 plan négligé italien	N.W. + HIPPIE plan néo-beatnik New-Wave indienne	
1982				
La New-Wave FUN	New-Punk chic africain Zoot Suit mode clochard New-Wave funky New-Wave B.D		MODES « PIRATES » New romantic Mode Moyen Age Thermidor Mode Moïse Pirate Mode Neanderthal	

FIN[1]

Au terme de la chronologie des mouvements de modes que constitue ce livre, quelles sont les principales modes de jeunes encore en vigueur aujourd'hui ?

Disons qu'il y en a quatre : les Babas, les branchés, les Minets et les B.C.B.G.

Les Babas : anciens Hippies ou anciens gauchistes, les Babas d'aujourd'hui sont ceux qui sont restés indifférents au mouvement punk et aux modes new-waves. Parmi eux, certains ont imité les B.C.B.G. (découvrant chez eux le moyen de mépriser d'une nouvelle façon les classes bourgeoises), d'autres se sont refait une jeunesse avec la mode fun (renouant ainsi avec la tradition délirante des premiers Hippies).

1. Ce chapitre intitulé FIN a été conçu et rédigé par Hector Obalk (en décembre 1983) à l'exception des pages 359 et 360 dues à Alain Soral.

Le milieu universitaire constitue le principal Q.G. des Babas.

Les branchés : le plus souvent serveurs, coiffeurs ou vendeurs dans les endroits à la mode, les « branchés » sont souvent d'anciens Babas qui ont participé à toutes les étapes de la New-Wave.

Le monde de la nuit et de la mondanité constitue le principal Q.G. des branchés.

Les Minets : toujours très en vue dans le monde du prêt-à-porter, des loisirs, de la publicité et du cinéma commercial ; les stations balnéaires et de sports d'hiver constituent leur principal Q.G.

Quant aux B.C.B.G., toujours égaux à eux-mêmes, ils jouissent cependant depuis quelques années d'un très net regain de popularité auprès des autres jeunes.

La meilleure mode

Quelle est alors la mode que vous recommandez ? Est-ce celle des B.C.B.G. ou des Minets ?

Pas davantage que les autres ; l'attitude des B.C.B.G. ou des Minets est souvent tout aussi caricaturale que celle des Babas ou des New-Waves, c'est-à-dire des modes « démodables ».

Quant à la question de savoir s'il existe des modes dont l'efficacité spectaculaire ne peut être tournée en ridicule par aucune autre mode, les avis sont partagés.

Certains pensent que seule la dernière mode en date remplit ces conditions mais cette solution a l'inconvénient de ne « coiffer au poteau » ni Minets, ni B.C.B.G., encore très présents aujourd'hui.

D'autres déclarent que le meilleur look est celui qui combinera le maximum d'éléments tirés des modes les plus diverses — prétendant de cette manière que seul ce qui est inclassable est incritiquable.

D'autres enfin pensent que cette dernière solution relève en fait des principes de discrétion de la mode B.C.B.G. et prétendent qu'en définitive l'important, quelle que soit la mode de chacun, est d'*assurer* et de ne pas *craindre.*

Assurer ou craindre

Que signifient « assurer » et « craindre » ?

Assurer est, à l'origine, un verbe transitif employé par les mauvais garçons dans l'expression typique *assurer son cuir. « J'assure mon cuir »* signifie *« J'ai les moyens de porter mon blouson de cuir dans la rue en toute tranquillité ; je peux l'assurer contre les risques de dépouille* (vol sous la menace d'une arme) *grâce à de solides références pugilistiques. »*

Celui qui n'*assure* pas son cuir *craint* quelque chose : de s'en voir dépouiller.

Les mauvais garçons ayant le sens de l'ellipse, ces deux expressions se sont contractées en *il assure* (sous-entendu *son cuir* mais aussi tout ce qu'il possède : ses biens, ses qualités, le respect qu'il inspire, etc.) et en *il craint* (sous-entendu *pour son cuir*... et le reste).

Assurer et *craindre* sont alors devenus deux verbes intransitifs signifiant respectivement la maîtrise et son contraire.

On dira *« Lionel assure avec les femmes »* pour dire *« Lionel sait comment s'y prendre avec les femmes pour obtenir d'elles tout ce qu'il veut »* et *« Robert craint totalement en métaphysique »* pour dire *« Robert croit qu'il est bon en métaphysique alors qu'il est nul et met de ce fait tout le monde mal à l'aise chaque fois qu'il en parle »*.

Ajoutons qu'il est tout à fait possible à Robert *de ne pas craindre en métaphysique* sans pour autant s'y connaître davantage : en prenant bien soin de ne jamais en parler en public, ou alors sur le ton de ceux

FIN

dont la modestie le dispute à la curiosité de savoir ce que pensent les autres.

Assurer ou *craindre* dépend donc de la prétention affichée par le protagoniste. C'est ainsi qu'un retraité silencieux et digne, une tenancière de bistro obèse et exubérante peuvent *assurer* parfaitement dans la manière qu'ils ont d'être conformes à l'image idéale du retraité et de la tenancière dans la mythologie populaire. En revanche, un Punk défendant des idées punks devant un parterre d'intellectuels et de journalistes *craint* totalement car, en justifiant sa violence et son nihilisme par un discours, il devient du même coup un Baba qui n'est plus à sa place.

Assurer et *craindre* peuvent aussi prendre le sens plus précis de réussir ou d'échouer dans une tentative. Et cette notion de tentative comportant un risque implique, comme pour le jeu, que l'on puisse « jouer gros » — le respect de l'autre étant alors proportionnel au risque encouru. Exemple : *« Éric assure bien dans le plan " Enrico-t'es-mon-frère " et il n'a pas eu peur de craindre dans le plan B.C.B.G. » ;* ce qui signifie : *« Éric sait qu'il est à son avantage quand il joue les pieds-noirs-chaleureux-qui-savent-mettre-tout-de-suite-à-l'aise mais prend un risque énorme et louable en tentant de jouer les B.C.B.G. — chose qu'il lui est pratiquement impossible de réussir sans passer pour un vrai clown. »*

Les « valeurs » de la jeunesse

Mais en quoi ces notions d'assurer et craindre sont-elles nouvelles ?

En ceci qu'elles constituent le critère de jugement privilégié de la jeunesse d'aujourd'hui. Dans les années 70, la seule chose qui importait était d'être *cool* et non pas *straight.*

Par exemple, pour un Baba, un jardin à l'anglaise, c'est *cool,* tandis qu'un jardin à la française c'est *straight,* « et même, à la limite, réac ».

Pour un jeune d'aujourd'hui, le jardin à la française assure tout autant dans son genre que le jardin à l'anglaise ou même que le terrain vague.

De manière plus générale, peu importe que l'on soit, dans les années 80, noble ou roturier, riche ou pauvre, cultivé ou nouveau riche, diplômé ou autodidacte, cool ou straight, la seule chose qui semble compter est d'assurer et de ne pas craindre.

Et en ce qui concerne le choix des modes, à quoi correspond alors le fait d'assurer et de ne pas craindre ?

Cela dépend, comme nous l'avons dit, de la prestance de chacun, quelle que soit sa mode.

On peut toutefois avancer qu'il est d'autant plus difficile d'assurer que la mode choisie est spectaculaire et dépassée — en s'habillant par exemple avec la panoplie complète du Hippie ou du New-Wave « robot ».

Mais le risque de craindre est tout aussi grand pour celui qui décide d'adopter systématiquement tous les clichés de la discrétion B.C.B.G. dans la mesure où sa certitude un peu trop hâtive d'être dans le bon goût absolu constituera son principal talon d'Achille — sa principale *craignitude.*

Disons que, d'une manière très générale, on a toutefois plus de chances d'assurer en ne retenant parmi toutes les modes de jeunes que la spontanéité baba sans sa léthargie, la générosité minet sans sa vulgarité, la civilité B.C.B.G. sans son austérité, les « branchements » de la New-Wave sans son narcissisme et la fraîcheur fun sans sa démagogie.

Les jeunes et l'idéologie

Vous avez l'air de supposer qu'on peut changer de mode comme on change de chemise. Mais c'est oublier le contenu idéologique de chaque mode. Pensez-vous que les jeunes réfléchissent autant à leur apparence ?

FIN

Né avec la mode Disco, il faut bien reconnaître d'une part que le narcissisme constitue l'un des aspects les plus négatifs des années 80. S'il est vrai d'autre part que le choix d'une mode n'est jamais froidement mûri au préalable, il est également vrai que la séduction des modes que les jeunes laissent opérer sur eux n'est jamais innocente.

En effet les New-Waves hards n'étaient pas plus profondément « robots » que les Punks n'étaient profondément suicidaires ou les Hippies profondément « zen » — pour la bonne raison qu'on ne peut pas être vraiment un robot si l'on est un être humain, un suicidé si l'on est toujours vivant sept ans après le mouvement punk, ni un « zen » si l'on est né de famille occidentale dans un milieu judéo-chrétien. Toutes ces professions de foi sont avant tout pour les jeunes le fruit d'une stratégie plus ou moins consciente pour se démarquer, comme nous l'avons déjà dit au Début, des parents, du grand frère, des camarades de classe, des autres modes, etc.

On connaît pourtant des cas célèbres de suicides punks ou de sectes hippies ?

En effet, mais en se suicidant ou en formant une secte, les Punks ou les Hippies sortent totalement du phénomène de mode hippie ou punk qui seul nous intéresse ici.

La mode n'est pas dans la « devanture » mais dans le fait qu'une masse de jeunes regardent à un même moment la même devanture, c'est-à-dire écoutent au même moment telle ou telle musique, s'habillent de telle ou telle façon, défendent à tout propos telle ou telle idée, etc.

C'est pourquoi les suicides et les sectes ne sont pas du ressort des modes mais de celui des groupuscules marginaux. Leur étude sociologique ne devrait donc pas davantage conclure par des généralités sur la jeunesse d'aujourd'hui que ne le ferait l'étude statistique des victimes de l'alcool chez les moins de vingt ans ou encore l'étude du succès toujours tenace, malgré les modes, de la fédération des boy-scouts de France.

Ce n'est donc pas le phénomène de mode hippie ou punk qui « récupère » et « édulcore » la violence des convictions du Pop ou de la Punkitude, ce sont les Hippies et les Punks qui durcissent leurs positions devant le succès naissant des nouvelles modes venues les détrôner.

Qui fait la mode

Mais alors qui fait la mode ?

La mode n'est dictée par personne. Un publicitaire, un groupe de rock, un styliste ou une entreprise commerciale ne font que « lancer » une idée qui « marchera » ou « ne marchera pas » — leur réussite ou leur échec dépendant bien entendu de l'intuition qu'ils avaient des « impondérables de l'air du temps ».

Dans le cas favorable, cette idée sera vite reprise par d'autres, qui l'enrichiront successivement, lui donnant davantage de sens et de complexité : en étendant ses applications à un modèle de coiffure, à une façon de danser, à une idéologie, à un graphisme publicitaire, etc., cette idée pourra en fin de compte devenir une mode à part entière — par l'addition successive des trouvailles que chacun y apportera, animé par une même compréhension de « l'esprit du temps ».

La mode est créée par ceux qui la suivent. A l'inverse de l'Art, c'est une création de la masse [1].

1. Le mot « masse » n'est pas opposé à « élite » mais à « individu ». A la différence de la mode, l'art est créé individuellement (par un artiste) pour être éventuellement « vulgarisé » par la masse. Dans le cas de la mode, la masse crée, enrichit, affine et met fin. Nous devons cette notion de « la masse » (totalement distincte de celle du « peuple ») à Jean Baudrillard — mais notre référence à cet essayiste s'arrête là.

FIN

En d'autres termes, le succès d'une mode n'est, à notre avis, jamais assuré malgré toutes les opérations de « persuasion » financière ou idéologique du type : publicité, matraquage, marketing, etc.

Considérez-vous, à l'instar des New-Waves, la mode comme « la seule culture digne d'intérêt de notre temps ? »

Non. S'il est sûr que la mode s'est, de nos jours, étendue à des domaines plus divers qu'auparavant, nous ne pensons néanmoins pas qu'elle reflète « la manipulation grandissante du pouvoir » (comme les gauchistes), ni « le désespoir enfin montré à vif de la jeunesse » (comme les naïfs).

Nous préférons prendre la mode pour ce qu'elle est : un spectacle superficiel et beau.

Paris, décembre 1983

LEX

IQUE

établi sous la direction
d'Henriette Walter, professeur
de linguistique à l'Université de Haute-Bretagne

Présentation

Sans que ce lexique puisse se substituer aux explications des notions développées dans cet ouvrage, on a réuni, à titre de rappel, quelques dizaines d'éléments du vocabulaire des jeunes, parmi les plus usités ou les moins connus des non-initiés. L'utilisation de ce vocabulaire étant déjà un peu codifiée par l'usage et entrant dans des constructions syntaxiques parfois inattendues, on s'est efforcé, dans la mesure du possible, d'illustrer leur emploi dans des phrases courantes. Ce vocabulaire a été classé sous dix grandes rubriques :

1. **Mots clés.**
2. **Catégories de jeunes.**
3. **Désignations précises de quelques objets et activités.**
4. **Jugements de valeur.**
5. **Vocabulaire de la drogue.**
6. **Le parler « intello de gauche ».**
7. **Expressions familières.**
8. **Éléments d'argot repris par les jeunes.**
9. **Abréviations.**
10. **Verlan.**

Orthographe

Certains des termes définis dans ce lexique ne connaissant guère de tradition écrite bien établie, les graphies adoptées ici ont souvent été arbitraires.

En ce qui concerne les adjectifs empruntés à

l'anglais, on a cru bon de les accorder en nombre lorsqu'ils paraissent en bonne voie d'intégration (*cool, hard*, par exemple). Dans *Ses parents sont cools*, l'adjectif *cool* a été mis au pluriel, comme s'il s'agissait d'un adjectif français, tandis que dans *les New-Waves*, l'adjectif *new* reste invariable, comme en anglais. D'autre part, c'est la graphie *hippie* qui a été adoptée pour ce terme au singulier (masculin ou féminin), et la graphie *hippies* au pluriel.
Enfin, les noms des catégories de jeunes ont été écrits avec une majuscule à l'initiale (un *Baba*), et les adjectifs avec une minuscule (*une chanson baba*), sur le modèle de *un Français, une chanson française.*

Prononciation

La prononciation de certains mots a été indiquée, entre barres obliques, au moyen de la graphie phonologique *alfonic*, système graphique inventé et mis au point par le linguiste français André Martinet, pour noter la prononciation du français. Cette graphie alfonic a pour principe de ne noter que les sons qui, en français, permettent de distinguer des sens, mais elle les note *tous*. En alfonic, aucune lettre n'est muette. Cette graphie a en outre l'avantage, par rapport à l'alphabet phonétique international bien connu, de n'utiliser que les caractères qui existent sur un clavier de machine à écrire français.

Le tableau *Alphabet alfonic* résume les correspondances entre les signes graphiques et les sons qu'ils représentent.

Alphabet alfonic

Voyelles

Signe alfonic	Exemple *(dans l'orthographe française)*	Graphie alfonic
a	patte	pat
e	été	ete
è	paix	pè
i	si	si
o	poste	post
ô	aube	ôb
œ	peur	pœr
œ̂	neutre	nœ̂tr
u	nu	nu
w	nous	nw
ë	fin	fë
ä	sang	sä
ö	son	sö

Consonnes

Signe alfonic	**Exemple** *(dans l'orthographe française)*	**Graphie alfonic**
b	baba	baba
c	quelques	celc
d	daim	dë
f	fil	fil
g	gui	gi
ğ	parking	parciğ
h	chat	ha
j	joue	jw
l	lit	li
m	maman	mamä
n	nid	ni
ny	vigne	viny
p	papa	papa
r	rat	ra
s	ici	isi
t	thé	te
v	vu	vu
y	abeille	abèy
z	zizi	zizi

1. Mots clés

Les mots clés expriment les notions abstraites les plus fondamentales de la vie des jeunes.

assurer (v.) D'origine new-wave : 1. Être compétent dans son domaine. *En géographie, il assure vraiment.* 2. Être à la hauteur de la situation. *Quand elle a éclaté en sanglots, il n'a pas du tout assuré.* 3. Avoir une certaine prestance. *Même de dos, de Gaulle, il assure.* Contraire : *craindre.* (Voir p. 261)

baba (adj.) Ce qui est à la fois hippie et gauchiste : honte de l'Occident, remise en question perpétuelle, écologie, esthétisme de l'intellectualité, régionalisme, culpabilisation, introspection, goût pour la psychanalyse et pour les désordres psychiques. (Voir p. 93, 95 et 97)

babaterie (n.f.) Caractère de ce qui est *baba.*

B.C.B.G. (Bon Chic Bon Genre.) (adj.) Classique, discret, qui préfère le bon goût au confort, anti-minet. (Voir. p. 125)

bécébégisme (n. m.) Caractère de ce qui est B.C.B.G. (Voir p. 128)

branché (adj. et n.) 1. Servait à l'origine à qualifier les mondains noctambules invités à toutes les fêtes new-waves. 2. Plus généralement, signifie : qui « a compris » la mode. 3. Sens péjoratif pour désigner ironiquement les suiveurs tardifs de la New-Wave. 4. Caractérise celui qui connaît un milieu ou qui s'intéresse à un domaine précis. *Noah, qui assure en tennis, est assez branché rasta.* (Voir p. 310)

classe (Employé surtout comme adjectif.) Jugement de valeur favorable, de provenance minet, initialement fondé sur l'apparence, pour qualifier, en premier lieu, l'élégance B.C.B.G. *Il est classe, c'est classe* (on dit beaucoup moins : *il a la classe, c'est la classe*, expressions aujourd'hui un peu démodées).

clean (adj.) /clin/ 1. Bien élevé, raisonnable, soigné. 2. Propre, de style « clinique », aseptisé. 3. Exact, précis, sans flou. (Voir p. 241)

cool (adj.) /cwl/ Origine hippie. 1. Mélioratif : à la fois détendu, antiformaliste, ouvert aux autres et convivial. 2. Péjoratif : sans vivacité, confus, mou. Contraires : *hard, straight, square, speed.* (Voir p. 71)

craindre (v.) Ne pas assurer (voir ce mot). *A trop vouloir assurer, on peut craindre.* (Voir p. 261)

disco (adj.) Caractérise une forme de minetterie populaire, mais moins sophistiquée et plus virile. Goût du narcissisme souriant, pratiqué paradoxalement dans des rassemblements nocturnes de masse. (Voir p. 192)

flash (n. m.) et **flasher** (v.) D'origine hippie. Effet immédiat de la prise d'héroïne en piqûre. Par extension : coup de foudre ou effet bref très intense.

flip (n. m.), **flipper** (v.) et **flippant** (adj.) D'origine hippie. 1. État dans lequel se trouve un drogué s'il est privé de drogue. 2. Angoisse momentanée. *Manger seul, c'est flippant.* 3. Angoisse du jeune devant le monde *qui n'est pas cool.*

flippé (n.) Péjoratif : se dit d'une personne triste, faible, pessimiste, sans confiance en elle. A la limite, synonyme de *névrosé. Jacou, c'est un flippé.*

frime (n. f.) De conception minet ; façon de se comporter ou de s'habiller, avec une certaine naïveté, dans le but d'impressionner les autres, mais plus pour offrir un spectacle que pour les écraser. (Voir p. 155)

fun (n.m. et adj.) /fœn/ Être *fun* consiste à en faire artificiellement trop dans le souci de produire un spectacle haut en couleur, exubérant et gai, mais avec un enthousiasme anti-intellectuel souvent dérisoire. Le Fun (80) s'oppose toutefois au Kitsch (70) en ce qu'il se voudrait naïf et sans ironie. *Se passionner, dans les années 80, pour tous les tubes de Claude François, c'est assez fun.* (Voir p. 334)

galère (n.f.) et **galérer** (v.) Se lancer dans des entreprises laborieuses, mais sans résultat. *Invités à une fête, on a mis trois heures à trouver et y avait personne, j'te dis pas la galère. On peut vraiment dire qu'on a galéré toute la soirée.*

glander (v.) Occuper son temps à ne rien faire.

hard (adj.) /ard/ D'origine hippie. A la fois excessif, tendu, agressif envers les autres et générateur d'angoisse. On peut être *hard* parce qu'on est trop propre, comme un robot (new-wave hard) ou parce qu'on est très sale et très bruyant (baba-hard). *Pour un Hippie, être B.C.B.G., c'est hard.*

Ironie du Double Exact ou **Idex** (n. f.) Terme donné par H. Obalk (1979) pour désigner la pratique qui consiste à reproduire, dans ses termes exacts, l'attitude qu'on est pourtant censé ridiculiser. S'opposant à la *caricature*, cette figure rhétorique, typiquement new-wave, se fonde sur le principe ambigu de la simulation parfaite. 1. Dans un premier temps, l'Idex consiste à faire semblant d'adhérer à quelque chose pour mieux s'en moquer. Exemple : les plans de la New-Wave hard (Voir p. 265). 2. Dans un deuxième temps, l'Idex permet d'adhérer sincèrement à quelque chose en laissant croire à ceux qui voudraient s'en moquer qu'il s'agirait d'une dérision... Exemple : *La Marseillaise* de Serge Gainsbourg. (Voir *L'Ironie douce,* p. 324.)

look (n. m.) /lwc/ 1. Allure, apparence d'une personne, le plus souvent due à ses vêtements. *Quand il était punk, son look* *était meilleur* = étant donné son physique, l'habillement punk produisait un effet visuel de meilleure qualité. 2. Esthétique. *Le look 70, c'est l'esthétique des années 70.*

minet (adj. inv. en genre) Moderne, voyant, qui préfère le confort au bon goût. *Il a une coiffure très minet.* (p. 165)

minetterie (n.f.) Caractère de ce qui est *minet.*

new-wave (adj.) /nyw wèv/ 1. Devenu plutôt péjoratif : rétro 50-60, style robot ou bureaucrate (sens restreint à la New-Wave hard). *Clark Kent est très new-wave.* 2. Plus généralement, se dit de tout ce qui a pris, depuis 1978, le contrepied de l'idéologie baba, devenue dominante (successivement New-Wave hard, cool, fun, etc.). *Pour un jeune d'aujourd'hui, vouloir réussir dans la vie, c'est assez new-wave* (voir p. 298). 3. Plus généralement encore, s'oppose à *ringard*, par une volonté de simulation, d'artificialité et d'ironie. Une chambre en ville, *de Jacques Demy, est un très bon film très new-wave.*

new-waverie (n. m.) Caractère de ce qui est new-wave.

plan (n. m.) Occupation temporaire découlant d'un intérêt artificiel. *Le plan, c'est le « trip » des New-Waves.* (Voir p. 246.)

planer (v.) D'origine hippie. 1. État dans lequel plongent les drogues douces. 2. État euphorique de celui qui ne sent pas le poids des réalités. 3. État de celui qui « marche à côté de ses pompes ».

pop (adj.) Caractérise tout ce qui était moderne entre 1965 et 1975. Est pop ce qui est fantaisiste, coloré, rond et d'une esthétique totalisante. Ex. : un seau à glace en forme de tomate, écrire à l'encre vert pomme, mettre de la moquette à la fois sur les murs et sur le sol, etc. (Voir p. 26)

Préhistoire (n.f.) Époque de 1966 à 1976, où régnait l'état d'esprit hippie, puis baba. (Voir p. 114)

punk (adj.) /pœğc/ A la fois nihiliste, hystérique, sale, destructeur et haut en couleur. *Se cracher dessus entre amis, c'est assez punk.* (Voir p. 213.)

punkitude (n.f.) /pœğcitud/ Le fait d'être punk.

ringard (adj. et n. m.) 1. Caractérise ce qui reste pop après 1975 (péjoratif dans ce sens). *Aujourd'hui, le patte d'eph., c'est ringard.* 2. Synonyme de *démodé* et antonyme de *branché* (au sens 2.). *Aujourd'hui, être punk, c'est ringard.* 3. Caractérise tout ce qui découle d'un humanisme excessif et simpliste, empreint d'un léger racolage sentimental. *Enrico Macias est un ringard sympa.*

ringardise (n. f.) Le fait d'être *ringard.*

speed (adj. et n. m.) /spid/ D'origine hippie. 1. Excitant de différentes sortes. 2. (Plutôt péjoratif.) Caractérise les jeunes en état de fébrilité et d'énervement. S'oppose à *cool* par le caractère de nervosité. *La présence de tous ces Babas-cools me rend speed.* Dériv. : **speeder** (v.)

square (adj.) /scwèr/ D'origine hippie. Se dit du cadre moyen qui se contente de mener une vie monotone, moutonnière et qui se refuse à s'ouvrir sur le reste du monde. Généralement sans nuance. S'oppose à *cool* par sa fermeture d'esprit. *Un aide-comptable sans fantaisie est l'archétype de l'homme square.*

straight (adj.) /strèt/ D'origine hippie. Caractérise celui qui est strict, qui respecte la hiérarchie et pratique un contrôle exagéré de soi. S'oppose au *cool* par son besoin de formalisme. *Le B.C.B.G. est souvent straight.*

trip (n. m.) D'origine hippie. Occupation, centre d'intérêt temporaire. Dériv. : **tripper** (emploi un peu démodé, avec le sens : être touché profondément par, se délecter de). *J'ai bien trippé sur le « Livre des Morts tibétain ».* (Voir p. 246.)

2. *Catégories de jeunes*

On s'est efforcé de rappeler l'origine et la date approximative d'apparition de chacune des catégories de jeunes énumérées ci-dessous. Ces définitions ne sauraient évidemment suffire pour une connaissance, même superficielle, du monde des jeunes.

(le) Baba, Bab, Bab'z Après 1975, jeune contestataire gauchiste d'influence hippie, adapté à la vie urbaine. Il est généralement à la fois plus intellectuel, moins mystique et plus politisé que le Hippie, et s'habille plus tristement que lui. Prend volontiers du haschisch et des tranquillisants. (Voir aussi Mots clés.) Variantes : **Baba-cool, Baba-hard, Baba-riche.** (Voir p. 80, 104 et 110)

(le) B.C.B.G. /besebeje/ (Bon chic bon genre.) A l'origine, jeune de bonne famille faisant la preuve, par sa retenue et son élégance discrète, d'un goût profond pour le classicisme et la sobriété. Pour un Minet, le B.C.B.G. est fade. (Voir aussi Mots clés.)

(le) Blouson Noir Nom donné dans les années 50-60 au Rocker français. Par extension, mauvais garçon. Ancêtre du Baba-hard.

(le) Cat Synonyme de *Fifties*. (Voir p. 318.)

(le) Cosmic Baba qui s'adonne à la pratique des sciences occultes (voir p. 106). *Le Cosmic est un grand initié, il voyage dans l'astral* (monde supérieur dans lequel se retrouvent les âmes désincarnées). (Voir p. 106)

(le) Décadent Vers 1973. D'origine hippie, précurseur du Punk, joue sur l'ambiguïté de la somme : travesti + rocker. Écoute du rock décadent. (Voir p. 68.)

(le) Disco Vers 1976. 1. A l'origine, « la » Disco (la musique disco) est une musique commerciale pour discothèque, au rythme simplifié, lancinant et très appuyé. La disco se joue très fort. Elle a supplanté le slow. 2. « Le » Disco (le mouvement disco) : mode populaire venue des États-Unis, à l'esthétique voyante et sexuée (paillettes, patins à roulettes, muscles, etc.). (Voir aussi Mots clés.)

(le) Fifties (n. sg. et pl.) /fiftiz/. Jeune des années 80 essayant par tous les moyens de faire revivre les années 50 : musique, vêtements, mobilier, voiture.

(le) Folkeux Baba régionaliste, qui écoute de la musique folklorique.

(le) Funky (n. et adj.) /fœŋci/. 1. Le *Funk* est à l'origine un terme de musique noire américaine appelée *funky music* au moment de son influence sur le Disco. 2. Catégorie de Minets dont la *frime* ne consiste pas à imiter les B.C.B.G. Veste en *jean* aux manches retroussées, multiples porte-clés accrochés à la ceinture, le Minet-funky préférera aussi le foulard *bandannas* et la montre Mickey à l'écharpe pur cachemire et la montre Rolex des Minets-riches. (Voir p. 164) 3. Catégorie de New-Waves imitant le look de certains Noirs américains (Eddy Murphy, Michael Jackson...) à la fois félin, sexy et ambigu, sourire hilare aux dents blanches, et disant « Oh Yeah... ! » à longueur de journée. (Voir p. 352.)

(le) Gay /gèy/. Terme non péjoratif. Homosexuel assez jeune et mondain. (Voir p. 190)

(le) Hardeux Synonyme de Baba-hard. Écoute de la musique hard rock *(heavy metal)*. (Voir p. 110.)

(le) Hippie /ipi/ 1966. Occidental pro-oriental et mystique, anticonformiste et révolté, mais pacifiste. Il aspire à une vie dans la nature et porte des cheveux longs et des tenues colorées et fleuries. S'adonne généralement au L.S.D. (Voir p. 44)

(le) Loden /lodèn/. B.C.B.G. un peu caricatural, appelé ainsi parce qu'il porte souvent des manteaux en loden. (Voir p. 132)

(le) Majorité-Silencieuse Généralement habillé d'un anorak en ville, abonné à *Science et Vie* et passionné d'électronique, le Majorité-Silencieuse ignore tout de la mode. Particulièrement soigneux, bienveillant, introverti et sûr de lui, il n'a jamais cherché à plaire aux femmes. Sobre, juste et sans élégance vestimentaire, le Majorité-Silencieuse donne une leçon de discrétion aux B.C.B.G. eux-mêmes. (Voir p. 148)

(le) Minet /minè/. A l'origine, jeune issu de la nouvelle bourgeoisie d'après la Seconde Guerre mondiale. Jouisseur, peu intellectuel, léger et enthousiaste, il adore la mode, ce qui est moderne, ce qui est *frime* et ce qui est *classe* (voir ces mots). Pour un B.C.B.G., le Minet est vulgaire. (Voir aussi Mots clés.) Variantes : **Minet cow-boy, Minet disco, Minet funky**.

(le) Minet-pop /minèpop/ 1965. Frère ennemi du Hippie dans l'aventure pop, c'est un anticonformiste non révolté, qui consomme abondamment tout ce qui semble annoncer la société de loisirs (design, gadgets, supermarché, etc.). Habillement : pantalon à pattes d'éléphant, minijupe, ceinturon, maximanteau, col, cravate et revers larges. Cheveux mi-longs. Fantaisiste, le Minet-pop est plus clean que le Hippie. (Voir p. 28)

(le) Mod 1964. 1. A l'origine, jeune petit-bourgeois londonien qui s'habille comme un fils de bonne famille français.

2. Jeune homme qui écoute de la musique pop, porte des costumes, se déplace en scooter agrémenté de nombreux phares et rétroviseurs inutiles. A été remis à la mode par les jeunes en 1980. (Voir p. 321)

(le) Musicos /muzicôs/. Baba qui fait de la musique. (Voir p. 102)

(le) New-Wave /nyw wèv/ 1978. 1. Limité à tort au New-Wave hard. 2. Celui qui participe à l'aventure new-wave, qu'elle soit **New-Wave hard** (1978 ; hyperclean + hard), **New-Wave cool** (1980 ; clean + cool) ou **New-Wave fun** (assez clean + cool + fun). 3. « La » New-Wave : le mouvement ou la mode new-wave.

(le) Pirate (New Romantic, Thermidor) Vers 1980. A l'origine, New-Wave londonien réintroduisant dans un esprit fun une certaine esthétique 70 : accumulation de vêtements bouffants, couleurs chatoyantes, tissus lourds et riches, panoplie de l'époque romantique, tenues de pirate, de mousquetaire, de chevalier, de prince charmant. (Voir p. 340.)

(le) Pop. Catégorie de jeunes recouvrant à la fois Minets-pops et Hippies. « Le » Pop, c'est aussi le mouvement ou la mode pop, tandis que « la » Pop, c'est la musique pop. (Voir aussi Mots clés.)

(le) Preppie /prèpi/. Nom donné aux B.C.B.G. américains. A l'origine : élève d'une grande école *(preparatory school)*. Probablement parce que la civilisation américaine est moins ancienne, le Preppie est plus minet que le B.C.B.G. français. (Voir p. 184)

(le) Punk /pœğc/ 1976. 1. A l'origine, le Punk est un jeune des quartiers populaires de Londres, d'apparence rachitique, au comportement surexcité, voire hystérique, cheveux hérissés et colorés, vêtements en lambeaux et profusion d'épingles à nourrice. La danse du Punk est le pogo, sa devise : « No Future ». 2. Le Punk : le mouvement ou la mode punk. Variantes : **After-Punk, Néo-Punk, New-Punk**. (Voir mots clés)

(le) Rasta 1. A l'origine, Jamaïcain adepte du rastafarianisme, mouvement politique et religieux. 2. Jeune Noir qui écoute exclusivement du reggae et qui porte des *dread locks* (Voir p. 107)

(le) Rockabilly /rocabili/. 1. Musique rock and roll d'avant Elvis Presley. 2. Synonyme de *fifties*. (Voir p. 318)

(le) Rocker, Rocky /rocœr, roci/. 1. Jeune jouant ou écoutant du vrai rock and roll (des années 50). 2. Synonyme de mauvais garçon, habillé d'un blouson en cuir clouté, d'un jean, de Santiags noires, coiffé d'une banane et portant des rouflaquettes.

(le) Ska. A l'origine, musique jamaïcaine. A fait son apparition en Angleterre en 1962 en donnant naissance à un habillement à damier noir et blanc. A été brièvement remis à la mode par les jeunes vers 1980.

(le) Skin Head ou **Skin** Crâne rasé et *rangers* militaires aux pieds, le Skin-Head est à l'origine un jeune activiste anglais et violent. (Voir p. 322.)

(le) Smurfer /smœrfœr/, **Breaker** ou **Hip-hopper** Celui qui pratique le *smurf :* danse hyper saccadée à la fois proche de la pantomime (debout) et de la gymnastique (au sol). Constamment vêtu d'un survêtement de sport et d'une casquette de base-ball, le *Smurfer* smurfe dans la rue autour d'un *ghetto-box* (grosse radio-stéréo portative) posé par terre.

(le) Teddy Boy ou **Teddy** ou **Ted** 1. Jeune Anglais des années 60, tout petit-bourgeois mais excentrique : chaussures *creepers*, smoking fantaisie, chemise à jabot, banane gominée. 2. Jeune des années 80 s'habillant comme le Teddy anglais des années 60. (Voir p. 320)

(le) Théâtreux Baba qui fait du théâtre. (Voir p. 103.)

3. *Désignations précises*

Seuls quelques-uns des termes très employés par les jeunes et renvoyant à des activités ou à des objets précis ont été regroupés ci-dessous.

banane (n. f.) Mèche horizontale, maintenue droite sur le devant du front. (Coiffure typique du Rocker.)

501 (n. m.) Le modèle le plus classique et le plus porté des blue-jeans de la marque Levi Strauss (droit, braguette à boutons, etc.).

creepers /cripœrs/ Très grosses chaussures basses en cuir ouvragé, avec une épaisse semelle débordante en mousse de caoutchouc.

custom /custom/ (n. m.) Voiture customisée.

customiser (v.) Modifier la carrosserie de la voiture d'un particulier pour lui donner l'apparence d'un bolide de course.

destroy /destroy/ (n. m.) Pratique punk consistant à tout casser.

destroyer /destroye/ (v.) Faire un destroy.

dread locks /drèd locs/ Chevelure crêpue divisée en une multitude de fines tresses.

groupie /grwpi/ A l'origine, jeune fille à la fois fan et maîtresse d'une star de rock. Par extension : admiratrice.

high-tech /ay tèc/ Formé sur *high technology.* Utilisation à des fins de décoration intérieure, de matériaux, d'objets et de structures de provenance industrielle. Une penderie faite de crocs de boucher tout neufs, c'est très high-tech. (Voir p. 314)

loft /loft/ (n. m.) Ancien entrepôt transformé en logement.

patte d'eph /patdèf/ (n. m.) Pantalon à pattes d'éléphant.

santiags /sätyag/ (n. f. pl.) Bottes mexicaines. (Voir p. 163)

squat /scwat/ (n. m.) Lieu squatté.

squatter /scwate/ (v.) Occuper sans autorisation légale un appartement (ou une maison) généralement abandonné.

squatter /scwatœr/ (n. m.) Celui qui squatte.

tiags /tyag/ (n. f.) Abréviation pour *Santiags.*

vidéo clip /video clip/ (n. m.) Addition, sur une même bande vidéo, d'une musique rock et d'une mise en scène visuelle, qu'elle est censée illustrer.

zip /zip/ (n. m.) Fermeture à glissière.

4. Jugements de valeur

Chacune des quatre premières catégories de cette rubrique rassemble des expressions plus ou moins synonymes, avec des nuances qui sont éventuellement précisées par un exemple ou par des indications entre parenthèses.

En intensité « c'est intense » : (en bien ou en mal, suivant le contexte).

(oh) chaleur (Vocabulaire minet.)
complètement *Ça craint complètement.*
(c'est) délire (Vocabulaire minet.)
(c'est) dément C'est incroyable.
d'enfer *On s'est fait une bouffe d'enfer* = on a mangé très bien et beaucoup.
(c'est la) folie (Vocabulaire minet.)
hyper *C'est hyper beau.*
hypra (Surtout utilisé par les Minets.) Surenchérit sur *hyper. C'est hypra bon.*
(c'est) insensé C'est incroyable.
(un) max *On va pouvoir s'amuser un max.*
méchant *Il a un méchant matériel vidéo* = matériel vidéo abondant et perfectionné.

(à) mort *Je suis à mort d'accord avec toi.*
pas possible *Il a un look pas possible* = une apparence incroyable.
pas triste Animé, haut en couleur.
too much /tw mœth/, **trop**. Se dit de quelqu'un ou de quelque chose d'excessif, qui dépasse l'entendement et sur lequel on préfère momentanément réserver son jugement. *Ta veste, elle est trop.*
total *C'est total ringard, ton truc.*

En bien « c'est très bon » (marque l'admiration).

(ça) assure (Voir Mots clés.)
balaise Fort, dans tous les sens du mot. *Au yoyo, Fifi, il est balaise.*
(la) bête Très fort, très compétent. *En maths, c'est la bête...*
(c'est) béton
(la) brute Extrêmement fort et compétent... *mais en algèbre linéaire, c'est carrément la brute.*
(c'est) canon (Vocabulaire minet.) *Cette fille, elle est canon.*
(c'est) classe, (elle est) classe
(il) dégage Il fait une forte impression.
(ça) déménage C'est spectaculaire, ça fait beaucoup de bruit.
faire fort *Il a fait fort* = il a réussi un coup astucieux de main de maître.
(c'est) géant (Vocabulaire new-wave.)
(c'est) killer /cilœr/. *Cette pub, elle est killer* — elle est très efficace.
(un) master /mastœr/. Très bon, très fort. *En boxe, Stéphane, c'est un master.*

En faux « c'est bidon, c'est toc ».

Pour caractériser un « faux dur » on peut employer les expressions suivantes :

(un) bidon

(un) bouffon (Employé surtout par les Rockers pour qualifier tous ceux qui ne sont pas de leur monde.)

(un) charlot

(un) guignol

(un) mickey

En mal « c'est très mauvais, ou il est nul ».

angoisse *Ce livre, c'est l'angoisse :* c'est un très mauvais livre.

craignos /crenyôs/ D'origine new-wave. Emploi péjoratif. *C'est craignos.*

(c'est la) crainte (Vocabulaire new-wave.)

(c'est l') enfer

(c'est) gerbe ou **(c'est la) gerbe** ou **gerbe !**

glauque (Vocabulaire minet.)

llourd /'llwr/ Nul, surtout sur le plan psychologique (vocabulaire minet et prononciation empruntée aux pieds-noirs).

(au) secours (Vocabulaire new-wave.) *Au secours ce film !* = quel mauvais film !

tache (Concerne exclusivement un individu.) *C'est la tache, ce mec* ou *quelle tache, ce mec :* il est nul.

tôss /tôs/ (Vocabulaire minet.) C'est ringard.

zone /zôn/ Nul. *Il est zone, ce mec* ou *c'est zone, ce truc*, ou encore, *c'est la zone.*

Quelques adjectifs qualifiant l'état mental :

allumé, louf Un peu fou, dans un sens favorable.
atteint, débile, taré Idiot.
branque, jeté, tapé Se dit de quelqu'un dont les facultés mentales sont légèrement amoindries.
clair Se dit de quelqu'un dont les facultés mentales fonctionnent normalement. Par extension : qui n'a rien à se reprocher. Contraire : *grave.*
fait, paf, pété Qui est sous l'effet de l'alcool.
grave, pas net Se dit de quelqu'un qui a quelque chose qui ne tourne pas rond. Contraire : *clair.*
naze, déchiqueté, épavé Amoindri sur le plan physique ou mental.
raide, défoncé, stoned Sous l'effet de la drogue (Voir 5. Vocabulaire de la drogue.)

5. *Vocabulaire de la drogue*

Les expressions et les termes suivants sont en principe employés uniquement par les drogués mais ils sont connus de tous les jeunes, qui en utilisent certains métaphoriquement.

(être) accro Être en état de dépendance physique et psychique vis-à-vis de l'héroïne. Par extension : ne pas pouvoir se passer de quelqu'un ou de quelque chose.

bogarter Monopoliser le joint (allusion à Humphrey Bogart qui avait toujours une cigarette aux lèvres). S'oppose à *faire tourner*.

coke /côc/ (n. f.) Cocaïne.

dealer /dilœr/ (n. m.) Revendeur de stupéfiants.

décrocher Se défaire de l'accoutumance à l'héroïne.

(être) défoncé Être sous l'effet violent de la drogue.

flipper /flipe/ (v.) Être en manque (voir 1. Mots clés).

H, hasch, haschisch Cannabis concentré. Se présente sous forme de bâtons.

herbe Cannabis en feuilles.

joint ou **pétard** Grosse cigarette de haschisch ou de marijuana, roulée en forme de cône et comportant un embout en carton. Se fume plutôt collectivement.

junky /djœğki/ (n. ou adj.) Qui est accroché à l'héroïne.

(être) parti Être sous l'effet violent de la drogue (avec une nuance d'euphorie).

planer Être sous l'effet euphorique de la drogue (voir 1. Mots clés).

poudre Héroïne.

(être) raide ou **raide def** /rèd dèf/ Être sous l'effet violent de la drogue.

(avoir) reçu Souffrir des séquelles laissées par l'absorption répétée de la drogue.

shit /hit/ (n. m.) Haschisch.

shoot /hwt/ (n. m.) Injection d'héroïne.

shooteuse /hwtœz/ (n. f.) Seringue.

sniff (n. f.) Prise de cocaïne ou d'héroïne par le nez.

speed /spid/ (n. m.) Toutes sortes d'excitants chimiques (type amphétamine).

stick /stic/ Cigarette de haschisch ou de marijuana. Se fume plutôt solitairement.

(être) stoned /stôn/ Être sous l'effet violent de la drogue. (Noter la prononciation.)

(faire) tourner (sous-entendu : un joint) Fumer du haschisch ou de la marijuana à plusieurs. S'oppose à *bogarter*.

6. Le parler « intello de gauche »

Au cours des années 70, des essais, des pamphlets et, tout particulièrement, les bandes dessinées de Claire Brétécher ont largement contribué, par la satire, à faire connaître le vocabulaire des « intellectuels de gauche », vocabulaire qui, pour une grande partie, est déjà entré dans la langue courante. La liste qui suit est donc volontairement réduite à un échantillonnage des termes jugés particulièrement expressifs par les jeunes, même s'il ne sont ni intellectuels, ni de gauche.

(s') assumer S'accepter tel qu'on est. *Est-ce que tu t'assumes en tant que femme ?*

(les) décideurs Tous ceux qui ont un certain pouvoir de décision.

déconstruire Mettre à plat pour démythifier. *Il faut déconstruire le discours du pouvoir.*

fonctionner Vivre. *Sur quel mode tu fonctionnes ?*

interpelle (ça m') Je me sens concerné.

limite (à la) Expression employée par tous les jeunes et permettant à celui qui l'emploie de garder une marge de sécurité vis-à-vis de ce qu'il avance. *Je dirais, à la limite, tu me fais bander.*

niveau de (au) En ce qui concerne. *J'ai très bien dîné, mais au niveau des hors-d'œuvre, c'était pas terrible.*

occulter Cacher. *Toute la dimension fécale de la mort a été occultée par l'hygiène bourgeoise.*

parle (ça me) Je me sens concerné. Synonyme de *ça m'interpelle.*

problématique Se dit de tout problème, qu'il soit futile ou sérieux. *Quelle est ta problématique en ce moment ?* = comment ça va ?

problème (poser ou **faire)** *C'est une réalité qui fait problème.*

psy (Abr. pour *psychologie* et *psychanalyse*). Vocabulaire *psy*, employé à tout propos : **investir, maso, mégalo, mytho, nympho, somatiser,** etc.

quelque part D'une certaine manière. Expression extrêmement usuelle et commode permettant d'éviter toute précision et donc toute justification. *1. Quelque part, les tableaux de Claude Gellée, dit « Le Lorrain », c'est moche. 2. Quelque part, on s'aime bien.*

système La société, le monde, le pouvoir.

7. *Expressions familières*

Les expressions qui suivent sont très usitées et peuvent s'employer à tout moment dans la conversation.

bonjour ! Expression employée pour marquer un jugement de valeur, ironique, sans être systématiquement malveillant. Correspond aux expressions traditionnelles : *bravo !* ou *merci pour. Laurent veut faire revoir le manuscrit par un correcteur professionnel : bonjour la confiance !*

d'accord ! Synonyme du précédent et employé dans les mêmes circonstances. *D'accord la confiance !*

dur-dur Expression fréquente chez les Babas pour signifier leur souffrance existentielle permanente, et reprise ironiquement. *Marcher jusqu'au taxi, dur-dur.*

eh ! l'autre, où il va ? Réflexion, comme en aparté, portant sur un interlocuteur qui, par ses propos, sort soudain des limites que la situation avait implicitement instaurées. *A son percepteur, il explique en détail comment il vient de perdre sa femme et ses deux enfants — Où il va, l'autre ! interrompt le percepteur.*

il est bon, lui ! Se dit de quelqu'un pour signifier qu'on trouve dans son apparence une dimension spectaculaire réussie. *Ce clochard, allongé comme un nabab sur sa grille de métro, il est bon, lui !*

je veux, mon neveu ! Se dit pour renforcer un jugement de valeur. Analogue à « c'est mon avis et je le partage ». *Il est beau ton costard ! — Je veux, mon neveu, qu'il est beau, mon costard* = j'ai pas attendu que tu me le dises pour le savoir. Variantes : *Tranquille, Émile ! A l'aise, Blaise ! Les doigts dans le nez, René ! Cool, Raoul !*

là ! Ponctue le discours à tout propos. *Là, si tu veux, là, j'aimerais bien que tu viennes, là, j'suis un peu tout seul, là.*

retenez-moi ! = Je sens que je vais m'énerver ! Par extension : je suis vraiment trop doué (sous-entendu : sinon je vais me retrouver tout seul sur les cimes).

t'es dans le rire, là ! = Tu veux rire !

tu peux être plus..., tu peux être moins... Expression ironique polymorphe. A un automobiliste à l'arrêt, on peut dire : *tu peux être plus lent ?* avec le sens : « j'aimerais bien que tu démarres ».

tu vois ou **tcho** (Contraction de *tu vois* prononcé avec l'accent pied-noir.) S'emploie dans les mêmes conditions et aussi fréquemment que *là ! Ché pas si tcho, là, mais j'assure pas mal en ski, tcho* = Je ne sais pas si tu vois combien je sais skier.

8. Éléments d'argot

On a regroupé ci-dessous seulement quelques-unes des expressions d'argot courant utilisées très naturellement par les jeunes.

(s') arracher S'en aller, partir.

bahut Lycée ou école.

(la) baston ou **(le) baston** La bagarre.

bourre (à la) Être très pressé parce que très occupé ou très en retard.

dépouiller S'octroyer par la menace un vêtement porté par un autre.

futal Pantalon.

gerber Exprime le dégoût (au propre : vomir abondamment). *Ça me fait doucement gerber.*

gicler S'en aller, partir. Syn. de *s'arracher.*

grailler Manger.

gratte Guitare (dans le langage des Musicos).

lourder Mettre à la porte, renvoyer : *je me suis fait lourder par mon patron.*

(se) planter Se tromper, échouer, commettre un impair.

taxer Commettre un vol.

tirer 1. Copuler. 2. Voler : *il a tiré la fille et le blouson avec.*

toile (se faire une) Aller au Kine /cin/, aller voir un film, aller au cinéma.

tricard A l'origine, interdit de séjour : *les branchés sont fiers d'être tricards dans les boîtes qu'ils trouvent ringardes.*

(se) viander Avoir un accident assez grave.

(les) vieux Les parents.

9. *Abréviations*

Parmi les très nombreuses abréviations employées par les jeunes, nous n'avons indiqué ci-dessous que quelques-unes de celles qui pouvaient poser un problème de compréhension.

ado (n.) Abr. pour *adolescent.*

bourge (n.) Abr. pour *bourgeois.*

cata (n.) Abr. pour *catastrophe* (emploi snob).

deb (adj. et n.) /dèb/ Abr. pour *débile.*

faf (n.) Abr. pour *fasciste.* Sens général : « de droite ».

fute (n. m.) Abr. pour *futal* = « pantalon ».

loub (n.) Abr. pour *loubard* = « voyou, mauvais garçon ».

matos (n. m. sing.) /matôs/ *Matériel professionnel* (notamment de musique, photo, Hi-Fi).

mob (n. f.) Abr. pour *mobylette* = « cyclomoteur ».

prol (adj. ou n.) Abr. pour *prolétaire.*

provo (n. f.) /prôvô/ Abr. pour *provocation.*

racho (adj.) Abr. pour *rachitique* = maigre.

stal (n.) Abr. pour *stalinien,* signifie, en fait, *communiste.*

tac (n. m.) Abr. pour *taxi.*

tiags (n. f. pl.) Abr. pour *Santiags,* bottes mexicaines.

10. Verlan

D'origine argotique, le verlan a connu, dès la fin des années 70, un renouveau parmi les jeunes, et notamment chez les Branchés, les Babas hards et même chez les Minets qui écoutent le chanteur Renaud.

C'est un procédé consistant à inverser les syllabes d'un mot, ce qui a pour effet de le rendre méconnaissable aux non-initiés : *verlan* = *l'envers.*

Les mots les plus fréquemment soumis au verlan sont de une ou deux syllabes : *euf* pour *feu, zomblou* pour *blouson.* Mais ils peuvent aussi compter trois syllabes : *chelaoim* (/hœlawam/) pour *lâche-moi.* On voit que, dans le cas de groupements de mots, chacune des parties est traitée séparément : *chela* pour *lâche* et *oim* pour *moi.* On remarquera en outre que le travestissement du mot d'origine peut parfois aller très loin, comme dans *beur* pour *arabe* ou *cheug* pour *gauche,* où, à la transformation en verlan s'ajoute un phénomène d'abréviation.

L'orthographe du verlan n'étant pas fixée, les mots qui suivent ont été orthographiés de façon forcément arbitraire.

bata *Tabac* (surtout pour le débit de tabac).

beur /bœr/ *Arabe* (surtout pour la 2e génération)

cheug ou **cheugau** /hœgô/ *Gauche* (pas dans le sens politique).

chelaoim /hœlawam/ *Lâche-moi.*

clepo /clœ̂po/ « Cigarette » (pour *peclo,* verlan de *clope*).

dombi *Bidon.*

drepou /drœpw/ *Poudre.*

euf /œf/ *Feu* (se dit uniquement pour allumer une cigarette).

féca *Café.*

keum /cœm/ *Mec.*

laiseba /lèzba/ *Balaise.*

meuf /mœf/ *Femme.*

(à) oilp /walp/ *A poil.*

razdep ou **race d'ep** /razdèp/ *Pédéraste.*

reum /rœm/ *Mère.*

ripou *Pourri.*

sclum /sclum/ *Muscle.*

tecrodzen /tœcrodzèn/ *Crotte de nez.*

teudr /tœdr/ *Droite* (pas dans le sens politique).

teuf /tœf/ *Fête.*

yèche /yèh/ *Chier.*

yocs /yœc/ Couilles (remarquer la prononciation).

zarbi *Bizarre.*

zicmu *Musique.*

zomblou *Blouson.*

Sources des illustrations.

Paul Almasy : p 82.
Richard Avedon : p 202.
Jean-Marc Birraux : p 23, 66, 88.
David Boeno : p 266.
Cabu : p 214. Dessin extrait de « Camille-Le-Camé contre mon Beauf ». Éditions Albin Michel - Le Square.
Cahiers du Cinéma : p 330.
Christophe L. : p 130, 338, 346.
Daniel Ceppi : p 86. Détail du dessin de couverture de « A l'est de Karakulac ». Éditions Les Humanoïdes Associés.
Claude Challe : p 336, 343.
Fabien Chalon : p 102.
Cinémathèque de Munich-Édition Monika Muchtern : p 238.
Olivia Clavel : p 222. Dessin extrait de « Matcho Girl ». Éditions Le Dernier Terrain Vague.
Colgate-Palmolive : p 278.
D.R. : p 204, 314.
Edimedia : p 128, 146, 165, 192, 251, 345.
E.R.L. : p 203, photo extraite du film « The great Rock and Roll Swindle » par Malcolm Mac Laren ; H. Hoffmann, p. 256.
Françoise Foliot : p 37.
Gamma : p 281 ; Apesteguy, p 190 ; M. Artault, p 199 ; H. Bureau, p 61 ; G. Caron, p 25 ; Ginfray, p 170 ; F. Guenet, p 122 ; L. Maous, p 50 ; M. Pelletier, p 136 ; D. Sutherland, p 43 ; Uzan, p 254 ; Versele, p 330 ; C. Wherli, p 56-57.
Giraudon-Alinari : p 334.
Got : p 219. Dessin extrait de « Le baron noir », volume 2-3. Éditions Yves Got.
Sylvie Grumbach : p 342.
C. Houdain : p 309.
Jacques Hoepffner : p 332.
Image Bank : I. Schwart, p. 198.
Imapress : p 231.
E.P. Jacobs : p 308. Dessin extrait de « La marque jaune ». Éd. Casterman.
Interpress : p 107, 141, 159, 300.
Yale Joel (prêt de Life) : p 48. Uzco-Caverne « Tie dye ». 1966.
Xavier Lambours : p 253.
Jean-Pierre Leloir : p 166.
Liberatore-Tamburini : p 279. Dessin extrait de l'album « Rank Xerox à New York ». Éditions Albin Michel.
Magnum Photos : p 64 ; de Antrade, p 76 ; B. Barbey, p 78-79 ; G. Peress, p 98.
Man Ray : p 233 © A.D.A.G.P. 1984.
Mary Evans Picture Library : p 209.
M.C.M. (Copyright 1943 Larwal Ren) : p 180.
N.A.S.A. : p 243.
Hector Obalk : p 207.
Alexandre Pasche : p 34-35, 99, 118, 124, 147, 185, 186, 187, 188, 189, 240, 260, 297, 302, 303, 305, 315, 318, 319, 320, 321, 322, 323, 344, 347.
Kiki Picasso : p 245. Dessin extrait de « Un regard moderne » N° 0 Janvier 1978.
Rapho : Doisneau, p 296 ; St. Duroy, p 348 ; J. Niepce, p 216-217 ; De Sazo, p 152.
Roger Viollet : p 292.
Sipa Press : p 69.
Marie Therese Souverbie : p 27 © S.P.A.D.E.M. 1984.
Sygma : p 137, 176, 181 ; Andanson, p 39 ; Durocher, p 153 ; Frank, p 194, 317 ; T. Graham, p 123 ; Ledru, p 156 ; D. Paoli, p 22 ; Philippot, p 129 ; de Raemy, p 172 ; Schachmes, p 171, 361 ; P. Vauthey, p 112.
Tardi : p 229. Dessin extrait de « Griffu ». Éditions du Square.
Sylvia Tostain : p 18, 200, 221, 267, 310.
U.N.E.S.C.O. : p 335.
United Artists. D.R., copyright 1983 : p 178.
United Feature Syndicate : p 179. D.R. copyright 1965. Dessin de Schulz.
Viva : J. Mougin, p 70.
Western House : p 159, 161, 163, 177, 184.
Adam Wojciech Rzepka : p 273.

Table des matières

PRESSES DE L'IMPRIMERIE HÉRISSEY
À ÉVREUX (EURE), LE 25 FÉVRIER 1985
POUR LE COMPTE DES ÉDITIONS ROBERT LAFFONT

N° d'impression : 36709 — N° d'édition : L 366 — Dépôt légal : avril 1984